本书受国家自然科学基金项目——"国家青年高层次引进人才与研究型大学基层学术组织发展之间关系的研究"（71874153）资助

IMPROVE MILIEU TO ATTRACT
OVERSEAS TALENTS

FACULTY APPOINTMENT AND REVIEW SYSTEM REFORMS AT REGULAR
HIGHER EDUCATION INSTITUTIONS IN CHINA

筑巢引凤

中国普通高校教师聘任制改革研究

王莉华◎著

ZHEJIANG UNIVERSITY PRESS
浙江大学出版社
·杭州·

图书在版编目（CIP）数据

筑巢引凤：中国普通高校教师聘任制改革研究／王
莉华著．－－杭州：浙江大学出版社，2024.8
ISBN 978-7-308-24831-0

Ⅰ．①筑… Ⅱ．①王… Ⅲ．①地方高校－教师－聘任
制－研究－中国 Ⅳ．①G645.11

中国国家版本馆 CIP 数据核字(2024)第 075336 号

筑巢引凤——中国普通高校教师聘任制改革研究

王莉华 著

责任编辑	马一萍
责任校对	陈逸行
封面设计	雷建军
出版发行	浙江大学出版社
	（杭州市天目山路 148 号 邮政编码 310007）
	（网址：http://www.zjupress.com）
排　　版	杭州好友排版工作室
印　　刷	广东虎彩云印刷有限公司绍兴分公司
开　　本	710mm×1000mm 1/16
印　　张	15.25
字　　数	270 千
版 印 次	2024 年 8 月第 1 版 2024 年 8 月第 1 次印刷
书　　号	ISBN 978-7-308-24831-0
定　　价	78.00 元

前　　言

改革开放以来,中国高等教育和科学研究事业发展取得的成就举世瞩目。20世纪末,中国的高等教育规模已经位居世界第一。21世纪初,中国的科研成果尤其是发表的科研论文数量已经超越美国,中国成为全球科研论文的首要贡献国。中国高等教育和科学研究事业的跨越式发展离不开师资队伍的建设。中国依靠自身的高等教育、科技发展体系和政策特色在全球科技创新人才竞争中取得一席之地的经验需要总结,未来进一步发展面临的挑战也需要剖析。

第二次世界大战以来,知识创新成为推动经济社会发展与进步的主动力。以科学研究为核心的知识创新行为也从早期的个体兴趣导向为主演变为团队结果导向为主。国家政策与规划直接影响知识创新活动的主力和场域。随着第四次工业革命的深入以及知识经济的蔓延,科研,尤其是科研生产力,成为知识创新型组织——高校及其成员(教师)——关注的核心内容。中国普通高校教师在科研生产力和影响力上的突破和面临的挑战与历次人事制度和考核评价体系的变革息息相关。在科研导向和成果导向并行的职称评审与考核评价措施推动中国高校教师科研生产力和影响力突飞猛进的同时,教学职能弱化、学术职业发展与生态异化形成的张力亟待解决。

科研成果的评价,尤其是科研论文的评价以科学计量分析为主要衡量方式,在一定程度上是因为其数据易获取、可验证、低干扰、样本大、代表性强等优势。科研成果署名分析以一己之力推动了科学计量学、文献计量学和信息计量学的迅速发展。科研成果的科学计量分析易于管理和评价也使其在绩效管理体制和文化中被广泛应用并蔓延至公共事业场域。中国高校教师的科研成果评价方式的差异对科研生产力和影响力评价的影响需要系统的比较与科学的验证。恰当的科研成果评价方式及其应用是高校教师考核评价体系优化的核心。

科学研究逐步从个体科研人员的独立行为发展成为合作行为,甚至是团队合作行为。合作在现代科学研究中扮演着非常关键的角色,是解决科学问题、激发创新最重要的途径之一。随着科研问题与活动的日益复杂,合作在许多研究领域几乎是强制性的。航天工程和基因测绘等重大科学挑战通常需要投入巨额的经费,工业级的大型研究设施、仪器、设备,需要多个学科、机构人员组成的复杂科研团队合作研究。大型、复杂科学研究的成功高度依赖团队协作。分析个体、组织与国家之间的科研合作频率与程度、影响因素,以及与科研生产力和影响力之间的关系,将有助于科研政策的调整、促进科研活动的健康发展。

本书第一章系统地梳理改革开放以来中国普通高校教师队伍建设的制度变迁,分析制度变迁过程中高校教师聘任和考核评价的特点。第二章着重分析中国普通高校教师队伍建设的路径以及发展的规律与特征。本书的研究聚焦普通高校中的海外高层次青年教师这一集国家高层次、国际化、和年轻化人才政策重心于一体的教师群体。第三章和第四章分别系统研究海外高层次青年教师的科研生产力、影响力以及科研合作水平的表现、影响因素和关系。第五章总结并探究中国高校教师师资队伍建设的成就与挑战。

中华民族伟大复兴和社会主义现代化强国的建设需要进一步提升高等教育和科学研究的实力。高等教育和科学研究实力提升的关键在于师资队伍建设水平的进一步提高。昔日的成就与经验是未来发展再上一个台阶的基础。学术生态、资源配置与制度改进不仅仅是国家高等教育和科学研究进步的保障,亦是全球人才竞争力的助推器。

本书的创新点之一是将中国普通高校教师队伍建设的整体发展状态与杰出海归群体相结合进行典型分析。杰出海归是集中国高层次、国际化、年轻化人才政策导向于一体的拔尖人才。杰出海归的科研生产力和影响力既是中国高水平国际化青年人才的代表,又是高层次海外人才政策成效的检验。与前人研究不同的是,本书按照杰出海归的学术特征构建对照组,选择对照组成员,改进政策效应检验的稳健性。

本书的创新点之二是对科研成果的衡量采用六个指标,对比分析合作发表论文在数量、贡献度和影响力三个方面的独立和交叉表现。大多数的研究在衡量科研合作成果时仅采用一种到两种指标,比较单一。也有部分研究构建复合评价指标,但是适用对象和范围较小。本书构建了三个科研生产力规模指标,分别采用整数计量法、均分计量法、差分计量法。与均分计量法相比,差分计量法更突出第一作者和通讯作者的贡献。科研论文的三个影响力指标分别对三个生产力规模指标进行被引次数的加权处理。这六个指标相对全面地衡量了科研成果的规模、贡献和影响力。本书采用这六个指标对杰出海归的科研表现进行评价,并对比它们的特点以及应用影响。

本书的创新点之三是根据科研成果的署名信息(作者和地址),构建综合反映国家、组织和个体三个层面的科研合作综合指数。该综合指数直观、易懂,适用面广,可以用于评价论文、个体科研人员、学科或组织(比如院系、高校)的科研合作水平。

目　　录

第一章　中国普通高校教师队伍建设的制度变迁……………………… 1

　　第一节　改革开放至 1985 年之前:行政计划聘任制度…………… 1

　　第二节　1985 年至 2010 年:编制管理、全员聘用合同制………… 7

　　第三节　2011 年至今:分类管理、多元聘用制………… 24

　　第四节　小　结………… 35

第二章　中国普通高校教师队伍建设与发展趋势……………………… 37

　　第一节　自主培养道路………… 37

　　第二节　国际化发展政策………… 44

　　第三节　专任教师队伍建设的规模和结构………… 48

　　第四节　海外高层次人才引进计划:青年人才计划………… 58

　　第五节　小　结………… 63

第三章　中国普通高校教师的科研生产力………… 65

　　第一节　科研生产力的概念………… 65

　　第二节　科研生产力的衡量与发展趋势………… 70

　　第三节　科研生产力的理论模型和影响因素………… 90

第四节　高层次中青年骨干教师的科研生产力…………… 100

第五节　小　结………………………………………………… 134

第四章　中国普通高校教师的科研合作水平……………… 135

第一节　科研合作的概念与类型…………………………… 136

第二节　科研合作成果的衡量与规模发展………………… 148

第三节　高层次中青年骨干教师的科研合作水平………… 162

第四节　小　结………………………………………………… 184

第五章　中国普通高校师资队伍建设的成就与挑战……… 186

第一节　中国普通高校师资队伍建设的成就……………… 186

第二节　中国普通高校师资队伍建设的挑战与应对……… 193

参考文献……………………………………………………………… 202

第一章　中国普通高校教师队伍建设的制度变迁

改革开放以来,中国普通高校教师的人事制度在内部发展需求和外部政策变迁的双重影响之下,经历了质的变化。中国普通高校教师的人事制度由外部的政府行政主管部门的宏观政策法规和内部的制度规定构成。由于人事制度涉及面广、内容庞杂,本章以教师聘任为核心,分阶段从中国普通高校教师的聘用与岗位设置、编制管理、职称评审和考核评价等方面阐述其变化过程与特点。薪酬福利待遇等内容不在本章讨论范围之内。

第一节　改革开放至 1985 年之前:
行政计划聘任制度

改革开放初期,中国普通高校教师的任免与职称评审主要延续新中国成立以来制定的政府行政主管部门任免、统一调配、终身任用的行政计划聘任制度。

一、聘任制度

中华人民共和国成立初期颁布的《高等学校任用教、职、工人的暂行规定》(1956 年)明确规定"高校教师是国家工作人员","应该根据国家需要,服从国家调动"①。新中国成立初期,在人才短缺和经济建设迫切需求的双重压力下,中国高校教师的培养和聘任由国家统筹安排。1960年10月,教育部制定出台了《关于全国重点高等学校暂行管理办法》。该管理办法规定,"全国重点高校培养研究生和接受进修教师的计划,由中央教育部会同中央主管部门和地方共同商定,统筹安排",而且,"为了保证全国重点高校教师和领导骨干的相对稳定,以利学校教育质量和科学水平的不断提高,因此从全国重点高校调出讲师以上教师或系级以上的领导骨干,或者成批抽调助教,均应由中央教育部、中央其他主管部门和地方党委互相征得同意"②。中央政府部门陆续出台了《关于高等学校教学研究指导组各级教师职责的暂行规定》(1955年)、《高等学校教师工作日和教学工作量试行办法》(1955年)和《关于高等学校教师职务提升工作问题的通知》(1963年)等一系列政策,对高校教师的岗位职责做出规定。③ 20世纪60年代,中国高校教师正式确立、实施由中央政府部门统筹安排、统一调配的行政计划聘任制度。

改革开放初期,高校教师的聘任管理在新政策出台前,基本沿用"文革"之前的制度规定。1978年2月,国务院转发的教育部《关于恢复和办好全国重点高等学校的报告》指出,"恢复和办好全国重点高等学校是一项战略性措施",目的在于"推动教育战线的整顿工作,迅速提高高等教育的水平,尽快改变教育事业与社会主义革命和建设严重不相适应的状况"④。针对教师,该政策要求"全国重点高校要贯彻落实党的知识分子政策,充分调动

---

① 周光礼,彭静雯.从身份授予到契约管理——我国公立高校教师劳动制度变迁的法律透视[J].高等教育研究,2007,28(10):37-42.

② 教育部.关于全国重点高等学校暂行管理办法[EB/OL].(1960-10-22)[2022-07-25].https://www.pkulaw.com/chl/f59e4772a07947d9bdfb.html.

③ 周光礼,彭静雯.从身份授予到契约管理——我国公立高校教师劳动制度变迁的法律透视[J].高等教育研究,2007,28(10):37-42.

④ 教育部.关于恢复和办好全国重点高等学校的报告的通知[EB/OL].(1978-02-17)[2022-07-25].https://www.pkulaw.com/chl/7904bf946352c460bdfb.html.

广大教师的社会主义积极性"。在师资队伍的建设上,建议"从科研、生产部门选调部分专门人才,到全国重点高等学校任专职或兼职教师。有计划地选留高等学校普通班、研究班的优秀毕业生,补充教师队伍"。1980 年,教育部专门出台了《全国重点高等学校接受进修教师工作暂行办法》。

1979 年 11 月,教育部出台了《关于高等学校教师职责及考核的暂行规定》。该规定分别对助教、讲师、副教授和教授四个级别的高校教师在教学、科学研究、实验室建设、研究生指导和教师进修等方面的职责做出规定,同时确定了政治表现、业务水平、工作成绩三个方面的考核内容。[①] 教师的考核按学期或学年定期进行。教师需填写《高等学校教师工作登记卡》,由教研室主任签署评语,报系主任或副主任审核。学校的教师考核工作,由分管师资工作的校(院)长组织教务处、科研处、人事处负责进行。

1981 年 4 月,教育部又出台了《关于试行高等学校教师工作量制度的通知》,对高校各级教师的工作量制定了具体规定。"教师工作量包括:教学工作量(含教学法研究工作量)、科学研究工作量、实验室建设工作量等。教师全年工作量,按每天 8 小时,每周 5 天,每年暂按 42 周计算,应为 1680 小时(待校历确定后,按校历周数计算教师全年工作量)。"[②]在高校教师承担的多项职责之中,教育部明确规定了高校教师应以教学工作为主,"全校教师的教学工作量,一般应占全校教师工作量的三分之二左右"[③],并且"教师完成全年工作量,承担的教学工作量超过 1400 小时,教学效果较好,应按《高等学校教师教学工作量超额酬金暂行规定》发给酬金"[④]。教师工作量

---

① 教育部.关于高等学校教师职责及考核的暂行规定[EB/OL].(1979-11-27)[2022-07-25].
https://www.pkulaw.com/chl/3e0349f30d67d47abdfb.html.

② 教育部.关于试行高等学校教师工作量制度的通知[EB/OL].(1981-04-20)[2022-07-25].
https://www.pkulaw.com/chl/146187.html? isFromV5=1.

③ 教育部.关于试行高等学校教师工作量制度的通知[EB/OL].(1981-04-20)[2022-07-25].
https://www.pkulaw.com/chl/146187.html? isFromV5=1.

④ 教育部.关于试行高等学校教师工作量制度的通知[EB/OL].(1981-04-20)[2022-07-25].
https://www.pkulaw.com/chl/146187.html? isFromV5=1.

是"合理计算教师的编制"①的基础。

二、职称评审

高校教师的职务名称及其确定和提升办法也与职责和工作量等相关制度同时出台。教师职称制度出台的目的是加强高校师资队伍建设,不断提高教学质量和科研水平。教师职称制度要全面贯彻"坚持标准,保证质量,全面考核,择优提升"的方针。该方针的核心是保证质量,全面考核是评审工作的基础,坚持标准是关键。②

1960 年 2 月,国务院就已经颁布《关于高等学校教师职务名称及其确定与提升办法的暂行规定》,并在 1963 年之前确定与提升了一批助教、讲师、副教授、教授。1978 年 3 月,国务院批转了教育部《关于高等学校恢复和提升教师职务问题的请示报告》,落实党中央关于知识分子的政策,并开始恢复这项工作,从而加强高校师资队伍建设。1978—1981 年,全国一共有"139462名教师确定与提升了讲师以上职称,相当于'文化大革命'以前讲师以上人数(37088 人)的 3.76 倍。其中,2498人确定与提升为教授,20771人确定与提升为副教授,116193 人确定与提升为讲师"③。高校教师的职称结构得到了一定程度的改善,如表 1.1 所示。

---

① 教育部. 关于试行高等学校教师工作量制度的通知[EB/OL]. (1981-04-20)[2022-07-25]. https://www. pkulaw. com/chl/146187. html? isFromV5＝1.

② 教育部. 关于当前执行国务院关于高等学校教师职务名称及其确定与提升办法的暂行规定的实施意见的通知[EB/OL]. (1982-02-18)[2022-07-25]. http://gdlawyer. chinalawinfo. com/fulltext_form. aspx? Db＝chl&Gid＝45b6948f2af35490bdfb.

③ 教育部. 关于当前执行国务院关于高等学校教师职务名称及其确定与提升办法的暂行规定的实施意见的通知[EB/OL]. (1982-02-18)[2022-07-25]. http://gdlawyer. chinalawinfo. com/fulltext_form. aspx? Db＝chl&Gid＝45b6948f2af35490bdfb.

表 1.1　高校教师的职称结构变化(1977—1982 年)

年份	教授人数 (占百分比)	副教授人数 (占百分比)	讲师人数 (占百分比)	助教人数 (占百分比)
1977	2288 人(1.2%)	3531 人(1.9%)	27344 人(14.8%)	110478 人(59.8%)
1981	5078 人(1.9%)	22541 人(8.6%)	128386 人(48.8%)	37324 人(14.2%)

数据来源:教育部.关于当前执行国务院关于高等学校教师职务名称及其确定与提升办法的暂行规定的实施意见的通知[EB/OL].(1982-02-18)[2022-07-25].http://gdlawyer.chinalawinfo.com/fulltext_form.aspx? Db=chl&Gid=45b6948f2af35490bdfb.

(一)确定与提升教师职称的评审程序和批准权限

1981 年,高沂同志在高校教师提职工作座谈会上的讲话中指出:"三年来教师职务确定与提升过程中,存在评审条件与标准的把握参差不齐,评审程序不统一,缺乏全面的考核制度和考核档案等问题。"1982 年 2 月,教育部印发的《关于当前执行国务院关于高等学校教师职务名称及其确定与提升办法的暂行规定的实施意见》(简称《实施意见》)规定了"确定与提升教师职称的思想政治条件、业务条件、考核制度、评审程序",并明确了"各级教师职称的批准权限"[①]。

1982 年的《实施意见》中将高校助教和讲师的职称评审交由高校的校务委员会负责,然而副教授和教授的职称评审依然由相关教育主管部门负责。助教和讲师的职称评审在本人提交申请报告之后,首先由教研室提名,给出综合意见,然后由系评审组织(由系党政领导及专家组成)审核,通过后报校务委员会批准。确定或提升讲师,经校务委员会批准之后,还需报相关教育主管部门备案。副教授和教授的职称评审则分为四步:(1)由系或教研室提名,给出综合意见;(2)由系聘请两名同行专家、教授进行评审,并由系的评审组织提出审核意见,报送学校;(3)由校组织部门或人事部门进行政

---

① 教育部.关于当前执行国务院关于高等学校教师职务名称及其确定与提升办法的暂行规定的实施意见的通知[EB/OL].(1982-02-18)[2022-07-25].http://gdlawyer.chinalawinfo.com/fulltext_form.aspx? Db=chl&Gid=45b6948f2af35490bdfb.

治审查,校学术委员会进行业务评审,然后报校务委员会审查,通过后送相关教育主管部门;(4)由相关教育主管部门的教授、副教授评审委员会进行业务评审,然后由教育主管部门进行全面审查。

1982年的《实施意见》提出高校和相关教育主管部门应建立和健全副教授和教授职称评审委员会,负责"业务评审",其成员由政府教育主管部门的领导、同行专家、教授和副教授组成。如有需要,可以设立分学科的职称评审组,成员由教授、副教授组成,尤其说明应注意吸收中青年教授、副教授参加。

教育部的一系列政策确立了助教和讲师的职称评审由高校校务委员会评审批准、副教授和教授的职称评审由政府教育主管部门评审批准的方式。同时,副教授的职称评审权力由相关中央政府教育主管部门下放到所在省、自治区、直辖市的相关教育主管部门,如表1.2所示。

表1.2 高校各级教师职称的批准权限

对象	批准主体	报备对象
助教	高校的校务委员会	无
讲师	高校的校务委员会	所在省、自治区、直辖市高教(教育)厅(局)
副教授	所在省、自治区、直辖市高教(教育)厅(局)	教育部和有关主管部、委备案
教授	教育部	无

数据来源:教育部.关于当前执行国务院关于高等学校教师职务名称及其确定与提升办法的暂行规定的实施意见的通知[EB/OL]. (1982-02-18)[2022-07-25]. http://gdlawyer.chinalawinfo.com/fulltext_form.aspx? Db=chl&Gid=45b6948f2af35490bdfb.

改革开放至1985年之前,高校教师的聘任制度基本上是政府行政主管部门负责,统筹规划、统一调配、终身任用的行政计划聘任制度。高校基本上是政策的执行者。在行政计划安排之下,高校教师的聘任本质上是国家

"统包统配、终身任用"①的行政计划聘任制。

第二节　1985 年至 2010 年:编制管理、全员聘用合同制

1985 年是改革开放后中国教育体制改革的首个分水岭。党的十二届三中全会之后陆续颁布的《中共中央关于经济体制改革的决定》(1984 年 10月)、《中共中央关于科学技术体制改革的决定》(1985 年 3 月)、《中共中央关于教育体制改革的决定》(1985 年 3 月)开启了改革开放后中国经济、科技、教育体制的系统化改革进程。此阶段,中国高校教师管理的编制制度建立,从"身份管理"逐步转向全员聘用合同制,实现由政府部门直接管理向通过编制、政策间接调控的过渡。

一、编制管理

1985 年开始实施的《普通高等学校人员编制的试行办法》正式开启了中国高校教师由政府设立编制、实施宏观管理的历史。

(一)编制管理的形成

20 世纪 80 年代,在国内经济体制改革全面展开、国际上新技术革命兴起的新形势下,党中央意识到中国教育事业的落后和教育体制的弊端。在教育事业管理权限的划分上,教育体制的弊端主要体现在"政府有关部门对学校主要是对高校统得过死,使学校缺乏应有的活力;而政府应该加以管理的事情,又没有很好地管起来"②。党中央认为必须系统地"改革管理体制,

---

①　周光礼,彭静雯.从身份授予到契约管理——我国公立高校教师劳动制度变迁的法律透视[J].高等教育研究,2007,28(10):37-42.

②　中共中央关于教育体制改革的决定[EB/OL].(1985-05-27)[2022-07-25].https://www.pkulaw.com/chl/5082e7f34044f922bdfb.html.

在加强宏观管理的同时,坚决实行简政放权,扩大学校的办学自主权;调整教育结构,相应地改革劳动人事制度"①。

针对高校,《中共中央关于教育体制改革的决定》明确提出"扩大办学自主权",但是主要限于高校的招生计划和毕业生分配制度。在改革管理体制方面,党中央提出"坚决实行简政放权,扩大学校的办学自主权"的同时,也强调了"加强宏观管理"。落实到高校教师的聘任制度上,具体体现于中华人民共和国国家教育委员会1985年7月出台的《普通高等学校人员编制的试行办法》。此前普通高校的教职工由国家统一分配管理,不存在编制。②国家教育委员会根据中央精简机构、紧缩编制、提高工作效率、合理使用人员的指示精神,制定了《普通高等学校人员编制的试行办法》。该办法对普通高校的人员编制,按校(院)本部、专职科学研究人员、实验实习工厂(包括农林院校农场、林场,下同)和直属单位四个部分列编,即:(1)分别界定了普通高校四个部分人员的类别、性质和范围;(2)按照教职工和学生比例这一指标,对各个部门的教职工编制进行定编;(3)制定了不同类别普通高校校(院)本部教职工编制标准。中国公办高校教职工的编制规模基本就是依据这一标准形成的。③

(二)编制标准的调整

随着国家政府机构精简和普通高校扩招工作的推进,普通高校的人事编制也不断地进行着微调。《普通高等学校人员编制的试行办法》(1985年)规定,中国普通高校的人事编制基本按照"教职工和学生比例"的标准定编管理。教育部《关于当前深化高等学校人事分配制度改革的若干意见》(1999年)进一步细化为按照高校的生员比(学生与教职工比)和生师比对

① 中共中央关于教育体制改革的决定[EB/OL].(1985-05-27)[2022-07-25].https://www.pkulaw.com/chl/5082e7f34044f922bdfb.html.
② 范跃进.改革开放以来高等学校人事政策的演变趋势[J].国家教育行政学院学报,2017(9):16-22.
③ 范跃进.改革开放以来高等学校人事政策的演变趋势[J].国家教育行政学院学报,2017(9):16-22.

高校的人员编制进行分类定编。《普通高等学校基本办学条件指标(试行)》(2004年)分别为六类普通高校重新确定了生师比标准,合格标准从11:1到18:1不等。《普通本科学校设置暂行规定》(2006年)规定普通本科学校的生师比不高于18:1。生师比不高于18:1成为本科教学评估的合格指标之一。[①]

(三)编制管理的调整:保持宏观调控、精简机构、剥离附属单位编制

为了全面贯彻落实《中华人民共和国教师法》(1993年、2009年修订,以下简称《教师法》)、《中华人民共和国高等教育法》《面向21世纪教育振兴行动计划》,推动高等教育的改革与发展,教育部出台的《关于新时期加强高等学校教师队伍建设的意见》(1999年)提出:"强化编制管理的约束机制,实行编制和工资总额动态包干,大幅度压缩非教学人员,提高人员使用效益。教学、科研人员及其他专业技术人员占事业编制教职工的比例当前应达到80%以上。强化教育人事部门和学校编制管理的职责权限。非编制管理部门不得干预学校机构设置和人员编制管理。"[②]

1999年9月,教育部《关于当前深化高等学校人事分配制度改革的若干意见》的改革思路为"加大高校人事分配制度改革的力度,引入竞争机制,建立符合高校特点的人事分配制度和运行机制"[③]提供了遵循。次年发布的《关于深化高等学校人事制度改革的实施意见》(2000年)进一步明确了高校机构编制改革应遵循"总量控制、微观放权、规范合理、精简高效"的原则。为了理顺编制管理体制,配合国家实施宏观控制,该实施意见要求"高校主管部门"在贯彻编制法规的同时,加强评估以监督高校遵守编制法规。

在高校机构编制改革方面,教育部《关于当前深化高等学校人事分配制

[①] 范跃进.改革开放以来高等学校人事政策的演变趋势[J].国家教育行政学院学报,2017(9):16-22.

[②] 教育部.关于新时期加强高等学校教师队伍建设的意见[EB/OL].(1999-08-16)[2022-07-25].http://www.gov.cn/govweb/gongbao/content/2000/content_60597.htm.

[③] 教育部.关于当前深化高等学校人事分配制度改革的若干意见[EB/OL].(1999-09-15)[2022-07-25].http://www.gov.cn/gongbao/content/2000/content_60558.htm.

度改革的若干意见》提出,首先精简学校管理机构。一方面"去政府化"合并职能相近机构,机构设置不要求上下对口;另一方面,剥离服务职能、经营职能,划出教学科研辅助服务等部门。学校管理机构的数量根据学校规模和管理跨度确定,原则上为 10～20 个。其次,高校需要严格按照上级主管部门核定的编制总数,压缩非教学科研人员,提高教师占教职工总数的比例。同时,高校需要提高并确定高校的生员比和生师比。目标是"十五"期间,全国高校平均当量生师比要达到 14∶1。① 具体做法是"从严控制学校管理人员编制……较大幅度地精简机关工作人员,全校党政管理工作人员编制原则上控制在全校事业编制教职工人数的 12％～15％",其中校部党政机构人员编制可控制在"全校事业编制教职工人数的 6％～10％。"最后,加快编制制度改革,理顺编制管理体制。此时,高校的人员编制根据岗位职能、承担任务以及管理体制的不同,分为三大类:基本教育规模编制、专职科研编制和附属单位编制。主管部门只核定基本教育规模编制、专职科研编制和部分附属单位编制。大部分附属单位随着后勤工作社会化的推行,逐步分离出学校。

教育部《关于当前深化高等学校人事分配制度改革的若干意见》出台之后,政府部门依然直接控制普通高校的主要人事编制(基本教育规模编制、专职科研编制),仅放松了附属单位编制,而附属单位编制的放松是因为大部分附属单位随着高校后勤工作社会化的推进,逐步从高校剥离。教育部《关于当前深化高等学校人事分配制度改革的若干意见》再次强调"加强政府宏观调控",具体表现为"国家控制编制经费的总量和教育经费中人员编制经费的比例,实行编制定员与人员经费直接挂钩和人员编制经费动态包干,增人不增资,减人不减资,建立宏观调控机制和学校自我约束机制"。中共中央组织部、人事部、教育部于 2000 年 6 月印发的《关于深化高等学校人事制度改革的实施意见》将上述改革目标和任务的落实办法进一步细化。

---

① 教育部.关于当前深化高等学校人事分配制度改革的若干意见[EB/OL].(1999-09-15)[2022-07-25].http://www.gov.cn/gongbao/content/2000/content_60558.htm.

二、全员聘用合同制

在确立编制管理,转向宏观调控的同时,中国普通高校教师的聘任制度改革迈出了实质性的步伐,采取全员聘用合同制,强化竞争机制,由"身份管理"转向"岗位管理"。

《中共中央关于教育体制改革的决定》公布之后,国务院于次年就出台了《关于实行专业技术职务聘任制度的规定》。该规定要求国家机关和事业单位的专业技术职务采用聘任制,其中"专业技术职务是根据实际工作需要设置的有明确职责、任职条件和任期,并需要具备专门的业务知识和技术水平才能担负的工作岗位,不同于一次获得而终身拥有的学位、学衔等各种学术、技术称号"①。该规定明确"专业技术职务的聘任或任命都不是终身的,应有一定的任期",是否续聘要以"定期与不定期的业绩考核"为依据。1986 年,中央职称改革工作领导小组出台了《高等学校教师职务试行条例》,分别对助教、讲师、副教授、教授的职责、任职条件、任职资格评审、聘任及任命做出了具体规定。其中高校教师的聘期"一般为 2～4 年,可以续聘或连任"。1993 年,中共中央、国务院联合发布了改革开放后首个《中国教育改革和发展纲要》,明确提出"高校教师实行聘任制","在合理定编的基础上,对教职工实行岗位责任制和聘任制"。

《教师法》第十一条规定"国家实行教师资格制度",而"取得高等学校教师资格,应当具备研究生或者大学本科毕业学历"。《教师法》第十三条规定"普通高等学校的教师资格由国务院或者省、自治区、直辖市教育行政部门或者由其委托的学校认定"。《教师法》第十六条明确"国家实行教师职务制度,具体办法由国务院规定"。《教师法》第十七条明确高校"应当逐步实行教师聘任制",而"实施教师聘任制的步骤、办法由国务院教育行政部门规定"。《教师法》第二十四条规定"教师考核结果是受聘任教、晋升工资、实施

---

① 国务院.关于实行专业技术职务聘任制度的规定[EB/OL].(1986-08-27)[2022-07-25]. http://www.gov.cn/zhengce/content/2012-09/21/content_7398.htm.

奖惩的依据"。《教师法》第二十二条规定,高校教师考核的主体是高校,但是"教育行政部门对教师的考核工作进行指导、监督"。

教育部《面向 21 世纪教育振兴行动计划》(1999 年)重新强调实行教师聘任制和全员聘用制,加强考核,竞争上岗,以优化教师队伍。为了全面贯彻落实《面向 21 世纪教育振兴行动计划》,推动高等教育的改革与发展,教育部出台了《关于新时期加强高等学校教师队伍建设的意见》(1999 年),要求以人事制度改革为核心,"认真贯彻国务院关于教师职务聘任制度的法规政策,坚持教师及相关专业技术岗位职务聘任制度的正确方向,进一步完善和强化教师职务聘任制度",特别要求"所在地区已实行社会保障制度改革的高校,要率先实行教师聘任制"。[①] 高校教师的任用应该遵循"按需设岗、公开招聘、平等竞争、择优聘任、严格考核、聘约管理的原则"。高校在依法自主聘任教师的同时,应建立人员流动和淘汰机制,调整或辞退不能履行教师职责的人员。

在中共中央和国务院《中国教育改革和发展纲要》(1993 年)和教育部《面向 21 世纪教育振兴行动计划》等重要规划文件的推动下,教育部针对高校人事分配制度改革的系列文件逐步出台。1999 年 9 月,教育部颁布了《关于当前深化高等学校人事分配制度改革的若干意见》。2000 年 6 月,中共中央组织部、人事部、教育部联合印发了《关于深化高等学校人事制度改革的实施意见》。

教育部《关于当前深化高等学校人事分配制度改革的若干意见》在高校聘任制度改革上,提出"推行高校教师聘任制和全员聘用合同制。积极引入竞争机制,破除专业技术职务和干部职务终身制"[②]。《关于当前深化高等学校人事分配制度改革的若干意见》将"聘用合同制"界定为社会主义市场

---

① 教育部.关于新时期加强高等学校教师队伍建设的意见[EB/OL].(1999-08-16)[2022-07-25]. http://www. gov. cn/govweb/gongbao/content/2000/content_60597. htm.

② 教育部.关于当前深化高等学校人事分配制度改革的若干意见[EB/OL].(1999-09-15)[2022-07-25]. http://www. gov. cn/gongbao/content/2000/content_60558. htm.

经济体制下实施的新型用工形式，是"以聘用合同形式确定单位与个人之间的劳动关系及双方权利、义务的用人制度"①。《关于当前深化高等学校人事分配制度改革的若干意见》和《关于深化高等学校人事制度改革的实施意见》提出"聘用合同制"改革的总体原则是"按需设岗、公开招聘、平等竞争、择优聘任、严格考核、合约管理"，要求高校用2～3年时间，全面推行"教师聘任制、职员聘任制和行政管理职务聘任制，由'身份管理'转向'岗位管理'"②。全员"聘用合同制"是在政府宏观调控之下，由高校严格定编、定岗、定职责，"强化岗位聘任和聘后考核"，"强化竞争机制"。

　　教育部《关于当前深化高等学校人事分配制度改革的若干意见》和《关于深化高等学校人事制度改革的实施意见》（2000年）要求高校根据学科建设和教学、科研任务的需要，科学合理地设置教学、科研、管理等各类岗位，明确岗位职责、任职条件、权利义务和聘任期限，按照规定程序在校内外公开招聘、平等竞争、择优聘用。聘用合同的签订建立在高校和教职工平等自愿的基础上，明确双方权利、义务和责任，确立受法律保护的劳动关系。聘用合同双方都可以根据合同约定条件的变化，协商解除合同，终止劳动关系，破除"终身制"。

　　与破除"终身制"相配套，教育部《关于当前深化高等学校人事分配制度改革的若干意见》和《关于深化高等学校人事制度改革的实施意见》要求高校按照"相对稳定、合理流动、专兼结合、资源共享"的原则，探索建立相对稳定的骨干人员和出入有序的流动人员相结合的人才资源机制。《关于深化高等学校人事制度改革的实施意见》要求高校妥善安置未聘人员，并通过设立校内人才交流中心等办法，形成人才合理流动的机制。高校的校内人才中心一方面帮助待聘、落聘等富余人员联系所在地政府人才交流机构，另一

---

　　① 教育部.关于当前深化高等学校人事分配制度改革的若干意见[EB/OL].（1999-09-15）[2022-07-25].http://www.gov.cn/gongbao/content/2000/content_60558.htm.

　　② 中共中央组织部,人事部,教育部.关于深化高等学校人事制度改革的实施意见[EB/OL].（2000-06-02）[2022-07-25].http://www.gov.cn/gongbao/content/2001/content_61330.htm.

方面通过所在地政府人才交流机构实行人事代理。《关于深化高等学校人事制度改革的实施意见》鼓励高校之间互聘、联聘教师,聘任社会兼职教师,实行在学研究生助教、助研、助管的"三助"制度等多种途径,以促进人才资源的优化配置和提高办学效益。

21世纪初,中国普通高校教师的全员聘用合同制度正式确立。[①] 政府部门对高校教师的管理从直接的行政管理转向通过立法、拨款、编制、规划、政策指导和必要的行政手段的宏观调控。

三、职称评审、岗位聘任、考核评价

1985年《中共中央关于教育体制改革的决定》出台之后,随着高校教师编制管理的确立和调整,以及"全员聘用合同制"的推行,中国普通高校教师的职称评审也随之改革,尤其是职称评审与岗位聘任之间的关系,以及两者考核内容和方式的改革,是这一时期改革的重点和难点。考核评价是职称评审和岗位聘任的重要依据。

（一）职称评审与岗位聘任:评聘分开

对于普通高校教师而言,职称评审是其个人职业发展的阶梯,亦是其职业能力、水平和声誉的标志。行政聘任制下,普通高校和教育主管部门对教师实行终身制的"身份管理"的本质是按照职称进行管理。中国普通高校教师的聘任制从行政聘任制转向聘用合同制,由"身份管理"转向"岗位管理"的过程中,一方面,职称评审制度在不断调整、完善;另一方面,职称评审与岗位聘任在逐步地相互适应。

首先,中国普通高校教师实施聘任制的前提是由终身制的"身份管理"转向定期制的"岗位管理"。国家教委、人事部颁布的《关于高等学校继续做好教师职务评聘工作的意见》(1991年)提出在全国推行高校评聘分开的试

---

① 周光礼,彭静雯.从身份授予到契约管理——我国公立高校教师劳动制度变迁的法律透视[J].高等教育研究,2007,28(10):37-42.

点工作。评聘分开的试点工作首先从副教授职称开始，"任职资格不与工资挂钩，对获得任职资格，因职务岗位数额限制而不能受聘相应职务的教师，要鼓励他们到校内外其他岗位任职"①。

国家对高校评聘分开的试点工作非常重视且谨慎。首先，高校的评聘分开试点工作需要"由省、自治区、直辖市和国务院有关部委教育主管部门提出，征得国家教委同意后，经省、自治区、直辖市和国务院各有关部委人事（职改）部门批准；评审数量和评审结果报人事（职改）部门审核批准"。其次，"学校主管部门应将实行评聘分开试点的学校和评审副教授任职资格而不聘任副教授职务的教师数量报国家教委和人事部备案"。

在评聘分开的试点工作的推行过程中，该意见指出："学校可以试行缓聘、低聘、解聘教师，教师可受聘和不应聘。凡取得任职资格后应聘的教师的职务工资，一律从聘任的下月起，分别按有关工资的规定和标准计发。教师聘任期届满，经聘任双方协商，可以续聘或延长聘任期限。聘任双方无正当理由，不得中止聘任关系。解聘或中止聘任一方应当提前以书面形式通知对方。聘期届满，经考核不合格未被聘任的，其因晋升职务增加的工资至少下调一级。经主管部门批准，学校可向社会公开招聘德才兼备的教师。"

中共中央组织部、人事部、教育部《关于深化高等学校人事制度改革的实施意见》提出"专业技术职务聘任工作要理顺评审与聘任的关系，淡化'身份'评审，强化岗位聘任"②。《教育部2003年工作要点》将教师聘任制改革作为核心任务，对部属普通高校的教师职务聘任制改革情况开展调研活动，了解教师职务评聘制度改革的工作进展情况（比如评审或聘任组织的组建、岗位设置方案、评聘条件、评聘工作程序和规范等），以及面临的主要困难和

---

① 国家教委，人事部.关于高等学校继续做好教师职务评聘工作的意见[EB/OL].(1991-04-10)[2022-07-25].https://www.pkulaw.com/chl/7809012a9fe14e58bdfb.html.

② 中共中央组织部，人事部，教育部.关于深化高等学校人事制度改革的实施意见[EB/OL].(2000-06-02)[2022-07-25].http://www.gov.cn/gongbao/content/2001/content_61330.htm.

问题,政策建议等。[①]

（二）岗位聘任

国家推行聘任合同制的核心之一是岗位聘任,而岗位聘任的基础是岗位设置。岗位设置主要包括两方面的工作:一是确定岗位类别,二是确定岗位数量。

1. 岗位类别的设置

中华人民共和国成立初期,中国普通高校的教师岗位并无专门设置,而是宽泛地分为教学、行政和教辅三类岗位。[②] 1985 年《普通高等学校人员编制的试行办法》将普通高校教师的岗位划分为:院(校)本部教职工、专职科学研究人员、实验实习工厂人员(包括农林院校农场、林场)、直属单位人员四大类,并制定了不同类别普通高校校(院)本部教职工的编制标准。

1990 年,全国企事业单位首次专业技术职务评聘工作结束之际,人事部于 11 月颁发《企事业单位评聘专业技术职务若干问题暂行规定》,以完善专业技术职务聘任制度,使评聘专业技术职务转入经常性工作。该规定明确指出"经常性的专业技术职务评聘工作,必须在科学合理地设置专业技术岗位的基础上进行"。该规定表明专业技术岗位及其职责需要"按照职位分类原理,根据工作需要设置和调整",并且控制在"国家批准的人员编制、首次评聘下达的高、中级职务数额和工资总额内"。[③]

教育部出台的《关于新时期加强高等学校教师队伍建设的意见》(1999年)要求"根据学科建设需要和国家关于高校教师职务结构比例的规定,科学设置教师职务岗位,形成合理的职务结构;完善教师职务聘任办法,强化聘任环节,实行严格的定期聘任,择优上岗;加强教师聘后管理和履职考核。

---

① 教育部职称改革工作办公室. 关于报送高等学校教师职务聘任制改革有关材料的通知[EB/OL]. (2003-03-13)[2022-07-25]. http://www. moe. gov. cn/srcsite/A04/s7051/200303/t20030313_180712.html.

② 范跃进. 改革开放以来高等学校人事政策的演变趋势[J]. 国家教育行政学院学报,2017(9):16-22.

③ 人事部. 企事业单位评聘专业技术职务若干问题暂行规定[EB/OL]. (1990-11-10)[2022-07-25]. http://www.mohrss. gov. cn/xxgk2020/gzk/gz/202112/t20211228_431505.html.

教授、副教授要认真履行教育教学职责,教学工作量原则上不低于额定工作量的70%。对不能履行教育教学职责或者经考核不称职的,依法解聘其教师职务。要强化政策导向,充分利用教师职务聘任这一政策杠杆,全面提高教师队伍的政治业务素质"①。

《中共中央、国务院关于进一步加强人才工作的决定》和《〈关于在事业单位试行人员聘用制度意见〉的通知》出台后,包括普通高校在内的事业单位,开始试行聘用制度和岗位管理制度。为了更好地促进聘用制度和岗位管理制度的进展和完善,2006年,人事部先后出台了《事业单位岗位设置管理试行办法》和《〈事业单位岗位设置管理试行办法〉实施意见》。《事业单位岗位设置管理试行办法》将岗位定义为"事业单位根据其社会功能、职责任务和工作需要设置的工作岗位,应具有明确的岗位名称、职责任务、工作标准和任职条件"②。事业单位的岗位设置,由国家实施"宏观调控,分类指导,分级管理"。事业单位通用的岗位类别和等级,由国家根据事业单位的功能、规格、规模以及隶属关系等情况确定。同时,国家对各类岗位实行总量、结构比例和最高等级控制。包括高校在内的事业单位,按照上级主管部门核准的岗位总量、结构比例和最高等级,自主设置本单位的具体工作岗位。"事业单位要按照科学合理、精简效能的原则进行岗位设置,坚持按需设岗、竞聘上岗、按岗聘用、合同管理"③。政府人事行政部门是事业单位岗位设置管理的综合管理部门,具体实施政策指导、宏观管理和监督管理。

《事业单位岗位设置管理试行办法》将事业单位岗位分为"管理岗位、专业技术岗位和工勤技能岗位三种类别"。2007年,人事部和教育部联合印发的高校、义务教育学校、中等职业学校等教育事业单位岗位设置管理的三

①　教育部.关于新时期加强高等学校教师队伍建设的意见[EB/OL].(1999-08-16)[2022-07-25].http://www.gov.cn/govweb/gongbao/content/2000/content_60597.htm.

②　人事部.事业单位岗位设置管理试行办法[EB/OL].(2006-07-04)[2022-07-25].http://www.gov.cn/zwgk/2006-11/17/content_445937.htm.

③　人事部.事业单位岗位设置管理试行办法[EB/OL].(2006-07-04)[2022-07-25].http://www.gov.cn/zwgk/2006-11/17/content_445937.htm.

个指导意见中,根据此三种类别,对高校教师的岗位进行了规范的划分。1998 年颁布的《中华人民共和国高等教育法》规定高校实行教师职务制度,而教师职务设助教、讲师、副教授、教授。表 1.3 是根据上述文件整理汇总的高校管理岗位、专业技术岗位、工勤技能岗位和特设岗位的性质、岗位设置要求和岗位等级。专业技术岗位的名称因技术岗位而异。高校的岗位名称对应岗位等级包括教授、副教授、讲师和助教四类。中国高校教师的岗位职务自此确立。

表 1.3　高校的岗位:性质、设置要求、等级

岗位类别	管理岗位	专业技术岗位		工勤技能岗位	特设岗位
岗位性质	管理岗位指担负领导职责或管理任务的工作岗位。高校管理岗位包括校、院(系)以及其他内设机构的管理岗位	高校的专业技术岗位分为教师岗位和其他专业技术岗位,其中教师岗位是专业技术主体岗位		工勤技能岗位指承担技能操作和维护、后勤保障、服务等职责的工作岗位	根据高校特点和高等教育发展规律,为适应聘用急需的高层次人才等特殊需要,经批准设置的工作岗位,是高校中的非常设岗位
		教师岗位包括具有教育教学、科学研究工作职责和相应能力水平要求的专业技术岗位。学校可根据教师在教学、科研等方面所侧重承担的主要职责,积极探索对教师岗位实行分类管理,在教师岗位中设置教学为主型岗位、教学科研型岗位和科研为主型岗位	其他专业技术岗位主要包括工程实验、图书资料、编辑出版、会计统计、医疗卫生等岗位		

续表

岗位类别	管理岗位	专业技术岗位	工勤技能岗位	特设岗位
岗位设置要求	管理岗位的设置要适应增强单位运转效能、提高工作效率、提升管理水平的需要	专业技术岗位的设置要符合高等教育工作和人才成长的规律和特点,适应发展高等教育事业与提高专业水平的需要	工勤技能岗位的设置要适应提高操作维护技能,提升服务水平的要求,满足高校教学科研和日常运行等需要。鼓励高校后勤服务社会化,已经实现社会化服务的一般性劳务工作,不再设置相应的工勤技能岗位	主要用于聘用急需的高层次人才等特殊需要
岗位等级	管理岗位分为9个等级。高校现行的部级副职、厅级正职、厅级副职、处级正职、处级副职、科级正职、科级副职、科员、办事员依次分别对应管理岗位二至十级	专业技术岗位分为13个等级。高校正高级教师岗位名称为教授一级岗位、教授二级岗位、教授三级岗位、教授四级岗位,分别对应一至四级专业技术岗位;副高级教师岗位名称为副教授一级岗位、副教授二级岗位、副教授三级岗位,分别对应五至七级专业技术岗位;中级教师岗位名称为讲师一级岗位、讲师二级岗位、讲师三级岗位,分别对应八至十级专业技术岗位;初级教师岗位名称为助教一级岗位、助教二级岗位,分别对应十一级、十二级专业技术岗位	高校中的高级技师、技师、高级工、中级工、初级工,依次对应一至五级工勤技能岗位	特设岗位的等级根据实际需要,按照规定的程序和管理权限确定

信息来源:人事部.《事业单位岗位设置管理试行办法》[EB/OL].(2006-07-04)[2022-07-25].http://www.gov.cn/zwgk/2006-11/17/content_445937.htm.

人事部.《事业单位岗位设置管理试行办法》实施意见(2006-08-31)[2022-07-25].http://www.gov.cn/zwgk/2006-11/17/content_445979.htm.

人事部,教育部.关于印发高等学校、义务教育学校、中等职业学校等教育事业单位岗位设置管理的三个指导意见的通知[EB/OL].(2007-05-07)[2022-07-25].http://www.moe.gov.cn/jyb_xxgk/gk_gbgg/moe_0/moe_1443/moe_1497/tnull_23287.html.

教育部.教育部直属高等学校岗位设置管理暂行办法[EB/OL].(2007-05-22)[2022-07-25].http://pkulaw.cn/fulltext_form.aspx?Gid=297571.

2. 岗位数量的控制

《〈事业单位岗位设置管理试行办法〉实施意见》规定全国总体控制的专业技术高级、中级、初级岗位之间的结构比例目标为 1∶3∶6。2007 年颁布的《教育部直属高等学校岗位设置管理暂行办法》规定:"专业技术岗位分为教师岗位和其他专业技术岗位。专业技术岗位一般不低于学校岗位总量的70％,其中,教师岗位一般不低于学校岗位总量的 55％。经核准,少数高水平大学教学科研辅助性专业技术岗位的比例可适当提高。管理岗位一般不超过学校岗位总量的 20％。按照后勤社会化的改革方向,要逐步减少工勤技能岗位的比例。"①特设岗位不受高校岗位总量、最高等级和结构比例限制,在完成工作任务后,按照管理权限予以核销。

按岗位等级,直属高校中正高级、副高级、中级和初级专业技术岗位比例的最高控制目标原则上为 2∶3∶4∶1,高级专业技术岗位应以教师岗位为主体。教师和其他专业技术正高级岗位中,二级、三级、四级之间的结构比例控制目标为 2∶3∶5。副高级岗位中,五级、六级、七级之间的结构比例一般为 2∶4∶4。中级岗位中,八级、九级、十级岗位之间的比例为 3∶4∶3。初级岗位中,十一级、十二级岗位之间的比例为 5∶5。

在数量控制上,《教育部直属高等学校岗位设置管理暂行办法》给予高校一定的灵活调整空间,尤其是主体的专业技术岗位。高校可以根据地区经济、高等教育事业发展水平,以及高校的功能、规格、隶属关系和专业技术水平,在"专业技术高级、中级、初级岗位之间,以及高级、中级、初级岗位内部不同等级岗位之间"实行不同的结构比例。国家重点建设的高校专业技术高级岗位结构比例可以适当高于普通本科高校,而普通本科高校专业技术高级岗位结构比例可以适当高于高等职业技术学院和高等专科学校。专业技术岗位等级之间的比例分配,高水平大学可以适当提高高级岗位的比例。

---

① 教育部.教育部直属高等学校岗位设置管理暂行办法[EB/OL].(2007-05-22)[2022-07-25].http://pkulaw.cn/fulltext_form.aspx? Gid=297571.

3. 岗位聘任和职称评审权限

尽管根据《中华人民共和国高等教育法》，普通高校的自主权在逐步扩大，但是高校教师，尤其是副教授和教授的职称评审和岗位聘任的宏观管理权力依然由政府主管部门掌握。在岗位聘任上，高校根据"按需设岗、竞聘上岗、按岗聘用"的原则，按照核准的岗位设置方案，自主进行岗位聘用工作。岗位设置方案要求严格遵守国家规定的各类岗位基本任职条件，以及核定的岗位总量和各级岗位的结构比例。在职称评审方面，《高等学校教师职务试行条例》要求"省、自治区、直辖市高校教师职务评审工作应在各地职称改革工作领导小组领导下进行"。《关于高等学校继续做好教师职务评聘工作的意见》在继续推进普通高校教授和副教授"任职资格评审权的授予"工作的同时，要求"评审的教授、副教授应报上级人事（职改）部门备案"。在政府宏观的编制管理之下，该意见表明高校"应在主管部门核定的岗位职务数额内评聘教师职务"，并且只有"因自然减员、人员调动、解聘等出现岗位空缺时，学校可以根据工作需要进行补缺聘任"[①]。如果因为事业发展，破格评聘优秀中青年拔尖人才，或其他特殊原因，高校需要增设教师职务岗位及因此所需的增资指标，须由学校主管部门报省、部级人事（职改）部门批准。因此，《关于高等学校继续做好教师职务评聘工作的意见》在赋予普通高校职称评审和岗位聘任的自主管理权的同时，加强了高校教师职务聘任的宏观管理。普通高校的"定任务、定规模、定编制"等工作由高校和政府主管部门共同研究和设置，而且该意见还强调"国家教委和学校主管部门要逐步采用控制教师职务结构比例等办法加强对高等学校教师职务聘任工作的宏观管理"。1986年《高等学校教师职务试行条例》出台之后，教育部在1986年和1988年分两批下放高校教授、副教授任职资格评审权至部分高

---

① 国家教委，人事部.关于高等学校继续做好教师职务评聘工作的意见[EB/OL].(1991-04-10) [2022-07-25].https://law.lawtime.cn/d605039610133.html.

校,之后又陆续下放了一批高校教授、副教授任职资格评审权至其他高校①。《中华人民共和国高等教育法》(1998 年、2015 年修正)规定"高等学校教师职务的具体任职条件由国务院规定"。由此可见,中国普通高校教师的职务及任职条件由政府主管部门制定,教师高级职称的评审和职务聘任的权力由政府主管部门直接管理,或通过结构比例、职务条件等进行宏观调控。

4. 职称评审:重心转移

1985 年颁布的《中共中央关于教育体制改革的决定》指出"要根据中央关于科学技术体制改革的决定,发挥高校学科门类比较齐全,拥有众多教师、研究生和高年级学生的优势,使高校在发展科学技术方面做出更大贡献。为了增强科学研究的能力,培养高质量的专门人才,要改进和完善研究生培养制度,并且根据同行评议、择优扶持的原则,有计划地建设一批重点学科。重点学科比较集中的学校,将自然形成既是教育中心,又是科学研究中心"②。1993 年,中共中央、国务院联合发布的《中国教育改革和发展纲要》提出,"改革高等学校职称评定和职务聘任制度。评定职称既要重视学术水平,又要重视有实用价值的研究成果和教学工作、技术推广应用的实绩"③。自此,普通高校教师的职称评审的重点开始从重视教学工作量和教学表现向科研绩效倾斜。高校教师的职称评审的内容和方式,应随着社会发展需求的拓展,以及高校自主权的逐步落实而调整。

(三)考核评价

在全员聘用合同制的推进和岗位职务的完善过程中,考核评价是关键

---

① 国家教委,人事部. 关于进一步做好授予高等学校教授、副教授任职资格评审权工作的通知[EB/OL]. (1994-03-01) [2022-07-25]. http://www. moe. gov. cn/s78/A04/s7051/201001/t20100129_180683. html.

② 中共中央关于教育体制改革的决定[EB/OL]. (1985-05-27) [2022-07-25]. https://www. pkulaw. com/chl/5082e7f34044f922bdfb. html.

③ 中共中央,国务院. 中国教育改革和发展纲要[EB/OL]. (1993-02-13) [2022-07-25]. https://www. pkulaw. com/chl/884c300f0f82016abdfb. html.

环节和手段。

《关于高等学校继续做好教师职务评聘工作的意见》要求各地高教行政部门、有关部委及高校在评审教师职务任职资格时,根据《高等学校教师职务试行条例》继续采用评审与考核相结合的办法,既要评审教师的学术水平,更要考核教师任现职期间履行职责所取得的工作实绩。教师职务的考核工作中,"实绩"是考核的重要内容。考核成绩是"教师评聘、晋职的重要依据,考核成绩优良者才能晋职"[①]。该意见强调对教师的考核评价需要注重不同工作岗位和职务的差异,比如教学为主的教师(公共课、基础性课教师)应着重考核教学质量、教学效果,以及在教学改革、教学法研究方面的成绩;对以科研工作为主的教师,除须考核教学成绩外,应着重考核其科研工作能力、学术水平及其在学术上、国民经济建设中的作用;对主要承担科学技术推广任务的教师,应着重考核其产生的经济效益和社会效益。考核评价制度的完善和考绩档案的建立是考核评价工作的基础和保障。在考核制度和方法上,该意见要求平时考核与定期考核结合,定性考核与定量考核结合,努力做到全面、公正、客观、实事求是。

1999 年教育部颁布的《关于新时期加强高等学校教师队伍建设的意见》要求强化教师考核制度,完善教师职务聘任制度,要将考核结果作为教师聘任、晋升、奖惩的依据。该意见指出要使教师考核工作制度化、规范化、科学化。该意见强调教师考核的重点除了"实绩"之外,还有"师德"。该意见正式提出实行师德"一票否决制"[②]。2000 年,中共中央组织部、人事部和教育部颁布了《关于深化高等学校人事制度改革的实施意见》,提出进一步健全考核制度,加强聘后管理。结合年度考核工作,采取适当形式,对聘用

　　① 国家教委,人事部.关于高等学校继续做好教师职务评聘工作的意见[EB/OL].(1991-04-10)[2022-07-25].https://law.lawtime.cn/d605039610133.html.

　　② 教育部.关于新时期加强高等学校教师队伍建设的意见[EB/OL].(1999-08-16)[2022-07-25].http://www.gov.cn/govweb/gongbao/content/2000/content_60597.htm.

(聘任)人员应履行的职责任务进行考核。① 经考核不能胜任本职工作的，或聘方所提供的条件发生重大变化的，可以通过解聘、辞聘等形式，解除聘用合同，终止聘用关系。

第三节　2011年至今：分类管理、多元聘用制

改革开放，特别是党的十六大以来，事业单位体制改革，尤其是教育、科技、文化、卫生等事业单位体制改革稳步推进，取得了显著成效。然而，彼时正值中国全面建设小康社会的关键时期，面对新形势、新要求，包括高等教育在内的社会事业发展相对滞后，无法满足人民群众公益服务需求。一些事业单位，包括高等教育，"功能定位不清，政事不分、事企不分，机制不活；公益服务供给总量不足，供给方式单一，资源配置不合理，质量和效率不高；支持公益服务的政策措施还不够完善，监督管理薄弱"②。上述不足制约了高等教育的健康发展。因此，分类推进事业单位改革，成为推进政府职能转变、建设服务型政府的重要举措，也是提高高校服务社会经济发展水平的客观需要。

一、事业单位分类管理

2011年3月，中共中央、国务院颁布《分类推进事业单位改革的指导意见》，以贯彻落实党的十七大和十七届二中至五中全会精神，推动公益事业更好更快发展，满足人民群众日益增长的公益服务需求。党中央和国务院分类推进事业单位改革，遵循的指导思想既有"政事分开、事企分开和管办

---

① 中共中央组织部，人事部，教育部.关于深化高等学校人事制度改革的实施意见[EB/OL].(2000-06-02)[2022-07-25]. http://www.gov.cn/gongbao/content/2001/content_61330.htm.

② 中共中央，国务院.关于分类推进事业单位改革的指导意见[EB/OL].(2011-03-23)[2022-07-26]. http://www.gov.cn/gongbao/content/2012/content_2121699.htm.

分离",也有"以科学分类为基础",而科学分类的基础是事业单位承担的社会功能。事业单位根据其承担的社会功能被划分为承担行政职能、从事生产经营活动和从事公益服务三个类别。承担行政职能的事业单位,逐步划归行政机构或转为行政机构。从事生产经营活动的事业单位,逐步转为企业。从事公益服务的事业单位,继续保留在事业单位序列、强化其公益属性,同时进一步分类管理。

从事公益服务的事业单位,政府根据其职责任务、服务对象和资源配置方式等情况,细分为两类:"承担义务教育、基础性科研、公共文化、公共卫生及基层的基本医疗服务等基本公益服务,不能或不宜由市场配置资源的,划入公益一类;承担高等教育、非营利医疗等公益服务,可部分由市场配置资源的,划入公益二类。"①对于从事公益服务的事业单位,政府进一步改革管理体制,实行政事分开。一方面,行政主管部门要加快职能转变,减少对事业单位的微观和直接管理,强化通过政策法规、行业规划、标准规范和监督指导等进行宏观和间接管理;另一方面,进一步落实事业单位法人自主权。在编制管理方面,《分类推进事业单位改革的指导意见》要求政府行政主管部门"对不同类型事业单位实行不同的机构编制管理,科学制定机构编制标准,合理控制总量,着力优化结构,建立动态调整机制,强化监督管理"②。不同类型的事业单位实行分类人事管理,依据编制管理办法分类设岗。

2011年8月,中共中央办公厅、国务院办公厅出台了《关于进一步深化事业单位人事制度改革的意见》,"以转换用人机制和搞活用人制度为核心,以健全聘用制度和岗位管理制度为重点","实现由固定用人向合同用人转

---

① 中共中央,国务院.关于分类推进事业单位改革的指导意见[EB/OL].(2011-03-23)[2022-07-26]. https://www.gov.cn/gongbao/content/2012/content_2121699.htm.

② 中共中央,国务院.关于分类推进事业单位改革的指导意见[EB/OL].(2011-03-23)[2022-07-26]. https://www.gov.cn/gongbao/content/2012/content_2121699.htm.

变,由身份管理向岗位管理转变"①。该意见制定了两步走的目标任务:"到
2015 年,全面建立聘用制度,完善岗位管理制度,普遍推行公开招聘制度和
竞聘上岗制度,建立健全考核奖惩制度。到 2020 年,形成健全的管理体制、
完善的用人机制和完备的政策法规体系。"

高校作为"公益二类事业单位",在备案编制内设岗,在聘用形式和制
度、岗位管理、考核奖惩等方面享有灵活的人事管理权。高校全面推行聘用
制度,以聘用合同作为人事管理的基本依据,通过聘用合同规范高校和教师
的人事关系。高校聘用制度改革过程中规范化与多样化并行,灵活执行是
聘用制度改革平稳过渡和因校制宜的聘用制度形成的关键。在国家编制的
宏观调控管理以及大规模扩招的双重压力之下,中国高校实行教师聘任制
面临重重困难。一方面面临现有师资力量的合理分流的压力,另一方面面
临卓越师资的引进压力。早在 1999 年,《关于新时期加强高等学校教师队
伍建设的意见》就提倡"按照相对稳定、合理流动、专兼结合、资源共享的原
则,探索和建立相对稳定的骨干层和出入有序的流动层相结合的教师队伍
管理模式和教师资源配置与开发的有效机制。通过加强协作、联合办学、研
究生兼任助教、青年教师兼任班主任和学生政治辅导员、互聘联聘教师、聘
任兼职教师、返聘高级专家等多种途径,拓宽教师来源渠道,促进教师资源
的合理配置和有效利用。要利用产业结构调整的契机,积极采取措施,面向
企业和科研机构招聘优秀人才担任专职或兼职教师。有条件的高校顶编兼
职教师一般应占到教师总数的四分之一以上"②。《关于进一步深化事业单
位人事制度改革的意见》也提倡对"关键岗位人员、骨干人员"可按有关规定
实行长期聘用,以保持队伍的相对稳定。

经过上级主管部门核定专业技术人员、管理人员、工勤技能人员三类的

① 中共中央办公厅,国务院办公厅.关于进一步深化事业单位人事制度改革的意见[EB/
OL].(2011-08-02)[2022-07-25].https://www.pkulaw.com/chl/b85e091406e0c429bdfb.html.
② 教育部.关于新时期加强高等学校教师队伍建设的意见[EB/OL].(1999-08-16)[2022-07-
25].http://www.gov.cn/govweb/gongbao/content/2000/content_60597.htm.

岗位等级和数量之后,高校就能够按照有关规定自主确定岗位,自主聘用人员,实现按需设岗、竞聘上岗、按岗聘用、合同管理。新进教师,高校主要推行公开招聘制度,不断完善信息、过程、结果公开,为人才队伍建设创造平等竞争的环境。废除职务终身制之后,高校将实行"竞聘上岗制度",逐步实现能上能下的用人制度,而竞聘上岗需要"以岗位职责任务和任职条件为标准,以品德、能力和业绩为依据,严格条件,规范程序,择优聘用"。

废除终身制,顺利转向能上能下的竞争上岗、按岗聘用、合同管理的人事制度需要建立完善的人员流动政策和权益保障机制。高校与教师依法终止聘用合同,需要按照国家有关规定做好社会保险关系建立或接续工作,办理档案接转手续。国家相关部门需要破除影响人员流动的体制障碍、搭建人员流动渠道、健全人力资源的市场机制和体系。为了有效维护教师个人和高校双方的合法权益,高校和相关政府部门需携手加强人事争议处理制度和机制的建设。

二、高校专业技术岗位分类

2020年,人力资源社会保障部和教育部出台《关于深化高等学校教师职称制度改革的指导意见》专门对高校专业技术岗位分类制定了详细的职称评审基本条件标准,如表1.4和表1.5所示。表1.4所列三条是针对所有岗位教师的职称评审基本条件。表1.5是分类、分层的职称评审基本条件。

在岗位类别上,该意见还赋予高校根据自身发展的实际需求,自主设置新的岗位类型的权力。高校教师职称设置了初级、中级、副高级、正高级,相对应的职称名称依次是助教、讲师、副教授、教授。在职称级别上,高校也可以根据自身的实际情况,探索设置助理教授。

表 1.4 高校教师职称评价基本条件

对象	条件
所有教师	1. 遵守国家宪法和法律,贯彻党的教育方针,自觉践行社会主义核心价值观,具有良好的思想政治素质和师德师风修养,以德立身,以德立学,以德施教,爱岗敬业,为人师表,教书育人。坚持教书与育人相统一、言传与身教相统一、潜心问道与关注社会相统一、学术自由与学术规范相统一。 2. 具备教师岗位相应的专业知识和教育教学能力,承担教育教学任务并达到考核要求,按要求履行教师岗位职责和义务。 3. 身心健康,心理素质良好,能全面履行岗位职责。

信息来源:人力资源社会保障部,教育部. 关于深化高等学校教师职称制度改革的指导意见［EB/OL］.（2020-12-31）［2022-07-26］. http://www. gov. cn/zhengce/zhengceku/2021-01/27/content_5583094. htm.

表 1.5 高校教师职称评价的分层、分类条件

对象	条件
助教	1. 掌握基本的教学理念和教学方法,教学态度端正。协助讲授部分课程内容。将思想政治教育融入教学,在学生培养工作中做出积极贡献。 2. 具有一定的本专业知识。 3. 具备硕士学位;或具备大学本科学历或学士学位,见习 1 年期满且考核合格。
讲师	1. 掌握基本的教学理念和教学方法,教学基本功扎实,教学态度端正,教学效果良好。承担部分或全部课程内容的讲授工作。将思想政治教育较好地融入教学,在学生培养工作中做出积极贡献。 2. 具有扎实的本专业知识,具有发表、出版的学术论文、著作或教科书等代表性成果。 3. 具备博士学位;或具备硕士学位,并担任助教职务满 2 年;或具备大学本科学历或学士学位,并担任助教职务满 4 年。

对象		条件
副教授	教学科研型	1. 治学严谨,遵循教育教学规律,教学经验较丰富,教学效果优良,形成有一定影响的教育理念和教学风格,在教学改革、课程建设等方面取得较突出的成绩。承担过公共课、基础课或专业课的讲授工作,教学水平高。将思想政治教育较好地融入教学过程,在学生培养工作中做出较大贡献。 2. 具有本专业系统、扎实的理论基础和渊博的专业知识,具有较高水平的研究成果和学术造诣。具有发表、出版的有较大影响的学术论文、教学研究成果、著作或教科书等代表性成果,受到学术界的好评。参与过重要教学研究或科研项目,或获得代表本领域较高水平的奖项,或从事科技开发、转化工作以及相关领域的创造、创作,取得较为显著的经济效益和社会效益。 3. 具备大学本科及以上学历或学士及以上学位,且担任讲师职务满5年;或具备博士学位,且担任讲师职务满2年。
	教学为主型	1. 治学严谨,遵循教育教学规律,教学经验较丰富,教学效果优良,形成有较大影响的教育理念和教学风格,在教学改革、课程建设等方面取得突出成绩。承担过公共课、基础课或专业课的系统讲授工作,教学水平高。将思想政治教育较好地融入教学,在学生培养工作中做出较大贡献。 2. 具有本专业系统、扎实的理论基础和渊博的专业知识,具有较高水平的研究成果和学术造诣,积极参与教学改革与创新。具有发表、出版的有较大影响的教学研究或者教改论文,著作或教科书等代表性成果,受到学术界的好评。参与过具有较大影响的教育教学改革项目,或获得教学类重要奖项。 3. 具备大学本科及以上学历或学士及以上学位,且担任讲师职务满5年;或具备博士学位,且担任讲师职务满2年。

续表

对象		条件
教授	教学科研型	1. 治学严谨,遵循教育教学规律,教学经验丰富,教学效果优良,形成有较大影响的教育理念和教学风格,在教学改革、课程建设等方面取得突出成果。承担过公共课、基础课或专业课的系统讲授工作,教学水平高超。将思想政治教育有效地融入教学,在学生培养工作中做出突出贡献。 2. 具有本专业系统、扎实的理论基础和渊博的专业知识,具有突出水平的研究成果和学术造诣。具有发表、出版的有重要影响的学术论文、教学研究成果、著作或教科书等代表性成果,受到学术界的高度评价。主持过重要教学研究或科研项目,或作为主要参与者获得代表本领域先进水平的奖项,或从事科技开发、转化工作以及相关领域的创造、创作,取得重大经济效益和社会效益。 3. 具备大学本科及以上学历或学士及以上学位,且担任副教授职务满5年。
	教学为主型	1. 治学严谨,遵循教育教学规律,教学经验丰富,教学效果优秀,形成很有影响的教育理念和教学风格。在教学改革、课程建设等方面取得创造性成果,发挥示范引领作用。承担过公共课、基础课或专业课的系统讲授工作,教学水平高超。将思想政治教育有效地融入教学,在学生培养工作中做出突出贡献。 2. 具有本专业系统、扎实的理论基础和渊博的专业知识,具有突出水平的研究成果和学术造诣,积极推进教学改革与创新。具有发表、出版的有重要影响的教学研究或者教改论文,著作或教科书等代表性成果,受到学术界的高度评价。主持过具有重要影响的教育教学改革项目,或作为主要参与者获得教学类重要奖项。 3. 具备大学本科及以上学历或学士及以上学位,且担任副教授职务满5年。

信息来源:人力资源社会保障部,教育部.关于深化高等学校教师职称制度改革的指导意见[EB/OL].(2020-12-31)[2022-07-26]. http://www. gov. cn/zhengce/zhengceku/2021-01/27/content_5583094.htm.

三、编制管理改革

2011 年以来,中国普通高校的编制管理改革主要体现在总量控制、动态调整、备案管理三个方面。为了充分发挥国有企业、高校、科研院所等企事业单位和社会组织等用人单位在人才培养、吸引和使用中的主体、主导作用,2016 年颁布的《关于深化人才发展体制机制改革的意见》提出全面落实用人主体的用人自主权。尤其是在编制管理方式上,对符合条件的高校等公益二类事业单位逐步实行"备案制管理"。高校可自主设置和调整编制方案,事后报上级主管部门备案。高校的岗位管理也建立动态调整机制。

2017 年,教育部等五部门《关于深化高等教育领域简政放权放管结合优化服务改革的若干意见》对高校编制和岗位管理制度提出三大改革意见。首先,高校教职工总量,从直接的编制管理转向相关政府部门仅制订"人员总量核定指导标准",高校在人员总量标准之内实行动态调整。其次,高校依法自主管理岗位设置。"高校根据国家有关规定在人员总量内组织制订岗位设置方案和管理办法,并主动公开,接受监督。岗位设置方案应包括岗位总量,教学科研、管理服务等各类岗位的名称、数量、结构比例、职责任务、工作标准、任职条件等。"①再次,高校可以自主确定教学、科研、行政职能部门等内设机构的设置和人员配备。

适应社会主义市场经济体制的人才发展体制机制改革的关键在于人才管理体制改革,而人才管理体制改革的关键在于政府切实转变人才管理理念,根据政社分开、政事分开和管办分离的原则,一方面强化政府部门对人才的宏观管理、政策制定、服务保障职能;另一方面政府部门落实用人单位的人才管理自主权。高校只有真正行使教职工岗位灵活设置、自主管理的

---

① 教育部,中央编办,发展改革委,财政部,人力资源社会保障部.关于深化高等教育领域简政放权放管结合优化服务改革的若干意见[EB/OL].(2017-03-31)[2022-07-26]. http://www.moe.gov.cn/srcsite/A02/s7049/201704/t20170405_301912.html.

权力之后,才能创新教职工评聘管理体制、促进人才合理流动和使用。

四、职称评聘和考核评价改革

此阶段职称评聘的改革主要有两个方面:职称评审权限下放至高校,实现职称自主评聘;职称评审与岗位聘任有机结合,从评聘分开转变为评聘结合。

（一）高校职称自主评聘

《关于深化人才发展体制机制改革的意见》在赋予高校编制管理自主权的同时,也在职称制度改革中提出下放职称评审权限,推动高校自主开展职称评审。2017年,中共中央办公厅、国务院办公厅出台《关于深化职称制度改革的意见》。① 其目的是通过深化职称制度改革,重点解决制度体系不够健全、评价标准不够科学、评价机制不够完善、管理服务不够规范配套等问题。该意见制订了两个阶段的主要目标:3年内,基本完成工程、卫生、农业、会计、高校教师、科学研究等职称系列改革任务;5年内,基本形成设置合理、评价科学、管理规范、运转协调、服务全面的职称制度。在健全职称体系方面,此次职称制度改革着重完善职称系列、健全职称层级设置,并促进职称制度与职业资格制度的有效衔接。职称系列保持总体稳定,继续沿用"工程、卫生、农业、经济、会计、统计、翻译、新闻出版广电、艺术、教师、科学研究等领域的职称系列"。所有职称系列均设置初级、中级、高级职称,并且提出可根据需要在初级职称设置助理级。该意见提出"下放职称评审权限",发挥用人主体在职称评审中的主导作用。在"简政放权、放管结合、优化服务"的政府改革大框架下,政府部门仅仅对"职称的整体数量、结构进行宏观调控,逐步将高级职称评审权下放到符合条件的地市或社会组织",推

① 中共中央办公厅,国务院办公厅.关于深化职称制度改革的意见[EB/OL].(2017-01-08)[2022-07-26].http://www.gov.cn/zhengce/2017-01/08/content_5157911.htm#1.

动高校按照管理权限自主开展职称评审。对于自主评审职称的高校,政府主管部门不再审批评审结果,改为事后备案管理。

人力资源社会保障部和教育部于2020年出台的《关于深化高等学校教师职称制度改革的指导意见》要求教师职称改革坚持分类实施,自主评价的原则。高校根据自身的类型和层次,对不同类型、不同层次的教师,采用业绩水平与发展潜力、定性与定量评价相结合的方式,自主实施分类分层评价,政府依法宏观管理。在落实教师职称自主评审方面,该意见首先强调"高校教师职称评审权直接下放至高校,自主组织评审、按岗聘用,主体责任由高校承担"①。虽然教师职称评审标准不得低于国家标准,但是高校还是可以结合自身的实际情况,明确破格条件。"对长期在艰苦边远地区工作的高校教师,省级人力资源社会保障部门、教育行政部门可根据实际情况适当放宽学历和任职年限要求。"高校也可以跨系列进行职称评审,比如高校结合实际需求,制定具体办法,"聘用研究人员等到教师岗位"。高校可以"自主制定教师职称评审办法、操作方案等评审文件",但是需要按规定向上级主管部门备案。高校制定和公布的职称评审办法需要包括教师评价标准、评审程序、评审委员会人员构成规则、议事规则、回避制度等内容。

(二)高校职称评聘:从分开到结合

在高校岗位聘任改革初期,《关于高等学校继续做好教师职务评聘工作的意见》提出在高校推行教师职称评审与岗位聘任,评聘分开的工作。虽然教师的岗位聘任和职称评审之间存在紧密的联系,但是在改革过程中,岗位聘任和职称评审在改革目标、任务、方式、范围以及进度上都各有差别。尤其是经政府部门管理后,评聘分开有利于岗位聘任和职称评审改革的独立、顺利、逐步推进。

---

① 人力资源社会保障部,教育部.关于深化高等学校教师职称制度改革的指导意见[EB/OL].(2020-12-31)[2022-07-26]. http://www.gov.cn/zhengce/zhengceku/2021-01/27/content_5583094.htm.

20年之后,高校岗位聘任制已经基本落实,评聘分开演变为评聘脱节,给高效、灵活的人事管理制度设置了人为的障碍。为了进一步改革职称制度和专业技术人才评价机制,《关于进一步深化事业单位人事制度改革的意见》提出"实现事业单位专业技术人员职称评审与岗位聘用的有机结合"。2016年颁布的《关于深化人才发展体制机制改革的意见》在下放职称评审权限时,也提出"探索高层次人才、急需紧缺人才职称直聘办法"。2020年出台的《关于深化高等学校教师职称制度改革的指导意见》则明确提出高校教师职称评审"实行评聘结合"。高校不仅可以根据规定自主设置教师岗位,也可以结合岗位空缺情况,直接公开招聘,在岗位聘任过程中,同时开展教师职称评审。评聘结合允许高校直接将通过评审的教师聘用到相应岗位,实现教师职称评审与岗位聘用的高效衔接。评聘结合是在"放管服"的改革精神下,逐步落实高校用人自主权,实现从岗位设置、合同聘用到职称评审全过程的高效、自主管理。

（三）考核评价转变为人才评价

2011年以来,随着人事管理、职称评审制度改革的深化,高校教师的管理评价也从狭隘的考核评价转向宽泛的人才评价,突出自主、分类、灵活、创新等。

首先,随着高校逐步取得岗位设置、合同聘用和职称评审的自主权,高校可以自主决定教师在各个环节的评价标准、方式和程序。比如,高校可以自主制定教师职称评审办法、操作方案等评审文件,只需按规定向上级主管部门备案。在制定职称评审办法时,高校可以自主决定教师评价标准、评审程序、评审委员会人员构成规则等内容。

其次,在评价内容和标准上,高校教师的评价重视品德、能力和业绩等多维度的评价。《关于深化人才发展体制机制改革的意见》特别提出人才评价要"克服唯学历、唯职称、唯论文等倾向"。尤其强调"不将论文等作为评价应用型人才的限制性条件"。《关于深化职称制度改革的意见》要求职称评价标准首先要"坚持德才兼备、以德为先",实行学术造假"一票否决制",并提出"探索建立职称申报评审诚信档案和失信黑名单制度,纳入全国信用信息共享平台"。《关于深化高等学校教师职称制度改革的指导意见》则提出:(1)严把思想政治和师德师风考核,将师德表现作为教师职称评审的首要条件;(2)突出教育教学能力和业绩,提高教学业绩和教学研究在评审中的比重;(3)克服唯论文、唯"帽子"、唯学历、唯奖项、唯项目等倾向;(4)推行代表性成果评价,注重质量评价,防止简单量化、重数量轻质量。①

最后,在评价方式上,《关于深化人才发展体制机制改革的意见》做出多元主体、分类评价等规定。在评价主体上,该意见要求充分发挥政府部门、市场、专业组织和用人单位等多元评价主体的作用,同时要求加强评审专家数据库建设。《关于深化高等学校教师职称制度改革的指导意见》明确提出分类分层评价。高校根据自身特点和办学类型,"针对不同类型、不同层次教师,按照教学为主型、教学科研型等岗位类型,哲学社会科学、自然科学、工程科技等不同学科领域,基础研究、应用研究等不同研究类型,通用专业、特殊专业等不同专业门类,建立科学合理的分类分层评价标准"②。

第四节　小　结

改革开放以来,在计划经济体制向中国特色社会主义市场经济体制过渡的过程中,中国普通高校教师的聘任制度改革从"行政计划聘任"向"全员合同聘用"转变。在用人形式上,高校教师终身制被废除,从"身份管理"转

---

① 人力资源社会保障部,教育部.关于深化高等学校教师职称制度改革的指导意见[EB/OL].(2020-12-31)[2022-07-26].http://www.gov.cn/zhengce/zhengceku/2021-01/27/content_5583094.htm.

② 人力资源社会保障部,教育部.关于深化高等学校教师职称制度改革的指导意见[EB/OL].(2020-12-31)[2022-07-26].http://www.gov.cn/zhengce/zhengceku/2021-01/27/content_5583094.htm.

为"岗位管理",形成了公开招聘、竞聘上岗、按岗聘用、合同管理的能上能下、能进能出的用人体制。在内部管理主体上,从政府部门计划管理,逐步转为高校自主管理。在外部管理上,管理模式从中央政府教育主管部门直接管理模式,转向中央政府教育主管部门调控为主,所在省、自治区、直辖市的教育主管部门主要负责。根据政府职能改革的"放管服"精神,各级政府对高校教师的编制管理采用"总量控制、分类管理、动态调整"的方式,激发高校人才管理体制改革的创新和活力。步入 21 世纪,中国高校的教师管理逐步建立起权责清晰、分类科学、机制灵活、监管有力的人才管理制度,自主履行人才培养、评价、流动、激励等职能。

第二章 中国普通高校教师队伍建设与发展趋势

自改革开放以来,中国普通高校的人才队伍建设就采用两条腿走路的策略。一方面,中国加速学术人才后备力量的自主培养和普通高校的人事制度改革,优化人才队伍建设;另一方面,在经济全球化和第四次工业革命的进程中,国际化是中国普通高校教师的人事政策变革的一个重要组成部分。

第一节 自主培养道路

中国普通高校的人才队伍建设最主要的是依靠自主培养。自主培养道路主要依靠全面、整体、系统的高校教师的人事制度改革,激发高校自主培养和引进教师后备力量。自主培养道路中,除了依托上一章全面、整体、系统的普通高校教师的人事制度改革之外,各类专门的高等教育人才工程项目和整体的高水平大学建设中的人才队伍建设规划起到了关键的领头、示范作用。

一、专项的高等教育人才工程

21 世纪,中央政府出台了一系列的人才工程政策和高水平大学政策。

其中具有典型代表性的有《面向 21 世纪教育振兴行动计划》中实施的"高层次创造性人才工程"和《关于深化人才发展体制机制改革的意见》实施的国家高层次人才特殊支持计划。

从 1998 年起,教育部就在全国高校的重点学科中设立了一批特聘教授岗位。特聘教授岗位面向国内外公开招聘特别优秀的中青年学者进入岗位。教育部为特聘教授岗位设立了专项奖金,并鼓励地方政府和学校相应设岗奖励。特聘教授岗位设立的目的在于"造就一批具有世界先进水平的中青年学术攻坚人才,使高校知识和技术创新基地尽快取得创新成果"。

1999 年,教育部制定颁布了《面向 21 世纪教育振兴行动计划》[①],而教育振兴行动计划中最核心的就是"高层次创造性人才工程",加强高校科研工作,积极参与国家创新体系建设。"高层次创造性人才工程"的目标高远,瞄准的是国内外"能够领导本学科进入国际先进水平的优秀学术带头人",按照"选到一个聘任一个"的原则,国家给予重点资助,学术带头人在国家政策允许的范围内享有人员聘用和经费使用的自主权。为了让优秀学术带头人充分发挥其作用,高校要跟踪国际学术发展前沿,将自身建设成为"知识创新和高层次创造性人才培养的基地"。"学术带头人"与"知识创新和高层次创造性人才培养的基地"相互促进、相互成就才能形成良性循环。

1999 年,教育部设立"高等学校优秀青年教师科研和教学奖励基金",从此每年评选百名 35 岁以下取得重大科研和教学成果的青年教师,连续 5 年加大对其科研和教学工作的支持力度。

全国高校分批精选万名骨干教授,采用国家拨款和高校自筹经费相结合的方式,增强骨干教授的科研经费支持力度,提高科研、教学质量以及设备装备水平。

国家设立专项资金,在高校的国家重点实验室和开放实验室推行访问

---

① 教育部. 面向 21 世纪教育振兴行动计划[EB/OL]. (1998-12-24)[2022-07-26]. http://www. gd. gov. cn/zwgk/gongbao/1999/13/content/post_3359580. html.

学者制度,实现重点学科的开放效益,充分发挥重点学科和重点实验室的作用,培养学科带头人和学术骨干,带动教师队伍整体素质的提高。

高校培养的博士生是师资队伍最主要的后备力量的来源。提高博士生培养质量,是加强高校师资队伍建设质量的关键。《面向 21 世纪教育振兴行动计划》增设了博士专项奖学金,以提高博士生培养质量。从 1999 年开始,教育部每年评选百篇具有创新水平的优秀博士论文。对于获得百篇优博奖并留在高校工作的博士,教育部连续 5 年支持其科研、教学工作。

1999 年 8 月,教育部颁布的《关于新时期加强高等学校教师队伍建设的意见》①中,将"加强骨干教师队伍建设"作为实施"高层次创造性人才工程"的核心抓手,在《面向 21 世纪教育振兴行动计划》的基础上增加以下举措:

(1)加速培养中青年骨干教师和学科带头人。根据加强基础学科、重点发展应用学科、有针对性地发展新兴学科和边缘学科的方针,进一步强化政府行为,采取有效措施,实行政策倾斜,通过多种方式,加速培养中青年骨干教师和学科带头人。

(2)3～5 年内,在高校国家重点建设的学科设置特聘教授岗位 500～1000 个,实行特聘教授岗位奖金。在工作条件和经费方面给予重点资助,学术带头人在国家政策允许的范围内享有人员聘用和经费使用的自主权,促进高校学术梯队和中青年骨干教师队伍建设,带动一批重点学科在其前沿领域赶超国际先进水平。

(3)选拔部分大学系主任和科研所、实验室骨干作为高级访问学者,由国家资助到国外一流大学进行研究交流,培养能够参与国际科技竞争的学术带头人和科技攻坚骨干。

(4)进一步加大支持力度,充分利用"国家杰出青年科学基金"、教育部

① 教育部.关于新时期加强高等学校教师队伍建设的意见[EB/OL].(1999-08-16)[2022-07-25].http://www.gov.cn/govweb/gongbao/content/2000/content_60597.htm.

"跨世纪优秀人才培养计划""资助优秀年轻教师基金""留学回国人员科研启动基金""优秀拔尖留学回国人员科研重点基金""博士点基金"和国家设立的"人才培养基地建设基金"及自然科学基金等专项基金计划,结合实施高校教学成果奖励制度、科技奖励制度等措施,促进年轻骨干教师和学科带头人的成长。

中共中央组织部等部门在 2000 年颁布的《关于深化高等学校人事制度改革的实施意见》中提出探索建立教学、科研、管理"关键岗位"制度;鼓励高校积极吸引和遴选国内外优秀学术带头人和优秀管理人才,在学校形成"优秀拔尖人才脱颖而出的机制"。

2012 年 8 月,经党中央、国务院领导批准,由中央组织部、人力资源社会保障部等 11 个部门和单位联合发布"国家高层次人才特殊支持计划",这是面向国内高层次人才的支持计划。该计划的目标是用 10 年时间,遴选 1 万名左右自然科学、工程技术和哲学社会科学领域的杰出人才、领军人才和青年拔尖人才,给予特殊支持。该计划的体系由三个层次构成。第一层次为 100 名杰出人才;第二层次为 8000 名领军人才,包括科技创新领军人才、科技创业领军人才、哲学社会科学领军人才、教学名师;第三层次为 2000 名青年拔尖人才。2016 年中共中央颁布的《关于深化人才发展体制机制改革的意见》表明要"更大力度实施国家'万人计划',完善支持政策,创新支持方式。"具体做法包括构建科学、技术、工程专家协同创新机制;建立统一的人才工程项目信息管理平台,推动人才工程项目与各类科研、基地计划相衔接;按照政府下放管理权限的要求,深入推进项目评审、人才评价、机构评估改革。

在人才培养支持机制改进上,《关于深化人才发展体制机制改革的意见》(2016 年)还提出以下举措:(1)创新人才教育培养模式。继续落实高校办学自主权,支持高校根据经济社会发展需求,建立学科专业、类型、层次和区域布局动态调整机制。鼓励高校注重人才创新意识和创新能力培养,探索建立以创新创业为导向的人才培养机制,完善产学研用结合的协同育人模式。政府相关部门要统筹产业发展和人才培养开发规划,加强产业人才需求预测,加快培育重点行业、重要领域、战略性新兴产业人才。(2)政府部门建立基础研究人才培养长期稳定支持机制,加大对新兴产业以及重点领域、企业急需紧缺人才支持力度,支持新型研发机构建设。2016年中共中央颁布的《关于深化人才发展体制机制改革的意见》还特别强调采取多种措施,切实支持青年人才的发展。该意见鼓励高校破除论资排辈、求全责备等陈旧观念,促进青年优秀人才脱颖而出,抓紧培养造就青年英才。教育、科技和其他各类人才工程项目都要进一步加大对青年人才培养的支持力度,并且在国家重大人才工程项目中设立青年专项。

在诺贝尔物理学奖获得者李政道教授的建议下,邓小平非常赞同在中国实行博士后制度。1984年,邓小平表示博士后制度"是一个新的方法,成百成千的流动站成为制度,是培养使用科技人才的制度。培养和使用相结合,在使用中培养,在培养和使用中发现更高级的人才"[1]。1985年博士后制度在中国正式确立,1989年设立了中国博士后科学基金会。迄今为止,中国累计招收14万余名博士后研究人员。[2] 大部分已经成长为国家的科研技术骨干和学科带头人,高校教师中具有博士后经历的比例在逐年提高。

1999年教育部颁布的《面向21世纪教育振兴行动计划》提出要稳妥扩大高校博士后流动站的数量和规模。2016年中共中央颁布的《关于深化人才发展体制机制改革的意见》提出改革博士后制度,尤其是拓宽国际视野,吸引国外优秀青年人才来华从事博士后研究。据此,2016年"博士后创新

---

[1]　中国博士后科学基金会. 中国博士后制度:历史背景[EB/OL]. [2022-11-30]. https://www. chinapostdoctor. org. cn/website/showtop_zgbshzd. html? categoryid = 3c926c31-8c3f-42ad-aaf8-a1e8060f2ed1.

[2]　中国博士后科学基金会. 中国博士后制度:制度成效[EB/OL]. [2022-11-30]. https://www. chinapostdoctor. org. cn/website/showtop_zgbshzd. html? categoryid = 47b71e2a-004e-4d2f-8603-227e8361b10b.

人才支持计划"开始实施。"博士后创新人才支持计划"瞄准国家重大战略领域、战略性高新技术领域、前沿和基础科学领域,专项资助一批优秀博士从事博士后研究工作,争取加速培养一批国际一流的创新型人才。2019年,随着中国澳门青年学者计划开始实施,香江学者计划、中德博士后交流项目等6个境外博士后交流项目的设立,中国博士后制度的国际化改革迈上了新台阶。①

二、整体的高水平大学建设工程中的人才队伍建设

除了各级政府部门出台的专项人才队伍建设计划和项目外,人才队伍建设也是所有整体的高水平大学建设规划中必不可少的一项核心规划。20世纪后期以来,中国高水平大学建设的整体工程无外乎"211工程"、"985工程"和"双一流"建设。

作为中国首个高水平大学的整体提升项目,"211工程"经历了近十年的酝酿和反复征求意见,最终于1995年11月经国务院批准,由国家计委、国家教委和财政部联合颁发了《"211工程"总体建设规划》。"211工程"自"九五"期间作为国家最高层次的高等教育发展工程,经过三轮评选,一共遴选出112所高校。"211工程"的总体建设目标:"面向21世纪,在'九五'期间重点建设一批高校和重点学科,并在此基础上经过若干年的努力,使100所左右的高校以及一批重点学科在教育质量、科学研究、管理水平和办学效益等方面有较大提高,在高等教育改革特别是管理体制改革方面有明显进展,成为立足国内培养高层次人才、解决经济建设和社会发展重大问题的基地。"②

---

① 中国博士后科学基金会. 中国博士后制度:发展历程[EB/OL]. [2022-11-30]. https://www.chinapostdoctor.org.cn/website/showtop_zgbshzd.html? categoryid=da0c85e1-07ab-4a6b-be8f-08ee3fc125a4.

② 国家计委,国家教委,财政部. 关于印发《"211工程"总体建设规划》的通知[EB/OL]. (1995-11-18)[2022-07-25]. https://law.lawtime.cn/d630702635796.html.

　　"211 工程"高校遴选的条件大多数都和师资队伍直接相关。他们分别是:(1)有一支质量较高的师资队伍,教学科研水平较高;(2)具备一定数量的硕士点、博士点和重点学科点,高层次专门人才培养的数量较多、质量较高;(3)科研经费较多,成果显著,对国家建设贡献大;(4)在国内外有一定的学术影响;等等。[①]　教学科研水平、硕士点、博士点、重点学科、专门人才培养、科研经费和成果,以及学术影响无一例外地依托师资队伍的质量。"211 工程"的总体建设内容主要包括学校整体条件、重点学科和高等教育公共服务体系建设三大部分。除了高等教育公共服务体系建设,高校整体条件和重点学科建设的主要抓手都在师资队伍建设,尤其是核心建设内容之一的重点学科建设。随着 1998 年"985 工程"的同时实施,重点学科更加成为"211 工程"高校建设的核心。"十五"期间,"211 工程"的建设核心就是建设1400 多个重点学科。[②]　1999 年 8 月,教育部颁布的《关于新时期加强高等学校教师队伍建设的意见》中明确要求"211 工程"等重点项目的经费,应有相应比例用于教师队伍建设,而且各地地方政府和高校要设立专项经费用于骨干教师队伍和学术梯队建设,以提高高校的学术水平和知识创新能力。

　　按照江泽民同志在北京大学百年校庆大会上讲话的精神,"为了实现现代化,中国要有若干所具有世界先进水平的一流大学",教育部将创建世界一流大学和高水平大学的计划命名为"985 工程"。到 2011 年,一共 39 所高校入围"985 工程"名单。"985 工程"的建设规划因校各异,但是都有一个具体目标——"造就和引进一批具有世界一流水平的学术带头人和学术团队"。"985 工程"高校的五大具体建设任务为机制创新、队伍建设、平台建设、条件支撑和国际交流与合作,其中,队伍建设位列第二。

　　为实现"两个一百年"奋斗目标和实现中华民族伟大复兴的中国梦提供

　　①　国家教委.关于重点建设一批高等学校和重点学科点的若干意见[EB/OL].(1993-07-15) [2022-07-25].https://dllx.pkulaw.com/chl/c61b82ab4ebd9b95bdfb.html.

　　②　"211 工程"部际协调小组办公室."211 工程"中期报告[M].南京:南京大学出版社,2000:23.

有力支撑,教育部、财政部、国家发展改革委于 2017 年 1 月出台《统筹推进世界一流大学和一流学科的建设实施办法(暂行)》,简称"双一流"建设项目。同年 9 月,世界一流大学和一流学科建设高校及建设学科名单正式公布。"双一流"建设项目是"211 工程"和"985 工程"的延续和改进。"双一流"建设项目与"211 工程"和"985 工程"一样是国家最高层次、最大规模的重点建设项目。2015 年国务院出台的《统筹推进世界一流大学和一流学科建设总体方案》中五大建设项目的首项任务就是建设一流师资队伍:"深入实施人才强校战略,强化高层次人才的支撑引领作用,加快培养和引进一批活跃在国际学术前沿、满足国家重大战略需求的一流科学家、学科领军人物和创新团队,聚集世界优秀人才。遵循教师成长发展规律,以中青年教师和创新团队为重点,优化中青年教师成长发展、脱颖而出的制度环境,培育跨学科、跨领域的创新团队,增强人才队伍可持续发展能力。加强师德师风建设,培养和造就一支有理想信念、有道德情操、有扎实学识、有仁爱之心的优秀教师队伍。"①与"211 工程"和"985 工程"高校名单固定不同,"双一流"建设项目以绩效为杠杆,建立激励约束机制,鼓励公平竞争,强化目标管理,突出建设实效。2022 年 2 月,教育部、财政部、国家发展改革委公布《第二轮"双一流"建设高校及建设学科名单》,包括第二轮"双一流"建设高校及建设学科名单和给予公开警示(含撤销)的首轮建设学科名单。

第二节 国际化发展政策

改革开放以来,中国高等教育事业取得举世瞩目的发展离不开师资队伍的快速建设。中国高校的师资队伍建设除了自我培养之外,多元的国际

---

① 国务院. 关于印发统筹推进世界一流大学和一流学科建设总体方案的通知[EB/OL]. (2015-11-05)[2022-11-30]. http://www.moe.gov.cn/jyb_xxgk/moe_1777/moe_1778/201511/t20151105_217823.html.

化发展政策对于扩大师资队伍的规模和提升质量不可或缺。

1982年2月,教育部印发《关于当前执行国务院关于高等学校教师职务名称及其确定与提升办法的暂行规定的实施意见》(简称《实施意见》)。该《实施意见》在确定与提升教师职称的"业务条件"中,明确要求"熟练地掌握一门外国语"。该《实施意见》也表明外语条件对于某些学科和有特殊原因的教师可适当放宽要求或暂不列为必备条件。高沂同志在高校教师提职工作座谈会上的讲话(《实施意见》的附件)指出在改革开放初期"要注意正确地掌握对外语的要求"。比如,掌握外语,特别对自然科学和与外语直接有关的社会科学专业是非常有必要的,这些专业的教师的外语水平应符合《国务院关于高等学校教师职务名称及其确定与提升办法的暂行规定》要求。改革开放前,考虑到高校的一些教师外语荒疏多年,实际上对外语水平的要求已经放宽。改革开放之后,随着高校教师外语水平的恢复和提高,应做到按规定的外语水平来要求高校教师。"对于与外语没有直接关系的学科和少数有特殊原因的教师,外语可适当放宽要求或暂不列为必备条件。对于20世纪50年代初期俄语专业毕业的,后来改教英语或其他语种的教师,应考虑他们的特殊情况。综合平衡他们俄语、英语或其他语种的水平和工作成绩。如果基本上具备了高一级职称的条件,可予以提升。"

1993年,中共中央、国务院出台《中国教育改革和发展纲要》时明确提出"进一步扩大教育对外开放,加强国际教育交流与合作,大胆吸收和借鉴世界各国发展和管理教育的成功经验"。此时距改革开放后第一批留学生出国已经过去10年,海外留学生已经形成一定的规模。对于出国留学人员,国家一直视为"宝贵财富",并"给予重视和信任"。《中国教育改革和发展纲要》旗帜鲜明地表示:(1)根据"支持留学,鼓励回国,来去自由"的方针,继续扩大派遣留学生;(2)认真贯彻国家关于在外留学人员的有关规定,支持留学人员在外学习研究,鼓励他们学成归来,或采用多种方式为祖国社会主义现代化建设作出贡献。1994年出台的《关于〈中国教育改革和发展纲要〉的实施意见》进一步明确"继续扩大派遣自费留学生,对公费派遣留学人员要优先考虑国家的重点学科、建设项目人才培养的需要"。同时,《关于〈中国教育改革和发展纲要〉实施意见》提出"建立国家留学基金管理委员会,使来华与出国留学生的招生、选拔和管理工作走上法治化轨道"。

1996年,直属于教育部的国家留学基金管理委员会正式成立。国家留学基金管理委员会使用国家留学基金,管理出国留学和来华留学事务,资助各种有益于中国教育事业和对外友好关系发展的项目,并接受委托管理有关教育交流和科技合作方面的其他事务。自国家留学基金管理委员会成立以来,国家公派和自费留学项目种类丰富,渠道多元,规模逐步扩大。比如,国家公派留学项目就包括国家公派高级研究学者、访问学者、博士后项目,国家建设高水平大学公派研究生项目,地方合作项目,西部地区人才培养特别项目、高校青年骨干教师出国研修项目、与有关国家互换奖学金计划、乡村振兴人才培养专项、艺术类人才培养特别项目、国际组织实习项目、国际组织后备人才培养项目、国外合作项目等。国家公派留学的对象以博士生、博士后和高校教师(访问学者)为主。来华留学项目也从国家奖学金拓宽到地方政府奖学金、孔子学院奖学金、学校奖学金、企业奖学金、其他奖学金等多种类别。

1999年教育部颁布的《面向21世纪教育振兴行动计划》中的重要举措就是实施"高层次创造性人才工程",加强高校科研工作,积极参与国家创新体系建设。"高层次创造性人才工程"的一条道路就是加强国际学术交流。一方面,"走出去",除按现有留学基金制度继续派遣短期访问学者外,由国家资助,选拔大学系主任和研究所、实验室骨干作为高级访问学者,有针对性地到国外一流大学进行研修交流;另一方面,"请进来",邀请海外知名学者特别是世界一流大学的教授任国内大学客座教授,来华进行短期讲学和研究。还要采取各种措施鼓励留学人员回国服务,或以其他方式为提高中国高校的教学质量和科学水平贡献力量。"高层次创造性人才工程"的目标是"从国内外吸引一批能够领导本学科进入国际先进水平的优秀学术带头人",国家给予重点资助。

2016年中共中央关于《深化人才发展体制机制改革的意见》强调继续扩大人才开放。该意见继续提倡树立全球视野和战略眼光,充分开发利用国内国际人才资源,并且提出"主动参与国际人才竞争"。该意见在人才培养、吸引和使用机制上突出两个关键词——"开放"和"灵活"。"不唯地域引进人才,不求所有开发人才,不拘一格用好人才,确保人才引得进、留得住、流得动、用得好。"对于海外人才,该意见实行更积极、更开放、更有效的人才引进政策。尤其是更大力度地实施海外高层次人才引进计划,敞开大门,不拘一格,柔性汇聚全球人才资源。对于国家急需紧缺的特殊人才,用人单位可以开辟专门渠道,采取特殊政策,实现精准引进。除了中央政府的人才引进项目之外,该意见也鼓励各地方政府和用人单位根据自身情况和需求,设立人才引进项目。2016年中共中央关于《深化人才发展体制机制改革的意见》明确表示要扩大来华留学规模,优化外国留学生结构,提高政府奖学金资助标准,出台学位研究生毕业后在华工作的相关政策。对外国人才来华签证、居留,放宽条件、简化程序、落实相关待遇。除了加大力度"引进来",该意见还大力加强"走出去"的国际化策略。对于已经引进的人才,该意见鼓励其继续、更加广泛地参加国际学术交流与合作。该意见支持有条件的高校在海外建立办学机构、研发机构,吸引使用当地优秀人才。此外,中国积极参与国际组织活动,完善国际组织人才培养推送机制,创立国际人才合作组织。

2017年,中共中央办公厅、国务院办公厅印发的《关于深化职称制度改革的意见》中规定,对于引进的海外高层次人才和急需紧缺人才,高校可以放宽资历、年限等条件限制,建立职称评审绿色通道。对于持有外国人永久居留证或各地颁发的海外高层次人才居住证的外籍人员,可按规定参加职称评审。

第三节　专任教师队伍建设的规模和结构

得益于中国自主培养和国际化两条腿走路的建设方针和策略,高校和科研机构的人才队伍规模发展迅速,结构逐步优化。

一方面,自 20 世纪 80 年代恢复博士生培养以来,中国博士生培养规模增长迅速。博士生毕业后成为中国普通高校专任教师的首要来源,而且博士生在读期间就已经参与导师和学校的科研活动,是科研人才队伍的重要构成。因此博士生培养规模对于高校专任教师队伍建设的意义重大。

1979 年,中国硕博研究生招生总数仅 8110 人,硕博毕业生人数仅 140 人。[①] 1985 年,《中共中央关于教育体制改革的决定》颁布,高校教师编制初试运行时,中国硕博研究生招生总数达到 4.7 万人,硕博毕业生人数达到 1.7 万人。[②] 此时硕博研究生招生总数和毕业生总数中博士仅占一小部分。1999 年高等教育扩招初始,中国博士招生数提高到 2 万人,博士毕业生人数增加到 1 万人(见图 2.1)。与 1999 年相比,2010 年的博士招生数是 1999 年的 3 倍多,达到 6.4 万人,博士毕业生人数是 1999 年的近 5 倍,达到 4.9 万人。与 2010 年相比,2021 年的博士招生数是 2010 年的近 2 倍,达到 12.6 万人,博士毕业生人数约是 2010 年的 1.5 倍,达到 7.2 万人。

图 2.2 表明:1998 年到 2021 年之间,中国博士招生数和毕业生数的年度增长幅度均值达到 10%;1999 年,博士招生数的年度增长百分比达到最高,为 33%;博士毕业生数的年度增长百分比在 2006 年达到最高,为 31%;二十年之间,有 9 年博士招生数年度增长百分比达到或超过 10%,有 10 年博士毕业生数年度增长百分比达到或超过 10%。

---

① 中华人民共和国国家统计局.中国统计年鉴 1986[M].北京:中国统计出版社,1986.
② 中华人民共和国国家统计局.中国统计年鉴 1986[M].北京:中国统计出版社,1986.

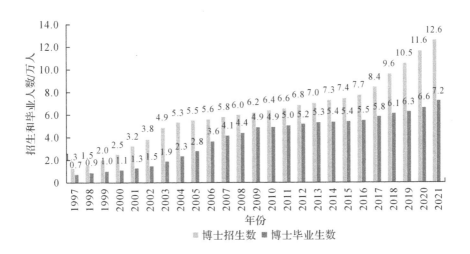

图 2.1　中国博士招生数与毕业生数(1997—2021 年)

数据来源:中国统计年鉴 1997—2021 年

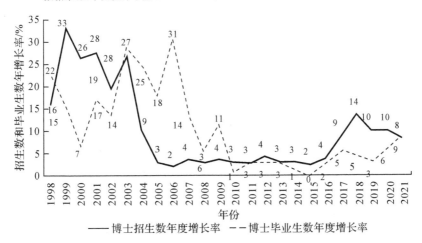

图 2.2　中国博士招生数与毕业生数的年度增长率(1998—2021 年)

数据来源:中国统计年鉴 1998—2021 年

另一方面,改革开放之后,中国鼓励并支持公派和自费的高等教育国际交流项目,其中以留学为主。出国留学的主体是研究生,国家公派的留学项目以博士生为主。留学回国的主体也大多数是研究生毕业的高学历人才。

尽管留学回国人员的就业面广,但其中一部分,尤其是最高水平的,留学回国人员充实了中国高校和科研机构的人才队伍。1978年,中国出国留学人数仅860人,到1985年增长至4888人[①]。1985年的留学回国人数也从1978年的248人增加到1424人。1993年,中国出国留学人数首次过万(10742人),此后除了少数年份之外,均高速增长,到2019年达到70万人(见图2.3)。

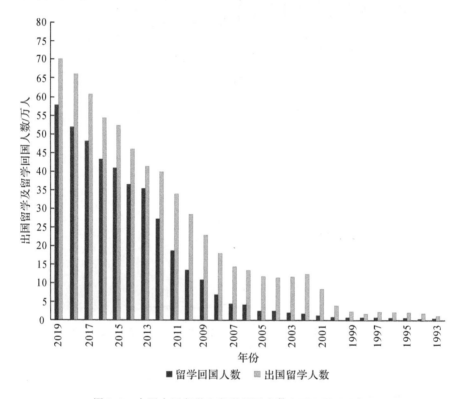

图2.3 中国出国留学和留学回国人数(1993—2019年)

数据来源:中国统计年鉴1993—2019年

---

① 中华人民共和国国家统计局.中国统计年鉴2021[M].北京:中国统计出版社,2021:691.

留学回国人数也随着出国留学人数的增加而增加。1995 年,中国留学回国人数仅 5750 人,2001 年留学回国人数达到 12243 人[①],此后逐年增长(见图 2.3)。中国出国留学人数年度之间的变化受国内和国际高等教育环境的变化影响,有比较大的起伏。图 2.4 显示,自 1995 年以来,中国留学回国人数一直呈增长趋势。不过增长百分比在不同年份差异显著,最低的仅 1%,最高的达到 68%。1995 年至 2019 年,中国留学回国人数年度增长百分比均值高达 23%。2019 年,中国留学回国人数达到 58 万。

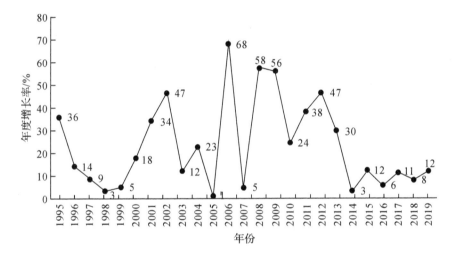

图 2.4　中国留学回国人数年度增长率(1995—2019 年)

中国普通高校专任教师队伍的规模随着高等教育事业的发展而扩大。1978 年,中国普通高校专任教师总数仅 21 万人,1985 年增长至 37 万人,1990 年达到 40 万人。1990 年至 1997 年,中国普通高校专任教师规模一直维持在 40 万人左右。1999 年高等教育扩招以来,专任教师的规模才开始稳步提高,从 1999 年的 43 万人发展到 2021 年的 187 万人(见图 2.5)。

不过,中国普通高校专任教师的增长幅度普遍低于在校生的增长幅度。

---

① 中华人民共和国国家统计局.中国统计年鉴 2021[M].北京:中国统计出版社,2021:691.

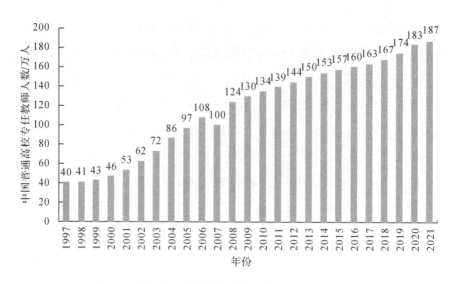

图 2.5　中国普通高校专任教师人数(1997—2021 年)

1998 年至 2005 年期间,虽然专任教师和在校生规模都增长迅速,但是专任教师数的年度增长百分比远低于在校生数的年度增长百分比(见图 2.6)。2006 年至 2016 年之间,专任教师和在校生增长幅度大致相当。2017 年开始,在校生增长幅度再次超过专任教师的增长幅度。

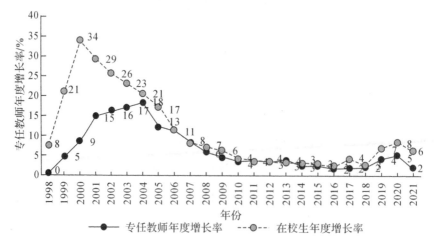

图 2.6　中国普通高校专任教师与在校生规模增长率(1998—2021 年)

因为增长幅度和速度的差异,中国普通高校专任教师队伍的总体规模与高等教育人才培养的规模相比,依然较小。1997 年,中国普通高校本专科和研究生在校生总数仅 335 万人,专任教师总数 40 万人,生师比约为 8∶1(见图 2.7、图 2.8)。2021 年,中国普通高校本专科和研究生在校生总数达到 3829 万人,专任教师总数 187 万人,生师比约为 20∶1。

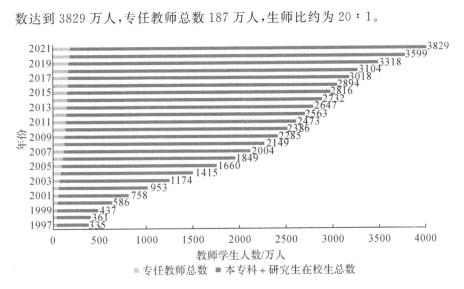

图 2.7 中国普通高校专任教师总数与在校生总数(1997—2021 年)

由于生师比不断提高,中国普通高校专任教师的人才培养负担不断加重,对于保障和提高创新人才培养质量也是不小的挑战。

与部分 OECD 国家的高等教育生师比相比,中国普通高校的生师比已经处于比较高的水平。2020 年,中国普通高校的生师比达到 20∶1,与墨西哥和意大利相当(见图 2.9)。OECD 国家的高等教育生师比的平均值和美国的高等教育生师比都是 15∶1,最低的是挪威,仅 8∶1。

中国普通高校专任教师队伍的学历、年龄、职称结构逐步优化,日趋合理。在职称分布上,中国普通高校专任教师在国家宏观编制总数的控制下,一直保持的比较稳定(见表 2.1)。正高级教授占总数 10% 左右,从 2000 年的 9%,缓慢提高至 2020 年的 13%。副高级副教授和副研究员占总数

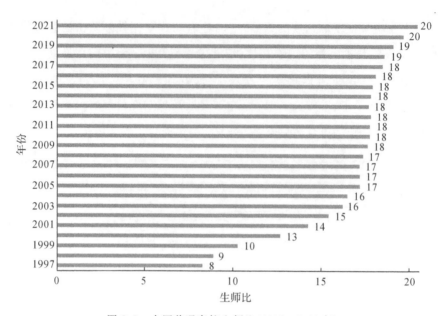

图 2.8 中国普通高校生师比(1997—2021 年)

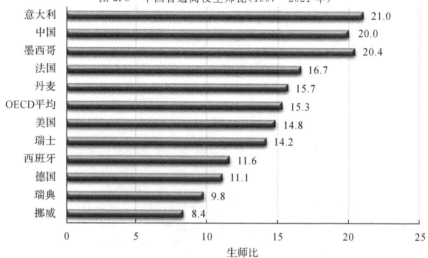

图 2.9 高校生师比的国际比较(2020 年)

注:OECD 生师比为公立高校所有高等教育学生(all tertiary students)与学术职员(academic staff)之比。

数据来源:OECD. Education at a Glance 2022:OECD Indicators[EB/OL]. (2022-10-03)[2022-12-20]. https://doi.org/10.1787/bb6ee273-en.

30％左右,变化幅度较小(2个百分点之内)。中级职称占总数百分比最低的为33％,最高的为40％。初级职称占总数百分比总体呈下降趋势,从2000年的19％下降至2020年的10％。无职称专任教师占总数7％左右,变化幅度比较小(2个百分点之内)。中国普通高校专任教师的职称结构相对稳定。随着专任教师水平的逐步提升,高级职称的比例小幅度上升,初级职称的比例大幅度下降。

表 2.1 中国普通高校专任教师的职称结构(2000—2020 年)

年份	总数/万人	各职称教师占比/％				
		正高级	副高级	中级	初级	无职称
2000	46	9	30	36	19	5
2005	108	10	28	33	22	7
2010	134	11	28	38	17	5
2015	157	12	29	40	12	6
2020	183	13	30	38	10	8

中国普通高校专任教师水平提升的指标之一就是学位的提升。获得博士学位的普通高校专任教师百分比从2000年的6％提高到2020年的28％(见表2.2)。正高级职称的专任教师,具有博士学位的百分比从2000年的20％提高到2020年的61％。2020年,中国普通高校近2/3的正高级职称的专任教师具有博士学位。

2000年至2020年,获得博士学位的专任教师比例的增幅,在正高级、副高级、中级三个等级之间依次递增(见表2.2)。其中,中级职称教师的博士学位占总数百分比增长最快,增幅最大,从2000年的4％提高到2020年的22％。更加值得一提的是,无职称的专任教师获得博士学位占比增速最快,从2000年的2％提高至2020年的14％。无职称的专任教师中大部分是刚入职,处于过渡期的青年教师。这表明中国高校专任教师的博士学位占比增长的后劲足,未来进一步提高的趋势非常稳定。

表 2.2　中国普通高校专任教师中获得博士学位占总数百分比(2000—2020 年)

年份	博士学位占比/%					
	全部专任教师	正高级	副高级	中级	初级	无职称
2000	6	20	9	4	1	2
2005	10	35	13	7	0	4
2010	15	41	20	11	1	6
2015	22	50	28	15	1	13
2020	28	61	34	22	1	14

　　中国普通高校专任教师队伍建设一直以来都非常重视年龄结构合理化,队伍年轻化,形成合理的人才传承和梯队。比如,早在 1982 年教育部《关于当前执行国务院关于高等学校教师职务名称及其确定与提升办法的暂行规定的实施意见》中,就强调注意吸收中青年教授担任职称评审组成员。2016 年中共中央《关于深化人才发展体制机制改革的意见》特别强调切实支持青年人才的发展,促进青年优秀人才脱颖而出,尤其是各类人才工程项目要进一步向青年人才倾斜。

　　随着中国普通高校专任教师博士学位占总数比例的提高,30 岁及以下的教师的占比不断下降。尤其是 2000 年之后,博士学位成为越来越多普通高校对新进教师学历的基本要求。表 2.3 显示,29 岁及以下专任教师占总数百分比从 2000 年的 28% 下降到 2020 年的 11%;30 岁至 39 岁的青年教师占总数百分比都保持在 20% 左右。在国家大力支持青年人才、推动师资队伍年轻化的政策导向下,40 岁以下的青年教师占中国普通高校教师总数的一半左右。

　　专任教师中,中年教师(40~54 岁)占总数百分比从 2000 年的 24% 逐步提高到 2020 年的 39%。55 岁及以上快退休和退休教师占比在 2010 年最低(5%),2020 年最高(11%)。未来十年,中国普通高校专任教师的退休潮压力明显。这也是国家政策加大对青年人才支持力度的一个很重要的原因。

表 2.3 中国普通高校专任教师的年龄结构(2000—2020 年)

年份	各年龄阶段教师占比/%							
	29 岁及以下	30～34 岁	35～39 岁	40～44 岁	45～49 岁	50～54 岁	55～59 岁	60 岁及以上
2000	28	20	20	11	7	6	6	2
2005	29	19	17	15	8	5	4	2
2010	25	21	17	14	12	6	3	2
2015	14	22	20	15	12	11	4	2
2020	11	18	21	18	12	9	9	2

注:2000—2010 年的年龄划分为:30 岁及以下、31～35 岁、36～40 岁、41～45 岁、46～50 岁、51～55岁、56～60 岁、61 岁及以上。

数据来源:中国统计年鉴 2000—2020.

如图 2.10 所示,与部分 OECD 国家相比,中国普通高校专任教师中 29 岁及以下的青年人占比居中(10.64%),与 OECD 国家平均值(8.33%)接

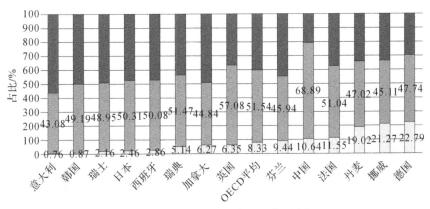

图 2.10 高校教师年龄结构的国际比较(2020 年)

注:OECD 国家的教师为学术职员(academic staff)。

数据来源:OECD. Education at a Glance 2022:OECD Indicators [EB/OL].(2022-10-03)[2022-12-20]. https://doi.org/10.1787/bb6ee273-en.

近。德国高校教师中 29 岁及以下的青年人占比最高达到 22.79％。与这些 OECD 国家相比,中国普通高校专任教师中 50 岁及以上的占比是最低的,仅 20.46％;OECD 国家平均值达到 40.13％。因此,从国际比较的角度来看,中国普通高校专任教师年龄结构总体上偏年轻化。

第四节　海外高层次人才引进计划:青年人才计划

21 世纪,中国开始实施系统的海外高层次人才引进计划,以 2008 年实施的"海外高层次人才引进计划"为开端。2010 年中共中央、国务院制定的《国家中长期人才发展规划纲要(2010－2020 年)》中设立的重大人才工程中的一项重要计划,就是海外高层次人才引进计划。到 2011 年,中国高层次海外人才引进项目拓展为"创新人才长期项目""创新人才短期项目""创业人才项目""青年人才计划项目"(简称"杰出海归计划")"顶尖人才与创新团队项目"和"外专千人计划项目"等六大项目,形成了覆盖各个领域、各个年龄段海外高层次人才的"引才体系"。[①]

六大海外高层次人才项目中"青年人才计划项目"由于面向海外高层次青年人才,吸引他们全职回国工作,并且规模大、持续时间久,成为国内外关注的焦点。"杰出海归计划"的核心内容包括以下几个方面。

引进对象和条件:(1)从事自然科学研究,年龄在 40 周岁以下;(2)在海外知名高校取得博士学位,并有 3 年以上的海外科研工作经历;(3)申报时在海外知名高校、科研机构或知名企业研发机构有正式教学或科研职位;(4)引进后全职回国工作;(5)为所从事科研领域同龄人中的拔尖人才,有成长为该领域学术技术带头人的发展潜力。对有突出研究成果的在读博士研

[①]　中央组织部人才工作局."千人计划"项目介绍 [J].中国人才,2011(10):30-32.

究生,允许破格引进。杰出海归计划目标:成长为自然科学研究学术技术带头人。

特殊政策待遇:中央财政给予通过"杰出海归计划"引进的人才人民币50万元的一次性补助。根据拟引进人才所在学科领域、能力水平等差异,按进度分批给予每位引进人才科研经费补助100万～300万元。其他工作条件和生活待遇,参照创新人才长期项目的有关政策。比如:(1)外籍人才及其随迁外籍配偶和未成年子女,可办理《外国人永久居留证》或2～5年有效期的多次往返签证;具有中国国籍的引进人才,可不受出国前户籍所在地限制,选择在国内任一城市落户;(2)享受医疗照顾人员待遇;(3)引进人才及其配偶子女,可参加中国境内各项社会保险;(4)引进人才可参照当地居民购房政策,购买自用商品住房一套;(5)引进人才的配偶由用人单位妥善安排工作或发放生活补贴;(6)教育部门为引进人才的子女就学提供便利;(7)用人单位参照引进人才回国(来华)前的收入水平,一并考虑应为其支付的各种生活补贴,协商确定合理薪酬。

申报评审程序:在海外高层次人才引进工作专项办公室指导下,由教育部、科技部、中国科学院、自然科学基金委联合设立平台,负责"杰出海归计划"的申报评审工作,基本程序为:(1)用人单位和海外人才达成引进意向后,按申报通知要求向平台提出申请;(2)平台组织专家进行通讯评审后,分批次组织会议评审,以面谈方式议定拟引进人才名单,并进行公示;(3)对公示有异议人员,由海外高层次人才引进工作专项办公室组织专家复审;(4)海外高层次人才引进工作小组批准引进人才名单。

"杰出海归计划"从2011年到2014年分五批公布了1134名引进人员名单,实际回国的人数要低于这一数字①。引进杰出海归的人数大致上依次递增,分别是第一批151人、第二批220人、第三批179人、第四批184

① 魏立才,赵炬明."青年千人计划"政策考察与建议——基于对第一至五批"青年千人计划"入选者信息的分析[J].清华大学教育研究,2014,35(5):81-87.

人、第五批 400 人。第六批再次增加到 659 人[①]。杰出海归人数逐渐递增表明了中央政府对海外高层次人才引进政策支持力度不断加大。这也从侧面反映中央政府对海外高层次人才引进的重视和慎重。

杰出海归的引进条件和特点之一就是年轻。前五批引进的杰出海归中年龄最大的 40 周岁,年龄最小的仅 27 岁。其中 30～35 岁的占总数的63%。博士毕业年份衡量的是学术人才的学术年龄或者是职业发展阶段。一般而言,博士毕业 6 年内被视为职业发展初期,7～15 年被视为中期,而15 年以上被视为进入职业发展成熟期。从博士毕业年份来看,前五批杰出海归中 90.5% 毕业于 2003—2011 年(见表 2.4)。

表 2.4　杰出海归的年龄和博士毕业年份

年龄分布情况			博士毕业年份分布情况		
出生年份	人数/人	百分比/%	博士毕业年份	人数/人	百分比/%
1971	12	1.1	1997	1	0.1
1972	31	2.7	1998	2	0.2
1973	79	7.0	1999	1	0.1
1974	67	5.9	2000	10	0.9
1975	96	8.5	2001	12	1.1
1976	91	8.0	2002	23	2.0
1977	136	12.0	2003	60	5.3
1978	128	11.3	2004	83	7.3
1979	147	13.0	2005	101	8.9
1980	128	11.3	2006	144	12.7
1981	81	7.1	2007	171	15.1
1982	74	6.5	2008	168	14.8
1983	44	3.9	2009	149	13.1

---

① 杨芳娟,刘云.青年高层次人才引进特征与质量分析[J].科研管理,2016,37(S1):238-246.

续表

年龄分布情况			博士毕业年份分布情况		
出生年份	人数/人	百分比/%	博士毕业年份	人数/人	百分比/%
1984	16	1.4	2010	91	8.0
1985	4	0.4	2011	59	5.2
			2012	16	1.4
			2013	3	0.3
			缺失数据	40	3.5
合计	1134	100	合计	1134	100

　　杰出海归引进时的职业发展阶段分批次分析更加准确。表2.5显示，前五批引进的杰出海归以博士毕业6年以内的职业发展初期为主，人数超过一半。第一批最低，仅占54.3%，其他几批占总数的2/3左右。与职业发展阶段相对应的，前五批杰出海归回国之前的海外学术职称主要是博士后（57.4%）和讲师、助理教授和助理研究员等初级职称（18.2%）。博士后和初级职称占到前五批杰出海归总数的75.6%。副教授和副研究员等副高级职称的数量最少，仅61人，占总数的5.4%。正教授、高级研究员、首席工程师和科学家等高级职称一共216人，占总数的19%。由此可见，虽然前五批杰出海归以新生科研力量为主，但仍然有近1/4是已经在各自领域取得了一定成就的高级职称海外学术人才。

表2.5　杰出海归的博士毕业年份：分批次

博士毕业年份	第一批 (2011年10月)		第二批 (2012年2月)		第三批 (2012年8月)		第四批 (2013年3月)		第五批 (2014年1月)	
	人数/人	百分比/%	人数/人	百分比/%	人数/人	百分比/%	人数/人	百分比/%	人数/人	百分比/%
1997	1	0.7	0	0	0	0	0	0	0	0
1998	1	0.7	0	0	1	0.7	0	0	0	0
1999	1	0.7	0	0	0	0	0	0	0	0

续表

博士毕业年份	第一批(2011年10月)		第二批(2012年2月)		第三批(2012年8月)		第四批(2013年3月)		第五批(2014年1月)	
	人数/人	百分比/%	人数/人	百分比/%	人数/人	百分比/%	人数/人	百分比/%	人数/人	百分比/%
2000	1	0.7	5	2.3	3	2.2	1	0.5	0	0
2001	3	2.0	4	1.8	1	0.7	1	0.5	3	0.8
2002	7	4.6	5	2.3	4	2.9	5	2.7	2	0.5
2003	9	6.0	16	7.3	9	6.5	13	7.1	13	3.3
2004	25	16.6	20	9.1	10	7.2	9	4.9	19	4.8
2005	21	13.9	22	10.0	15	10.8	16	8.7	27	6.8
2006	32	21.2	28	12.7	24	17.3	19	10.3	41	10.3
2007	25	16.6	50	22.7	21	15.1	26	14.1	49	12.3
2008	11	7.3	30	13.6	24	17.3	39	21.2	64	16.0
2009	13	8.6	21	9.5	17	12.2	27	14.7	71	17.8
2010	0	0	0	0	5	3.6	16	8.7	59	14.8
2011	1	0.7	8	3.6	5	3.6	10	5.4	35	8.8
2012	0	0	0	0	0	0	2	1.1	14	3.5
2013	0	0	0	0	0	0	0	0	3	0.8
合计	151	100.0	220	100.0	139	100.0	184	100.0	400	100.0

注:括号中是杰出海归名单公示的年月。第三批有40个缺失数据未列入此表中,占总数的22.3%。

杰出海归选拔的两个重要条件:(1)具备三年以上的海外科研工作经历;(2)申报时在海外知名高校、科研机构或知名企业研发机构有正式教学或科研职位。前五批杰出海归中80%的海外学术工作所在国家是英语母语国家,其中美国独占70%。10%的杰出海归在欧洲和其他国家开展学术工作,8%在日本、新加坡、韩国。前五批杰出海归任职的高校和科研机构一共447家,其中排名前30的都是美国、英国、新加坡的世界一流大学,以及美国和德国的重大国家实验室。

前几批"杰出海归计划"引进的对象聚焦自然科学领域,之后才陆续覆盖社会科学和人文领域。前五批杰出海归的专业领域包括工程与材料、生命科学、信息科学、数理科学、环境与地球四大领域,其中数理科学又分为物理、数学、化学和天文四个领域。如表 2.6 所示,高校中,工程与材料、生命科学、信息科学三个领域的杰出海归人数最多,排前三。中国科学院研究所中,生命科学、工程与材料、数理科学—化学的杰出海归人数分列前三。

表 2.6 高校与中国科学院研究所中杰出海归的专业领域分布

高校		中国科学院研究所	
专业领域	人数/人	专业领域	人数/人
工程与材料	252	生命科学	89
生命科学	197	工程与材料	46
信息科学	110	数理科学—化学	42
数理科学—物理	108	数理科学—物理	25
数理科学—化学	107	环境与地球科学	24
环境与地球科学	66	信息科学	16
数理科学—数学	26	数理科学—数学	5
数理科学—天文	5	数理科学—天文	5
合计	871	合计	252

注:该表格中不包括任职于宝钢集团等公司的 11 名杰出海归。

第五节 小 结

在自主培养和国际化两条腿走路的发展战略影响下,中国普通高校专任教师的队伍建设在改革开放之后,尤其是高等教育扩招之后,规模迅速壮大。按照中国博士学位教育的跨越式发展趋势,以及留学回国人员的增长趋势,中国普通高校专任教师的发展基础雄厚。随着中国高校人事制度改革不断深化,普通高校着重调整和完善专任教师队伍的结构,从职称、学历到年龄。在政府编制总量的宏观调控下,中国普通高校专任教师的职称结构相对稳定。获得博士学位的专任教师比例稳步提高,尤其是高级职称教师和年轻教师。随着专任教师水平的逐步提升,高级职称的比例小幅度上升,初级职称大幅度下降。在政府多年的年轻化政策导向之下,中国普通高校专任教师的年龄结构在国际比较中总体上偏年轻。与高等教育本专科和研究生培养的规模相比,中国普通高校专任教师的规模并不大,这也导致中国高校生师比偏高,专任教师的人才培养压力较大。

21世纪以来,中国高校教师队伍建设的国家政策导向以年轻化、高层次、国际化为主要关键词。海外高层次青年人才计划汇集三个政策重心于一体,引进了一大批已经在海外知名高校、科研机构和科技企业具有丰富学术经验和发展潜力的青年高层次人才,大力支持他们全职回国,成长为自然科学领域的学术技术带头人。他们回国之后的实际表现成为国家、高校和社会的关注热点。本书接下来的两章分别从科研生产力和科研合作两个维度,分析前五批引进的海外高层次青年人才回国后的科研表现和影响因素。

第三章　中国普通高校教师的科研生产力

　　中国普通高校教师是人才强国战略的核心组成部分,是科技强国的重要生力军。21世纪,中国普通高校师资队伍建设的重点、亮点之一是海外高层次人才的引进和资助。2011年正式实施的"青年人才计划项目"因为引进对象为海外高层次青年人才,任职条件是回国长期任职,并且规模较大,备受国内外瞩目。"杰出海归计划"实施的实际效应如何,尤其是杰出海归的科研生产力,在国内外学术界和政策界受到普遍的高度关注。本章首先简述科研生产力的概念及其衡量方式,全球和中国科研生产力的发展趋势,科研生产力的理论模型和影响因素,然后聚焦杰出海归的科研生产力评价,分析海外高层次人才引进政策的实施成效。

第一节　科研生产力的概念

　　进入21世纪,科研生产力的概念在大学、学科和高校教师的评价中脱颖而出,是与大学职能发展趋势密切相关的。20世纪后半期是大学职能发展的一个分水岭。20世纪后半期,全球高校的职能逐步实现了教学、科研和社会服务三大职能的全面发展。在此之前,全球高校在教师的职称评审过程中更加重视教学,而非研究和社会服务。① 此后,尤其是进入 21 世纪之后,高校的各类评价活动中,科研的比例和重要性开始超过教学和社会服务职能,尤其是研究型大学。2000 年之后,全球研究型大学的职称评审都更加重视科研。② 科研论文,尤其是发表在高质量期刊上的科研论文成为科研卓越水平的重要衡量指标。③ 科研,尤其是发表高水平论文,成为高校教师最为重视的任务和活动。④

科研生产力的概念尽管应用广泛、频繁,其确切的内涵与定义,却不乏争议。"概念是对一个事物或现象的理论和经验分析。一个良好的概念界定能够突出一个事物或现象的独特的重要特征和要素。一个概念的核心要素是理论假设、解释和因果机制的基础。"⑤英文文献中科研生产力(research productivity)与科研绩效(research performance)、影响(impact)、

① Trower C. What is Current Policy? [M]. Cambridge: Harvard University Press, 2002: 32-68.

② Alperin J P, Nieves C M, Schimanski L A, et al. Meta-Research: How Significant Are the Public Dimensions of Faculty Work in Review, Promotion and Tenure Documents? [J]. Elife, 2019(8): 1-23.

Gardner S K, Veliz D. Evincing the Ratchet: A Thematic Analysis of the Promotion and Tenure Guidelines at a Striving University [J]. Review of Higher Education, 2014, 38(1): 105-132.

McKiernan E C, Schimanski L A, Muñoz Nieves C, et al. Meta-Research: Use of the Journal Impact Factor in Academic Review, Promotion, and Tenure Evaluations [J]. Elife. 2019(8): 47338.

③ Harley D, Acord S K, Earl-Novell S, et al. Assessing the Future Landscape of Scholarly Communication: An Exploration of Faculty Values and Needs in Seven Disciplines [M]. Berkeley: Center for Studies in Higher Education, 2010: 7.

④ Gardner S K, Veliz D. Evincing the Ratchet: A Thematic Analysis of the Promotion and Tenure Guidelines at a Striving University[J]. Review of Higher Education,2014, 38(1): 105-132.

McCulloch S. Hobson's Choice: The Effects of Research Evaluation on Academics' Writing Practices in England[J]. Aslib Journal of Information Management, 2017, 69(5): 503-515.

Rice E, Sorcinelli M D. Can the Tenure Process Be Improved? [M]. Cambridge: Harvard University Press, 2022: 101-124.

⑤ Goertz G. Social Science Concepts: A User's Guide [M]. Princeton: Princeton University Press, 2006: 4.

成果(outcome)、产出(output)、显示度(visibility)等概念经常混用,鲜少明确界定和区分使用。少数研究人员试图界定科研生产力的概念,但也都是各持己见。

经济学视角,生产力概念被普遍界定为"投入和产出的比率"或者"成本与收益的比率"①。在任何一个生产系统中,生产力本质上是一个效率指标,是比较投入和产出的效率指标。在高等教育系统中,专任教师的生产力被界定为工作任务和时间分配之间的关系:"工作任务衡量专任教师的时间分配和使用,生产力衡量的就是单位时间内生产的产品与服务。"②科研活动的目标是生产新知识。专任教师科研生产力的界定,从生产过程的微观经济学视角,是指知识生产投入与知识生产产出之比。③知识生产投入,包括人力投入、有形的投入(比如科研仪器、设施和材料等)和无形的投入(积累的知识、社会网络资本)等。知识生产产出,包括发表成果、专利、会议报告、数据库等有形的产出,以及隐性知识和咨询活动等无形的产出。由此可见,理论上科研生产力是一个多元复杂投入和多元复杂产出的比率。科研生产力是指特定单位在特定时间内,科研活动投入与科研活动产出的比率。现实情境中,任何可行的科研生产力的界定和衡量都需要简化科研投入和科研产出。比如,阿布拉莫和迪·安格罗提出的适用于个体、学科、组织和国家各个层级单位的科研生产力衡量指标"均分科研实力"(Fractional Scientific Strength)中将投入简化为科研人员用于科研活动的时间和薪酬2个指标,将产出简化为发表成果数量和发表成果的被引次数2个指标。④

---

① Massy W, Wilger A. Improving Productivity: What Faculty Think About it and Its Effect on Quality [J]. Change, 1995, 27(4): 10-21.

② Meyer K A. Faculty Workload Studies: Perspectives, Needs, and Future Directions [M]. Washington, D.C.: George Washington University, 1998: 45-46.

③ Abramo G, D'Angelo C A. How Do You Define and Measure Research Productivity? [J]. Scientometrics, 2014, 101(2): 1129-1144.

④ Abramo G, D'Angelo C A. How Do You Define and Measure Research Productivity? [J]. Scientometrics, 2014, 101(2): 1129-1144.

实证研究中科研生产力的界定更多关注科研活动的产出,而忽略投入。比如,哈里斯认为科研生产力的评价应该包括四个方面:影响、质量、重要性和数量。[1] 哈里斯将科研影响等同于被引次数,也就是认同科研活动和成果对他人的影响可以通过他人的使用,比如引用来衡量。哈里斯认为科研的重要性和质量是通过专家的价值判断来衡量的,主要是同行评议,仅仅依靠文献计量指标是无法恰当衡量的。[2] 而且与科研质量相比,科研重要性更需要依靠时间的检验。科研数量是最简单的衡量指标,主要通过发表科研成果的数量、篇幅(页数)以及获得的科研项目来衡量。[3]

科研生产力的概念界定和衡量突出产出,而忽略投入受到可行性、成本以及外部因素等诸多复杂因素的影响。比如,美国四年制大学的专任教师更加倾向于将生产力简单等同于产出,而不是投入和产出的比率。[4] 美国四年制大学专任教师对生产力的狭隘界定主要是受大学奖惩制度与聘任晋升制度的影响。尽管他们都理解生产力本质上是比较宽泛和复杂的,包括教学、科研和服务等多种产出和贡献,然而专任教师更加清楚地认识到真正影响他们聘任、晋升终身教职的主要是"科研和发表"[5]。美国的学术资本市场对专任教师的聘任和奖励机制主要基于科研产出导向的标准。[6] 几乎所有类型的四年制大学的专任教师都将生产力界定为"同行评议期刊上发

① Harris G T. Research Output in Australian University Economics Departments: An Update for 1984-88[J]. Australian Economic Papers, 1990, 29(55): 249-259.

② Harris G T. Research Output in Australian University Economics Departments: An Update for 1984-88[J]. Australian Economic Papers, 1990, 29(55): 249-259.

③ Ramsden P. Describing and Explaining Research Productivity [J]. Higher Education, 1994, 28(2): 207-226.

④ Massy W, Wilger A. Improving Productivity: What Faculty Think About It and Its Effect on Quality [J]. Change, 1995, 27(4): 10-21.

⑤ Massy W, Wilger A. Improving Productivity: What Faculty Think About It and Its Effect on Quality [J]. Change, 1995, 27(4): 10-21.

⑥ Winston G C. The Decline in Undergraduate Teaching: Moral Failure or Market Pressure? [J]. Change, 1994, 24(5): 8-15.

表的论文"和竞争到的科研项目。① 对科研生产力的实证研究也大多数将其简单地等同于科研产出,以及更加狭义的期刊或学术会议发表的科研论文。文献计量分析中,科研生产力最常见的定义是将其界定为期刊或学术会议发表的科研论文的规模(数量)、质量(某种排名或者期刊影响因子)和影响(被引次数)。

　　近年来,国内文献计量研究发展迅速,对科研生产力的概念理解也偏重产出。比如,李兰和哈巍采用美国情报学家洛特卡提出的科研生产力概念:科学研究人员的科学研究能力和研究成果,主要通过论文发表数和被引次数来测量。② 叶伟萍、梁文艳和胡咏梅在《C9 大学基础科研生产力的国内外比较研究》中,主要从科研产出的数量、质量和影响力三个维度衡量大学层面的科研生产力。③ 黄海刚和连洁从发表的国际论文(SCI&SSCI)数量和被引数量来界定"国家杰青"和"长江学者"获得者的科研生产力。④ 魏立才和黄祎对杰出海归的科研生产力的理解同样是等同于科学网数据库收录的论文发表数量、被引论文数和论文平均被引率。⑤

　　① Fairweather J S. The Mythologies of Faculty Productivity [J]. The Journal of Higher Education, 2002, 73(1): 26-48.

　　② 李兰,哈巍."百人计划"对中科院科研生产力的影响(1993—2004)[J].清华大学教育研究,2017,38(5):27-34.

　　③ 叶伟萍,梁文艳,胡咏梅.C9 大学基础科研生产力的国内外比较研究——基于 20 世纪 80 年代以来 Web of Science 论文收录信息的计量分析[J].华中师范大学学报(人文社会科学版),2015,54 (3):161-169.

　　④ 黄海刚,连洁.职业流动提升了科学家的科研生产力吗? [J].清华大学教育研究,2020,41 (5):127-135.

　　⑤ 魏立才,黄祎.学术流动对回国青年理工科人才科研生产力的影响研究——基于 Web of Science 论文分析[J].高等工程教育研究,2020(1):67-73.

第二节 科研生产力的衡量与发展趋势

一、科研生产力的衡量

上一节概念界定分析显示,尽管学者们在理论上认同科研生产力的复杂和多元内涵,但是在现实情境中普遍采用相对简化的方式来衡量科研生产力。最主要的简化方式就是以科研成果代表科研生产力。科研投入被忽略有多种原因,其中最主要的原因是可行性和成本。首先,科研投入的关键要素,工作量、时间和价值(薪酬),无论是个体的还是学科、组织的,都很难获得相对客观、精确的数据。绝大多数都采用粗略估计,或者通过问卷调查等自我汇报的形式获取。其次,即便获得了官方的、相对准确的、客观的工作量、时间和价值(薪酬)等数据,如何在科研和其他活动之间分配也是一个难题。因此,本书对科研生产力的衡量也采用实证研究中最常见的科研成果的衡量。

科研成果的数量虽然是衡量科研生产力的最简单、最常用的指标,但要准确衡量也面临不小的挑战。首先,科研成果的形式多元、复杂,缺乏统一的换算单位。科研成果的形式丰富,包括期刊论文、会议报告、著作、通讯、评论、作品和表演等。这些不同形式的科研成果如何计算,比如1篇同行评议的期刊论文等于1本著作吗? 如果不是,如何确定单位换算系数或权重? 期刊论文需要区别发表期刊的级别或影响因子吗? 文学和艺术类的作品,比如展览和表演,怎么计数? 尽管有研究人员尝试对不同形式的科研成果赋权重,构建统一的评价指标,但是争议巨大,很难形成共识。① 科研成果的形式差异不仅对计数方法形成挑战,更给不同学科领域的评价带来了公平问题。不同学科领域的研究范式不同,倾向和偏好的科研成果形式也不同。也就是说科研成果的形式差异是与学科研究范式相关的。比如人文和艺术学科更偏重著作、展览和表演等形式的成果。即使是自然科学内部也有差异,一些基础理科更偏重期刊论文的发表,信息和计算机科学偏重会议报告的形式,而一些工科更偏重项目和专利等。无论采用哪一种形式的成果,或者构建统一的评价指标,只要涉及学科之间的比较就会面临各种公平性、适用性和成果形式覆盖面等质疑和挑战。近年来,越来越多的期刊开始要求明确列出作者的具体贡献。比如多学科期刊 PLOS ONE 要求列出作者的具体贡献领域:概念设计、实验、数据采集和分析、论文撰写等。② 但是这些依然无法转换成量化的指标,因为贡献类别与贡献量是两个概念。

科研成果的衡量方法大致上可以分为自我汇报和文献计量两类方法。自我汇报类的方法主要通过问卷调查、访谈或两者相结合的方法来衡量科研成果,主要以教师或科研人员个体为衡量单位。问卷调查等自我汇报类衡量方法的优势是针对性强,衡量的科研成果更加丰富和具体,并且直接关联相关的影响因素,便于后续的影响关系分析。然而自我汇报类的衡量方法在客观性和代表性等方面难以验证。即使是大范围的问卷调查,调查对象的抽样是否随机?问卷调查数据的质量等都难以验证。因此科研成果的衡量采用问卷调查等自我汇报类的方法比较少,仅在小范围的单个或少数学科、科研单位内应用。

---

① Creswell J H. Faculty Research Performance: Lessons from the Sciences and Social Sciences [M]. Washington, D.C.: Association for the Study of Higher Education, 1985.

Feldman K A. Research Productivity and Scholarly Accomplishment of College Teachers as Related to Their Instructional Effectiveness: A Review and Exploration[J]. Research in Higher Education, 1987, 26(3): 227-298.

② Sauermann H, Haeussler C. Authorship and Contribution Disclosures [J]. Science Advances, 2017, 3(11): 1-13.

　　随着文献数据库和各种量化指标的发展,科研生产力,尤其是科研成果规模和质量的研究主要采用科学计量(Scientometric)、文献计量(Bibliometric)和信息计量(Informetric)分析方法。文献计量指标这一概念由普里查德首创,指"应用数学和统计方法衡量书和其他交流媒介的方法"[①]。加菲尔德[②]和普莱斯[③]等科学学(Science of Science)学家开创了现代的科学计量分析。[④] 科学计量学、文献计量学和信息计量学都是关于各类文献计量、信息检索、信息计量的研究。科学学已经发展成为对学术活动整个过程,以及研究人员、期刊、学科和学术机构的数量和质量的量化研究[⑤]。科研生产力的相关研究中,研究人员经常混合使用这三个概念。本书主要采用科学计量方法这一表述,分别梳理科研生产力的规模、科研成果的质量和影响的衡量指标及应用。

　　(一)科研生产力的规模

　　科研生产力的规模的衡量指标通常是科研成果的绝对或相对数值。科研成果的数量计算是以成果、个体科研人员、群体(学科、大学、国家等)等为分析单位,对各种形式的科研成果的单位数量进行计数。然而,即便是简单

---

　　① Pritchard A. Statistical Bibliography or Bibliometrics? [J]. Journal of Documentation, 1969, 25(4): 348-349.

　　② Garfield E. Citation Indexes for Science [J]. Science, 1955, 122(3159): 108-111.

　　③ Price D J. Little Science, Big Science, and Beyond [M]. New York: Columbia University Press, 1986.

　　Price D J. Networks of Scientific Papers [J]. Science, 1965, 149(3683): 510-515.

　　④ Clauset A, Larremore D B, Sinatra R. Data-Driven prdictions in the Science of Science [J]. Science, 2017, 355(6324): 477-480.

　　Fortunato S, Bergstorm C T, Boerner K, et al. Science of Science [J]. Science, 2018, 359 (6379): eaao0185.

　　⑤ Hirsch J E. An Index to Quantify an Individual's Scientific Research Output [J]. Proceedings of the National Academy of Sciences, 2005, 102(46): 16569-16572.

　　Lehmann S, Jackson A D, Lautrup B E. Measures for Measures [J]. Nature, 2006, 444 (7122): 1003-1004.

　　Garfield E. The History and Meaning of the Journal Impact Factor [J]. Journal of the American Medical Association, 2006, 295 (1): 90-93.

的计数(比如论文篇数)都因为科研活动和成果的合作署名行为和发展趋势,面临价值和贡献分配难题,形成诸多不同计数方式。

科研活动中的研究设计、资料收集和分析,以及成果报告和发表,在大多数学科都越来越多地采用合作的形式。[1] 比如,通信领域,绝大多数的期刊论文都是合作署名的。[2] 有些学科,超多作者的论文常常有几千人署名[3]。当科研成果中合作署名的比例越来越高时,合作署名作者、机构的价值和贡献分配问题也日益凸显。

科研成果发表是知识创造和传播的最重要途径。科研成果的功劳归属(贡献计量)对于个体研究人员而言是证明其科研成就,获得同行认可,获得职位、晋升、项目经费等职业生涯发展要素的关键。[4] 因此,研究人员对科研成果的贡献的计量成为一个重要研究问题,尤其在各种评价盛行的科研环境下[5]。以1篇论文为例,如果1篇论文的整体价值计1分,则该论文的每个作者根据一定规则(比如数学公式)分配这1分的一定份额。该份额等同于这名作者对该论文的贡献。比如1篇论文有2名作者,这2名作者对该论文的贡献一样,那么每位作者获得该论文贡献的50%的份额。然而现实中,论文鲜少公布作者的贡献度,仅公布作者的排序。而且不同期刊、论文的作者排序缺乏统一的规则或者习惯。有些按照字母顺序排列,有些按

① Liu C, Olivola C Y, Kovács B. Coauthorship Trends in the Field of Management: Facts and Perceptions [J]. Academy of Management Learning & Education, 2017, 16(4): 509-530.

② Griffin D, Bolkan S, Dahlbach B J. Scholarly Productivity in Communication Studies: Five-Year Review 2012-2016 [J]. Communication Education, 2018, 67(1): 88-101.

③ Aad G, et al. Combined Measurement of the Higgs Boson Mass in pp Collisions at $\sqrt{s}=7$ and 8 TeV with the ATLAS and CMS Experiments [J]. Physical Review Letters, 2015, 114(19): 1803.

④ Donner P. A Validation of Coauthorship Credit Models with Empirical Data from the Contributions of PhD Candidates [J]. Quantitative Science Studies, 2020, 1(2): 551-564.

⑤ Egghe L, Rousseau R, Van Hooydonk G. Methods for Accrediting Publications to Authors or Countries: Consequences for Evaluation Studies [J]. Journal of the American Society for Information Science, 2000, 51(2): 145-157.

Gauffriau M, Larsen P, Maye I, et al. Comparisons of Results of Publication Counting Using Different Methods [J]. Scientometrics, 2008, 77(1): 147-176.

照贡献度从高到低排列。更加难以判断的是通讯作者的贡献,有些通讯作者仅仅是论文发表的联络人,而许多通讯作者是论文的首要领导者、组织者,其贡献度甚至超过第一作者。

科研成果合作署名的习惯在不同学科之间也存在显著差异。APA 出版手册(2020)规定在社会科学领域,一般情况下,论文署名的顺序是首要贡献者排第一,其余的按照贡献度依次往后排。[1] 而在有些领域,论文署名是按照字母顺序排列的,与贡献度无关。重点是学科之间、期刊之间的偏好差异显著,也缺乏统一的规定。沃特曼发现仅 4% 左右的论文署名按照字母顺序排列,但是数学、商科、经济学和物理学这 4 个学科中超过 50% 的论文署名是按照字母顺序排列的。[2]

一篇发表论文的价值和贡献如何在署名作者和机构之间分配是一个计量难题与挑战。因为各个学科、机构、国家和作者署名发表成果惯例的多样性,任何一种计量方式都难以覆盖所有类型。然而面向大量论文,个体的差异将相互消减,统计概率中的集中趋势会形成一种或者几种比较理想的作者贡献计量方式。[3] 各种作者贡献分配方式(authorship credit allocation method),也称作者贡献计量方式(authorship counting method)的比较研究,对于个体、组织,甚至国家层面文献计量和科研评价的科学发展至关重要[4]。因为特定作者贡献计量方式直接影响基于文献计量评价的科研评价

① American Psychological Association. Publication Manual of the American Psychological Association (7th ed) [M]. Washington, D. C. : American Psychological Association, 2020: 25.

② Waltman L. An Empirical Analysis of the Use of Alphabetical Authorship in Scientific Publishing [J]. Journal of Informetrics, 2012, 6(4): 700-711.

③ Donner P. A Validation of Coauthorship Credit Models with Empirical Data from the Contributions of PhD Candidates [J]. Quantitative Science Studies, 2020, 1(2): 551-564.

④ Lin C S, Huang M H, Chen D Z. The Influences of Counting Methods on University Rankings Based on Paper Count and Citation Count [J]. Journal of Informetrics, 2013, 7(3): 611-621.

结果。① 实践中,科研生产力规模的计量方法主要有以下几种。

1. 整数计量法(whole/full counting)

无论作者数量,每位作者都同时获得一项科研成果的全部价值。如果1篇期刊论文计分为1分,无论作者数量,每个作者获得相同的1分。② 整数计量法简便易行,但是容易导致作者贡献通胀(authorship inflation)的弊端。整数计量法可能导致的作者贡献通胀的弊端在中观(机构)或宏观(国家)层面的科研评价中影响尤其大。比如A论文有Z机构的5名科研人员同时署名,而B论文有Z机构的1名科研人员署名。如果每个作者都获得1篇论文的总价值1分,那么A论文和B论文,Z机构的最终得分为5分和1分。在不考虑期刊质量的前提下,A论文中Z机构的计量得分为典型的计量方式导致的计量结果通胀。③

2. 主要贡献作者计量法

每篇论文的价值仅对特定排序和身份的署名作者计分,主要有两种形式。

(1)第一作者计量法(first author counting)由乔纳森·科尔和斯蒂芬·科尔提出,他们称之为直接计量法(straight counting)。④ 第一作者计量方式的基本假设是:每篇论文的所有作者中第一作者贡献最大。因此,无论作者数量多少,一篇论文的所有价值归第一作者所有,其他作者忽略不计。

① Gauffriau M, Larsen P O. Counting Methods Are Decisive for Rankings Based on Publication and Citation Studies [J]. Scientometrics, 2005, 64(1): 85-93.

② Donner P. A Validation of Coauthorship Credit Models with Empirical Data from the Contributions of PhD Candidates [J]. Quantitative Science Studies, 2020, 1(2): 551-564.

③ Waltman L. A Review of the Literature on Citation Impact Indicators [J]. Journal of Informetrics, 2016, 10(2): 365-391.

Lindsey D. Production and Citation Measures in the Sociology of Science: The Problem of Multiple Authorship [J]. Social Studies of Science, 1980, 10(2): 145-162.

Price D J. Multiple Authorship [J]. Science, 1981, 212(4498): 986.

④ Cole J R, Cole S. Social Stratification in Science [M]. Chicago: University of Chicago Press, 1974.

（2）第一作者和通讯作者（或最后一名作者）计量法（first and corresponding/last author counting）。[1] 在 STEM 领域，最常见的合作署名是传统的导师和学生，或导师和门徒（比如指导的博士后和初级科研人员）关系。通常情况下，学生或初级科研人员署名第一作者，他们的资深合作者、导师署名最后一名作者，通常也是通讯作者。[2] 在生物医学领域，一项问卷调查结果显示 3/4 的被调查者反映一般会按照作者贡献程度依次递减的顺序进行发表论文署名。[3] 调查结果还显示资历越低的科研人员，越认为第一作者重要；资历越高的科研人员，则越强调通讯作者重要。[4]

最大贡献作者计量法，和整数计量法一样，简便易行，而且能简单、有效地避免整数计量方式导致的计量结果通胀的弊端。第一作者计量方式常常被用于中观（机构）和宏观（国家）层面的科研评价，因为它能避免计量结果通胀的弊端。[5] 但是最大贡献作者假设的普适性缺乏事实依据。首先，有些期刊和论文的作者按照字母顺序排序，而非贡献的大小。其次，即使作者排序根据贡献度的大小从第一开始递减，也无法证明第一作者的贡献大于其他所有人的贡献的总和。学术界对于通讯作者和最后一名作者的价值和贡献的认定和分配意见分歧非常大。第一，通讯作者同时也是最后一名作者并无事实依据。有些学科和期刊的确有惯例将通讯作者列在最后，但是并非所有学科和期刊都遵循这样的惯例。第二，通讯作者的具体贡献和署

[1] Li W H, Zhang S, Zheng Z M, et al. Untangling the Network Effects of Productivity and Prominence Among Scientists [J]. Nature Communications, 2022, 13(4907): 1-11.

[2] Ma Y, Mukherjee S, Uzzi B. Mentorship and Protégé Success in STEM Fields [J]. Proceedings of the National Academy of Sciences, 2020, 117(25): 14077-14083.

[3] Du J, Tang X. Perceptions of Author Order Versus Contribution Among Researchers with Different Professional Ranks and the Potential of Harmonic Counts for Encouraging Ethical Co-authorship Practices [J]. Scientometrics, 2013, 96(1): 277-295.

[4] Du J, Tang X. Perceptions of Author Order Versus Contribution Among Researchers with Different Professional Ranks and The Potential of Harmonic Counts for Encouraging Ethical Co-authorship Practices [J]. Scientometrics, 2013, 96(1): 277-295.

[5] Waltman L. A Review of the Literature on Citation Impact Indicators [J]. Journal of Informetrics, 2016, 10(2): 365-391.

名位次也是因学科、机构和具体情境而定。[①]　更加危险的是,最大贡献作者计量法容易导致科研合作行为的扭曲,比如排斥合作。[②]

3. 分数计量法(fractional counting)

一个包含多种科研成果贡献分配具体方法的类别。分数式计量法因为简便易行,再加上其平均、线性的赋分方式,被普遍视作是优于整数式计量法的计量方法[③]。

(1)均分计量法(equal fractional counting)

分数计量法[④]最早由林德赛和普莱斯提出,其具体公式(式 3-1)表明更准确的应称之为均分计量法:

$$FC = \frac{1}{n} \tag{3-1}$$

均分计量法公式中,n 指署名作者的总数。均分计量法默认每位作者的贡献度相同。如果 1 篇论文计分 1 分,作者总数为 n,每位作者获得的分值为 $1/n$。[⑤]　分数式计量简便易行,尤其适用于有意识地按字母顺序排列作者顺序的科研成果。第一作者计量法本质上也是分数计量法的一种,它极

① Laudel G. What Do We Measure by Co-authorships? [J]. Research Evaluation, 2022, 11(1): 3-15.

Wren J D, Kozak K Z, Johnson K R, et al. The Write Position [J]. EMBO Reports, 2007, 8(11): 988-991.

② Waltman L. A Review of the Literature on Citation Impact Indicators [J]. Journal of Informetrics, 2016, 10(2): 365-391.

③ Xu J, Ding Y, Song M, et al. Author Credit-Assignment Schemas: A Comparison and Analysis [J]. Journal of the Association for Information Science and Technology, 2016, 67(8): 1973-1989.

Perianes-Rodriguez A, Waltman L, Van Eck N J. Constructing Bibliometric Networks: A Comparison Between Full and Fractional Counting [J]. Journal of Informetrics, 2016, 10(4): 1178-1195.

④ Waltman L. A Review of the Literature on Citation Impact Indicators [J]. Journal of Informetrics, 2016, 10(2): 365-391.

Price D J. Multiple Authorship [J]. Science, 1981, 212(4498): 986.

⑤ Lee S, Bozeman B. The Impact of Research Collaboration on Scientific Productivity [J]. Social Studies of Science, 2005, 35(5): 673-702.

端地将一项科研成果的所有价值和贡献分配给第一作者,是最不公平的一种科研成果贡献分配方式。而均分计量法则是最能体现均等原则的科研成果贡献分配方式。

(2)递减式分数计量法(weighted fractional count/WFC)

递减式分数计量的基本假设是每项合作署名的科研成果,作者的贡献程度按照署名顺序依次递减,即第一作者的贡献最大,其他作者的贡献按照署名顺序,依次线性递减。在大多数研究领域,科研成果作者署名更多的是按贡献大小排序,而不是有意识地按字母顺序排序。而且近年来科研成果署名有意识地按字母顺序排序呈递减的趋势。沃特曼在大规模调研的基础上发现,发表论文中有意识地按字母顺序排序的作者署名的比例从1981年的9%左右下降到了2011年的4%左右。[①] 而且发表论文署名顺序的学科差异非常显著。沃特曼发现数学、商学—金融、经济学、物理学—粒子和磁场等领域更倾向于按字母顺序署名科研论文。上述学科按字母顺序署名的论文占比从较高的75%到较低的57%不等。如果一项科研成果只有2名作者,那么其有意识地按字母顺序排序的概率是50%。随着作者人数的增加,有意识地按字母顺序排序的概率将逐步递减。

递减式分数计量[②],也称算术计量法(arithmetic counting),或者比例/作者位次计量法(proportional or positionwise counting)。计算公式如式3-2所示,其中 N 为作者总数,i 为作者排序:

$$Carihmetic = \frac{N+1-i}{1+2+\cdots+N} \tag{3-2}$$

① Waltman L. An Empirical Analysis of the Use of Alphabetical Authorship in Scientific Publishing [J]. Journal of Informetrics, 2012, 6(4): 700-711.

② Kalyane V, Vidyasagar Rao K. Quantification of Credit for Authorship [J]. ILA Bulletin, 1995, 30(3-4): 94-96.

Van Hooydonk G. Fractional Counting of Multiauthored Publications: Consequences for the Impact of Authors [J]. Journal of the American Society for Information Science, 1997, 48(10): 944-945.

在通信研究领域,格里芬提出线性递减式分数计量公式[1](式 3-3):

$$\mathrm{WFC}=\frac{n-m+1}{\dfrac{n^2+n}{2}} \tag{3-3}$$

其中,n 指署名作者的总数,m 指特定作者的序次。以一篇署名作者总数为 3 的期刊论文为例,第一作者的 m 等于 1,第二作者的 m 等于 2,第三作者的 m 等于 3。代入公式之后的结果为,第一作者得 0.5 分,第二作者得 0.333 分,第三作者得 0.167 分,总分为 1 分。如果一篇论文有 2 名作者,那么第一作者得分为 0.667 分,第二作者得分为 0.333 分,总分为 1 分。递减式分数计量法认为科研成果的责任和贡献,随着作者人数的增加而分散,同时也认同第一作者的主要贡献,予以最高的价值分配。[2]

(3)其他分数式计量法

除了均分计量法和递减式分数计量法之外,分数计量法还有其他不同的调整和加权的方法,比如几何计量法(geometric counting)[3],公式如式 3-4所示:

$$\mathrm{Cgeometric}=\frac{2^{N-i}}{2^N-1} \tag{3-4}$$

调和式计量法(harmonic counting)[4],公式如式 3-5所示:

① Griffin D J, Arth Z W, Hakim S, et al. Collaborations in Communication: Authorship Credit Allocation Via a Weighted Fractional Count Procedure [J]. Scientometrics, 2021,126(5): 4355-4372.

② Griffin D J, Arth Z W Hakim S, et al. Collaborations in Communication: Authorship Credit Allocation Via a Weighted Fractional Count Procedure [J]. Scientometrics, 2021,126(5): 4355-4372.

③ Egghe L, Rousseau R, Van Hooydonk G. Methods for Accrediting Publications to Authors or Countries: Consequences for Evaluation Studies [J]. Journal of the American Society for Information Science, 2000, 51(2): 145-157.

④ Hagen N T. Harmonic Allocation of Authorship Credit: Source-Level Correction of Bibliometric Bias Assures Accurate Publication and Citation Analysis [J]. PLOS ONE, 2008, 3(12): e4021.

$$Charmonic = \frac{\frac{1}{i}}{1 + \frac{1}{2} + \cdots + \frac{1}{N}} \tag{3-5}$$

上述两个公式中，N 为作者总数，i 为作者排序。

这些仅仅是最基本的分数式计量法，在此基础上增加各类权重、归一的调整和处理手段更是因样本、学科和研究情境各不相同。[①] 科研生产力规模，即科研成果数量的各种计量方法各有千秋。多项研究都对不同的科研成果数量计量方法的特点、优点和不足之处进行了梳理和比较。[②] 比如，有研究对倒数、算术、调和式、几何和线性这 5 种计量法进行了比较分析，并在生物医学领域进行检验，得出调和式计量法相对更加合理的结论。[③] 保罗·唐纳（Paul Donner）根据声明的作者贡献比例检验不同科研成果计量方式的准确性和恰当性。他的比较研究的样本是德国、澳大利亚和新西兰的博士生。他发现，调和式计量法效果最佳，算术计量法和几何计量法次

① Xu J, Ding Y, Song M, et al. Author Credit-assignment Schemas: A Comparison and Analysis [J]. Journal of the Association for Information Science and Technology, 2016, 67(8): 1973-1989.

Perianes-Rodriguez A, Waltman L, Van Eck N J. Constructing Bibliometric Networks: A Comparison Between Full and Fractional Counting [J]. Journal of Informetrics, 2016, 10(4): 1178-1195.

Sivertsen G, Rousseau R, Zhang L. Measuring Scientific Contributions with Modified Fractional Counting [J]. Journal of Informetrics, 2019, 13(2): 679-694.

② Xu J, Ding Y, Song M, et al. Author Credit-assignment Schemas: A Comparison and Analysis [J]. Journal of the Association for Information Science and Technology, 2016, 67(8): 1973-1989.

Perianes-Rodriguez A, Waltman L, Van Eck N J. Constructing Bibliometric Networks: A Comparison Between Full and Fractional Counting [J]. Journal of Informetrics, 2016, 10(4): 1178-1195.

③ Du J, Tang X. Perceptions of Author Order Versus Contribution Among Researchers with Different Professional Ranks and the Potential of Harmonic Counts for Encouraging Ethical Co-authorship Practices [J]. Scientometrics, 2013, 96(1): 277-295.

之，分数式计量法和第一作者计量法效果最不理想。① 科研成果规模的各
种计量方法各有千秋，相互之间并不相斥，可以综合使用。比如自然指数
（Nature Index）就同时采用整数计量法和均分计量法两种方法计算化学、
生命科学、地球和环境科学及物理四大学科科研论文的数量（count）和贡献
（share），分析单位包括院校和国家。②

（二）科研成果的质量和影响力

数量和规模指标是最常用的科研生产力指标，但是它无法反映科研成
果的质量和影响力③。科研成果的质量和影响力的抽象概念界定在边界范
围和侧重上有一定的差异。科研成果的质量边界范围最广，包含了影响力。
影响力侧重评价科研成果对其他科研人员、其他成果、学科和整体的知识生
产及进步产生的影响。实际研究中，科研成果质量和影响力的衡量方式也
是复杂、多维度的，但是大多基于同一个指标——引用指标。20 世纪 50 年
代，加菲尔德首次创立了引用指标（Citation Index）④。20 世纪 60 年代，普
赖斯提出引用网络（citation network）的概念。⑤ 此后，期刊影响因子
（Journal Impact Factor，JIF）和 h 指数（h-index）等建立在引用指标之上的
各种科研质量指标不断发展，推陈出新。⑥ 引用指标的拥护者认为引用指

① Donner P. A Validation of Coauthorship Credit Models with Empirical Data from the Contributions of PhD Candidates [J]. Quantitative Science Studies，2020，1(2)：551-564.
② Nature Index. A Brief Guide to the Nature Index [EB/OL]. (2022) [2022-10-16]. https://www. nature. com/nature-index/brief-guide.
③ Bornmann L，Tekles A. Productivity Does Not Equal Usefulness [J]. Scientometrics，2019，118(2)：705-707.
Kaur J，Ferrara E，Menczer F，et al. Quality Versus Quantity in Scientific Impact [J]. Journal of Informetrics，2015，9(4)：800-808.
④ Garfield E. Citation Indexes for Science [J]. Science，1955，122(3159)：108-111.
⑤ Price D J. Networks of Scientific Papers [J]. Science，1965，149(3683)：510-515.
⑥ Wang D，Song C，Barabási A L. Quantifying Long-Term Scientific Impact [J]. Science，2013，342(6154)：127-132.
Sinatra R，Wang D，Deville P，et al. Quantifying the Evolution of Individual Scientific Impact [J]. Science，2016，354(6312)：596-604.

标是对科研成果质量相对客观的量化评价,鼓励用它们来评价科研人员、科研机构、学科和国家的科研质量和影响力。[1] 近年来,引用指标已经成为多个学科一致采用的科研质量和影响力评价的指标,并被广泛用于各种排名和管理活动。[2]

目前,各种形式的引用分析是衡量科研成果质量和影响力运用最广泛的科学计量分析方法。[3] 期刊影响因子、h 指数和被引次数计量成为衡量科研质量和影响力最常用的三种指代指标。

1. 期刊影响因子

科研人员发表成果的期刊的水平是科研成果质量和影响力的一个重要指标,主要通过期刊影响因子评价。[4] 但是期刊影响因子的应用引发了一系列的批评和改进策略。[5] 期刊影响因子因为是期刊层面的质量评价指标,所以并不适合用于评价每篇论文,或者个体研究人员的质量[6],它的应

---

① Sarigöl E, Pfitzner R, Scholtes I, et al. Predicting Scientific Success Based on Coauthorship Networks [J]. EPJ Data Science, 2014(3): 1-16.

② Moher D, Naudet F, Cristea I A, et al. Assessing Scientists for Hiring, Promotion, and Tenure [J]. PLOS Biology, 2018, 16(3): 1-20.

③ Li W H, Aste T, Caccioli F, et al. Early Coauthorship with Top Scientists Predicts Success in Academic Careers [J]. Nature Communications, 2019, 10(5170): 1-9.

④ Garfield E. The History and Meaning of the Journal Impact Factor [J]. Journal of the American Medical Association, 2006, 295 (1): 90-93.

⑤ Glänzel W, Moed H. Journal Impact Measures in Bibliometric Research [J]. Scientometrics, 2002, 53(2): 171-193.

Vanclay J K. Impact Factor: Outdated Artefact or Stepping-Stone to Journal Certification? [J]. Scientometrics, 2012, 92(2): 211-238.

⑥ Archambault É, Larivière V. History of the Journal Impact Factor: Contingencies and Consequences [J]. Scientometrics, 2009, 79(3): 635-649.

Lozano G A, Larivière V, Gingras Y. The Weakening Relationship Between the Impact Factor and Papers' Citations in the Digital Age [J]. Journal of the American Society for Information Science and Technology, 2012, 63(11): 2140-2145.

用存在诸多的问题。① 尽管存在很多问题,期刊影响因子在衡量科研质量的实证研究方面还是取得了一些一致性的成果。比如科研人员工作单位基于期刊影响因子的学术排名,往往和长期影响力之间存在正相关关系②,可能导致更高的生产力,获得终身教职,并最终在学科获得更高影响力等。③

2. h 指 数

h 指数是美国物理学家乔治·赫希(Jorge E. Hirsch)2005 年提出用以评价科研人员个体的科研成果和质量的混合量化指标。④ 科学家个人的 h 指数是指"在一个科学家发表的 Np 篇论文中,如果有 h 篇论文的被引次数都大于等于 h,而其他(Np-h)篇论文被引频次都小于 h,那么此科学家的科研成就的指数值为 h"⑤。h 指数具有诸多优势。首先,h 指数建立了发文和引文的关系。h 指数是少数能够同时衡量个体科研人员的科研产出数量和质量的复合指标⑥。其次,h 指数的数据可获得性高、计算简便。最后,h 指

① Teixeira da Silva J A. The Journal Impact Factor (JIF): Science Publishing's Miscalculating Metric [J]. Academic Questions, 2017, 30(4): 433-441.

Hicks D, Wouters P, Waltman L, et al. Bibliometrics: The Leiden Manifesto for Research Metrics [J]. Nature, 2015, 520(7548): 429-431.

② Way S F, Morgan A C, Larremore D B, et al. Productivity, Prominence, and the Effects of Academic Environment [J]. Proceedings of the National Academy of Sciences, 2019, 116 (22): 10729-10733.

③ Bedeian A G, Cavazos D E, Hunt J G, et al. Doctoral Degree Prestige and the Academic Marketplace: A Study of Career Mobility Within the Management Discipline [J]. Academy of Management Learning & Education, 2010, 9(1): 11-25.

Clauset A, Arbesman S, Larremore D B. Systematic Inequality and Hierarchy in Faculty Hiring Networks [J]. Science Advances, 2015, 1(1): 1-6.

④ Hirsch J E. An Index to Quantify an Individual's Scientific Research Output [J]. Proceedings of the National Academy of Sciences, 2005, 102(46): 16569-16572.

⑤ 宋振世,周健,吴士蓉. h 指数科研评价实践中的应用研究[J]. 图书情报工作, 2013, 57 (1): 117-121,135.

⑥ 邱均平,缪雯婷. h 指数在人才评价中的应用——以图书情报学领域中国学者为例[J]. 科学观察, 2007, 2(3): 17-22.

数是累积指标，能衡量科学家的持久绩效，而不仅仅是测量其科学成就的峰值。[①]

但是 h 指数本身也存在不足。首先，h 指数忽略了 h 指数以下的论文数量及被引频次。有可能出现某一作者 h 指数以下的论文数量及被引频次都高于相同 h 指数的作者的情况。[②] 其次，h 指数是累积指标，存在只升不降的问题，对职业生涯阶段早期和新兴、前沿领域的作者不利。[③] 最后，h 指数在不同学科领域之间的可比性较弱。[④]

3. 被引指标

被引次数是指一项科研成果被其他人正式引用的次数，比如一篇发表论文在其他人发表的论文中被引用的次数。被引次数是几乎所有科研质量和影响力衡量指标的基础，包括期刊影响因子和 h 指数。被引次数及其各种均值，和加权、标准化、归一处理之后的被引指标已经发展成为应用最为广泛的，相对可靠的科研成果质量和影响的量化指标。[⑤]

被引次数并非科研质量和影响力的完美衡量指标。首先，被引并不等于积极影响力，即认可和尊重。被引可能有多种消极原因，比如批判、质疑等。[⑥] 因为缺乏引用原因和情景的分析，现有的被引分析适当性总是被批

---

① 邱均平，缪雯婷. h 指数在人才评价中的应用——以图书情报学领域中国学者为例[J].科学观察，2007，2(3)：17-22.

② 宋振世，周健，吴士蓉. h 指数科研评价实践中的应用研究[J]. 图书情报工作，2013，57(1)：117-121,135.

③ 邱均平，缪雯婷. h 指数在人才评价中的应用——以图书情报学领域中国学者为例[J].科学观察，2007，2(3)：17-22.

④ Malesios C C, Psarakis S. Comparison of the H-Index for Different Fields of Research Using Bootstrap Methodology [J]. Quality & Quantity，2014，48(1)：521-545.

⑤ Radicchi F, Weissman A, Bollen J. Quantifying Perceived Impact of Scientific Publications [J]. Journal of Informetrics，2017，11(3)：704-712.
Zeng A, Shen Z, Zhou J L, et al. The Science of Science: from the Perspective of Complex Systems [J]. Physcis Reports，2017，714-715：1-73.

⑥ Bertin M, Lariviere V, Sugimoto C R. The Linguistic Patterns and Rhetorical Structure of Citation Context: An Approach Using N-Grams [J]. Scientometrics，2016，109(3)：1417-1434.

评。其次,引用规律千变万化,单一被引指标难以全面覆盖。比如已有研究发现许多被引分析忽略的"睡美人现象(sleeping beauties)",即一些重要的研究成果因为多种原因,被引延迟。还有短期被引次数很高,但是之后快速下滑的现象。[1] 这些非常规的被引现象导致研究人员普遍批评被引指标构建时"被引时间窗口(citation time window)"的选择恰当性。[2] 最后,如古德哈特定律(Goodhart's law)所指:"当一个指标成为一个目标时,该指标就不再是一个良好的指标了。"[3]所有的科学评价指标最终都难逃被滥用和误用的命运。[4] 现实中在"不出版即出局"的压力下,自引[5],胁迫引用[6],名誉作者[7],以及其他科研失范行为都时有发生,最终影响被引指标的评价效果。

虽然有各种非绩优因素的干扰,被引指标依然是目前最可行、也相对可靠的科研成果质量和影响力的评价指标。[8] 学科层面,被引指标是研究学

---

① Ke Q, Ferrara E, Radicchi F, et al. Defining and Identifying Sleeping Beauties in Science [J]. Proceedings of the National Academy of Sciences, 2015, 112(24): 7426-7431.

② Wang J. Citation Time Window Choice for Research Impact Evaluation [J]. Scientometrics, 2013, 94(3): 851-872.

③ Strathern M. "Improving Ratings": Audit in the British University System [J]. European Review, 1997, 5(3): 305-321.

④ Biagioli M. Watch Out for Cheats in Citation Game [J]. Nature, 2016, 535(7611): 201-201.

⑤ Fong E A, Wilhite A W. Authorship and Citation Manipulation in Academic Research [J]. PLOS One, 2017, 12(12): e0187394.

Seeber M, Cattaneo M, Meoli M, et al. Self-Citations as Strategic Response to the Use of Metrics for Career Decisions [J]. Research Policy, 2019, 48(2): 478-491.

⑥ Wilhite A W, Fong E A. Coercive Citation in Academic Publishing [J]. Science, 2012, 335(6068): 542-543.

⑦ Flanagin A, Carey L A, Fontanarosa P B, et al. Prevalence of Articles with Honorary Authors and Ghost Authors in Peer Reviewed Medical Journals [J]. Journal of the American Medical Association, 1998, 280(3): 222-224.

Katz J, Martin B R. What Is Research Collaboration? [J]. Research Policy, 1997, 26(1): 1-18.

⑧ Radicchi F, Weissman A, Bollen J. Quantifying Perceived Impact of Scientific Publications [J]. Journal of Informetrics, 2017, 11(3): 704-712.

科发展轨迹和未来趋势的基本工具[1]；国家层面，被引指标是衡量创新水平、经济发展影响力的关键指标[2]；个体层面，被引指标是聘任决定的依据[3]，晋升和终身教职决策的依据[4]，奖惩依据[5]，以及科研项目和资助的依据[6]。

二、科研生产力的发展趋势

改革开放后，中国高等教育和科学研究的发展规模和速度举世瞩目。自 1995 年实施科教兴国战略以来，中国已经从边缘的观察者成为国际科研领域的主要选手、首要贡献国。[7] 仅从科学网核心数据库收录的发表论文看，中国机构署名的发表论文总数从 2012 年开始就超过了科研大国美国，而且这一差距在不断拉大（见表 3.1）。该表中仅统计研究和原创论文

---

① Zuo Z，Qian H，Zhao K. Understanding the Field of Public Affairs Through the Lens of Ranked Ph. D. Programs in the United States [J]. Policy Studies Journal，2019，47（S1）：S159-S180.

Zuo Z，Zhao K，Eichmann D. The State and Evolution of U. S. Ischools：From Talent Acquisitions to Research Outcome [J]. Journal of the Association for Information Science and Technology，2017，68(5)：1266-1277.

② Ponomariov B，Toivanen H. Knowledge Flows and Bases in Emerging Economy Innovation Systems：Brazilian Research 2005-2009 [J]. Research Policy，2014，43(3)：588-596.

③ Zuo Z，Zhao K，Ni C. Standing on the Shoulders of Giants? ——Faculty Hiring in Information Schools [J]. Journal of Informetrics，2019，13(1)：341-353.

④ Bertsimas D，Brynjolfsson E，Reichman S，et al. OR Forum—Tenure Analytics：Models for Predicting Research Impact [J]. Operations Research，2015，63(6)：1246-1261.

Kelly C，Jennions M. The H Index and Career Assessment by Numbers [J]. Trends in Ecology & Evolution，2006，21(4)：167-170.

⑤ McNutt M. The Measure of Research Merit [J]. Science，2014，346 (6214)：1155.

⑥ Bornmann L，Daniel H D. Selecting Scientific Excellence Through Committee Peer Review—A Citation Analysis of Publications Previously Published to Approval or Rejection of Post-Doctoral Research Fellowship Applicants [J]. Scientometrics，2006，68 (3)：427-440.

Hornbostel S，Böhmer S，Klingsporn B，et al. Funding of Young Scientist and Scientific Excellence [J]. Scientometrics，2009，79(1)：171-190.

⑦ Tie Y，Wang Z. Publish or Perish? A Tale of Academic Publications in Chinese Universities [J]. China Economic Review，2022，73：101769.

(research article or original article)和会议论文(article：proceeding paper，区别于会议报告 conference presentation)。到 2021 年，科学网核心数据库署名中国的科研论文总数达到 89 万篇，超出署名美国的科研论文 25 万篇。从年度增长百分比来看，中国的增长幅度和速度明显超过美国。

表 3.1　科学网核心数据库发表论文规模和增幅：中国 vs 美国

年份	中国		美国	
	科学网论文篇数/万篇	年度增长百分比/%	科学网论文篇数/万篇	年度增长百分比/%
1992	1	12	20	0
1993	1	7	21	3
1994	2	35	22	7
1995	2	21	24	8
1996	2	14	24	1
1997	3	11	25	2
1998	3	25	30	24
1999	4	20	30	0
2000	4	15	31	2
2001	5	14	31	0
2002	16	216	32	2
2003	18	16	33	4
2004	21	16	34	4
2005	25	17	35	3
2006	27	10	37	4
2007	31	13	37	1
2008	33	8	39	4
2009	37	11	40	2
2010	38	4	41	4
2011	43	11	43	5
2012	46	8	45	4

续表

年份	中国		美国	
	科学网论文篇数/万篇	年度增长百分比/%	科学网论文篇数/万篇	年度增长百分比/%
2013	48	5	46	3
2014	51	6	47	2
2015	52	2	48	3
2016	55	5	50	4
2017	60	9	53	7
2018	65	8	55	3
2019	74	14	59	8
2020	80	8	62	6
2021	89	11	64	3

　　显然科学网的数据库并不全面,简单的发表论文总数也无法排除国家交叉署名和贡献分配等科研生产力规模衡量常见的难题。然而,多项国内外研究都认同:从 2016 年开始,中国已经是超越美国跃居科研论文产量世界第一的国家。[1] 随着科研论文数量的增长,中国科研人员发表的论文的质量,比如被引次数的表现,也在近 10 年间取得了巨大的进步。[2] 在社会科学领域,中国大陆学者在国际期刊的发文数量增长迅速,发表的期刊范围更广、类别更多,更加重要的是高影响因子期刊的发文数量稳步增长。[3]

　　中国科研论文发表数量的增幅和增速与中国研发支出的增长密不可分。联合国教科文组织的数据显示,2017 年中国的 R&D 支出已经位列全

---

[1]　National Science Board. Science and Engineering Indicators 2018 [M]. Alexandria, VA: National Science Foundation, 2019.

　　Tollefson J. China Declared Largest Source of Research Articles [J]. Nature, 2018, 553 (7689): 390.

[2]　Lariviere V, Gong K, Sugimoto C R. Citations Strength Begins at Home[J]. Nature, 2018, 564(7735): S70-S71.

[3]　Zhang L, Shang Y, Huang Y, et al. Toward Internationalization: A Bibliometric Analysis of the Social Sciences in Mainland China from 1979 to 2018 [J]. Quantitative Science Studies, 2020, 2(1): 376-408.

球第二,仅次于美国①。从 OECD 公布的数据来看,中国 GDP 中用于所有 R&D 活动的支出金额,在 21 世纪增长迅速。2000 年到 2013 年之间,中国的 R&D 支出每年以两位数的百分比快速增长,2014 年开始增速放缓,但也以最低 8% 的增幅增长(见表 3.2)。中国的 R&D 支出占 GDP 的百分比从 2000 年的 0.9%,增长到 2020 年的 2.4%,已经接近 OECD 的均值。和美国相比,中国在 2020 年的 R&D 支出还是低了 1000 亿美元,R&D 支出占 GDP 的百分比也低了 1.1%,还有一定的提升空间。

除了研发支出之外,中国科研论文发表增长的影响因素受到了广泛关注。本章接下来聚焦中国高层次人才的科研生产力发展趋势的影响因素分析。

表 3.2 中国、美国和 OECD 的 R&D 支出发展趋势

| 年份 | GDP 中 R&D 支出 | | | | R&D 支出占 GDP 百分比/% | | |
| | 中国 | | 美国 | | 中国 | 美国 | OECD(均值) |
	金额/亿美元	增幅/%	金额/亿美元	增幅/%			
2000	398	29	3603	7	0.9	2.6	2.1
2001	454	14	3662	2	0.9	2.6	2.1
2002	557	23	3597	−2	1.1	2.5	2.1
2003	650	17	3702	3	1.1	2.6	2.1
2004	776	19	3749	1	1.2	2.5	2.1
2005	930	20	3903	4	1.3	2.5	2.1
2006	1097	18	4081	5	1.4	2.5	2.1
2007	1258	15	4278	5	1.4	2.6	2.2
2008	1452	15	4495	5	1.4	2.7	2.2
2009	1829	26	4453	−1	1.7	2.8	2.3

① Shu F, Liu S, Larivière V. China's Research Evaluation Reform: What Are the Consequences for Global Science? [J]. Minerva, 2022, 60(3): 329-347.

续表

年份	GDP 中 R&D 支出				R&D 支出占 GDP 百分比/%		
	中国		美国		中国	美国	OECD(均值)
	金额/亿美元	增幅/%	金额/亿美元	增幅/%			
2010	2083	14	4447	0	1.7	2.7	2.2
2011	2370	14	4555	2	1.8	2.7	2.3
2012	2746	16	4548	0	1.9	2.7	2.3
2013	3092	13	4683	3	2.0	2.7	2.3
2014	3363	9	4818	3	2.0	2.7	2.3
2015	3661	9	5074	5	2.1	2.8	2.3
2016	3994	9	5282	4	2.1	2.9	2.3
2017	4303	8	5499	4	2.1	2.9	2.4
2018	4647	8	5870	7	2.1	3.0	2.4
2019	5148	11	6327	8	2.2	3.2	2.5
2020	5641	10	6641	5	2.4	3.5	2.7

数据来源：OECD. Gross Domestic Spending on R&D (indicator)[EB/OL].（2021-10-26）[2022-12-08]. https：data. oecd. org/rd/gross-demestic-spending-on-Y-d. htm.

第三节　科研生产力的理论模型和影响因素

本节简要介绍科研生产力研究常见的三个职业生涯阶段理论和布兰德等人提出的三因素理论模型，并梳理科学计量学分析常见的个体特征、学术资本和科研环境三大类科研生产力的核心影响因素。

一、科研生产力的理论模型

在高等教育领域，科研生产力研究的理论模型应用比较广泛的有职业生涯阶段理论(life course theories)和布兰德等人提出三因素模型(简称布兰德模型）。职业生涯阶段理论是个体的学术职业发展阶段与科研生产力之间关系的理论统称。学术职业发展阶段一般通过学术年龄衡量，是科研生产力研究普遍关注的一个因素。学术年龄和职业发展阶段通常以博士毕业时间作为计算起点。相对于生理年龄，学术年龄或职业发展阶段对于科研生产力的影响更加直接、显著。一部分研究发现科研生产力与职业阶段之间呈负相关关系，而另一部分研究的结论则相反。[①] 到 20 世纪 90 年代，职业生涯阶段理论已经形成三个理论分支：累积优势理论（cumulative advantage theory）、效用最大化理论（utility maximization theory）和过时理论（obsolescence theory）。[②]

累积优势理论假设科研人员在职业生涯阶段早期取得较高的生产力形成的优势将持续整个职业生涯[③]。累积优势理论起源于罗伯特·莫顿关于科学贡献"马太效应"的研究。累积优势理论假设，科研人员在职业生涯早期取得的较高生产力，将有助于他们日后申请课题和经费，发表更多的科研成果。由此形成的先发优势会在学术职业发展阶段带来中长期收益。

效用最大化理论假设科研人员在博士毕业之后几年达到生产力巅峰时

---

①　Costas R，Van Leeuwen T N，BOrdons M. A Bibliometric Classificatory Approach for the Study and Assessment of Research Performance at the Individual Level：The Effects of Age on Productivity and Impact ［J］. Journal of the American Society for Information Science and Technology，2010，61(8)：1564-1581.

Lissoni F，Mairesse J，Montobbio F，et al. Scientific Productivity and Academic Promotion：A Study on French and Italian Physicists ［J］. Industrial and Corporate Change，2011，20(1)：253-294.

Abramo G，D'Angelo C A，Caprasecca A. Gender Differences in Research Productivity：A Bibliometric Analysis of the Italian Academic System ［J］. Scientometrics，2009，79(3)：517-539.

②　Kyvik S. Age and Scientific Productivity. Differences Between Fields of Learning ［J］. Higher Education，1990，19(1)：37-55.

③　Shin J C，Cummings W K. Multilevel Analysis of Academic Publishing Across Disciplines：Research Preference，Collaboration，and Time on Research ［J］. Scientometrics，2010，85(2)：581-594.

期[①]。效用最大化理论起源于美国高校终身教职与生产力关系的研究。效用最大化理论认为科研生产力是美国高校科研人员获得终身教职的最重要影响因素。因此,在终身教职评审前,即科研人员获得博士学位之后几年是科研人员生产力达到巅峰的时期。获得终身教职之后,科研人员的生产力通常会下降。

过时理论假设科研人员的生产力随着学术年龄的增大而逐步下降。过时理论认为科学研究的理论、方法和技术经常更新换代,科研人员的学术年龄越大,越难与最先进的科学发展保持同步,在跨过特定阶段之后,他们的研究就会过时,从而导致生产力下降。在计算机和信息科学、健康医学和物理学科等研究范式更新换代比较快的学科,研究人员发现职业生涯早期和中期的科研人员贡献了大部分期刊论文,验证了过时理论对科研人员生产力在跨过某个职业阶段就会下降的假设。[②]

科研生产力的布兰德模型(见图3.1),包含的影响因素覆盖面比较广,也被国内外研究人员广泛应用于多个分析单位的科研生产力评价。[③] 比如李兰和哈巍应用该模型评价“百人计划”对中国科学院科研生产力的影响。[④] 个人能力相关的因素除了个人背景特征之外,布兰德模型突出了个人的学术知识、方法、能力、动机、态度、习惯,以及学术资本,即学术社会化形成的关系网。科研环境相关的因素包括科研机构内部的分权式的结构和机制、研究导向的组织目标与任务、成果分享的文化、积极的团队氛围、规模与多样性兼顾的交流网络、充足的资源和研究时间、合理的薪酬和足够的专

① Kyvik S. Age and Scientific Productivity. Differences Between Fields of Learning [J]. Higher Education,1990,19(1):37-55.

② Sabharwal M. Comparing Research Productivity Across Disciplines and Career Stages [J]. Journal of Comparative Policy Analysis:Research and Practice,2013,15(2):141-163.

③ Bland C J, Center B A, Finstad D, et al. A Theoretical, Practical, Predictive Model of Faculty and Department Research Productivity [J]. Academic Medicine,2005,80(3):225-237.

④ 哈巍,于佳鑫. 辅助人员对科研生产力的影响——以中国科学院为例[J]. 华东师范大学学报(教育科学版),2019,37 (1):83-94.

业发展空间等。领导者因素强调由受人尊敬的学者担任领导,突出机构的研究导向,统一研究目标和任务,采用全员参与的领导模式。

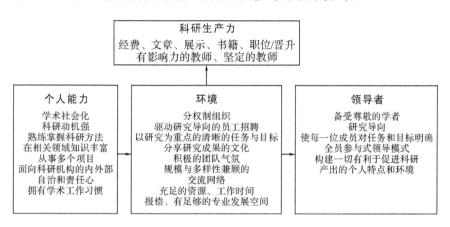

图 3.1 布兰德等人科研生产力三因素理论结构①

二、影响因素

科研生产力的影响因素众多,分布在各种理论模型和实践研究文献中。本节根据布兰德等人科研生产力三因素理论和前人文献,提炼出个体特征、学术资本和科研环境三个方面的影响因素。

(一)个体特征

科研人员的个体特征差异在科研生产力模型和影响研究中是最普遍和广泛的因素之一。个体特征涵盖的范围非常广,而衡量方法却相对较少。科研人员个体特征的量化衡量方法主要是问卷调查收集的自我汇报数据,以及通过简历和各种数据库获得的统计数据。问卷调查收集的个体特征覆盖面广,类型多,尤其能获得兴趣、动机、能力、自我效能和压力等心理和态

① 哈巍,于佳鑫.辅助人员对科研生产力的影响——以中国科学院为例[J].华东师范大学学报(教育科学版),2019,37(1):83-94.

度数据。然而,问卷调查收集的自我汇报型数据在客观性和样本代表性上通常难以保障。科学计量学方法对个体特征的衡量更多的是通过简历以及各种数据库获得,集中在性别、年龄、职业生涯阶段、学科和职称等方面。

(1)学术年龄:科研人员的学术年龄(从博士毕业开始计算),也被称为职业生涯阶段,与科研产出之间常常存在曲线关系。[1] 科研人员在职业生涯早期和中期达到科研生产力的高峰,但在不同学科之间表现不同[2]。也有研究发现科研人员的成果数量和质量随着学术年龄的增长而下降,在一定程度上证实了效用最大化理论和过时理论。[3]

(2)性别:在性别之间,研究普遍发现女性的科研产出要低于男性的科研产出。[4] 但也有研究发现,女性在研究导向的科研环境中科研生产力要高于男性。[5] 如果控制了博士毕业院校、用人单位类型和学科之后,也有研

---

[1] Gonzalez-Brambila C, Veloso F. The Determinants of Research Productivity: A Study of Mexican Researchers [J]. Research Policy, 2007, 36(7): 1035-1051.

[2] Sabharwal M. Comparing Research Productivity Across Disciplines and Career Stages [J]. Journal of Comparative Policy Analysis: Research and Practice, 2013, 15(2): 141-163.

Levin S, Stephan P. Research Productivity Over the Life Cycle: Evidence for Academic Scientists [J]. American Economic Review, 1991, 81(1): 114-132.

[3] Diamond A M. The Life-cycle Research Productivity of Mathematicians and Scientists [J]. Journal of Gerontology, 1986, 41(4): 520-525.

Hu Q, Gill T G. IS Faculty Research Productivity: Influential Factors and Implications [J]. Information Resources Management Journal, 2000, 13(2): 15-25.

[4] Abramo G, D'Angelo C A, Caprasecca A. The Contribution of Star Scientists to Overall Sex Differences in Research Productivity [J]. Scientometrics, 2009, 81 (1): 137-156.

Sax L J, Hagedorn L S, Arredondo M, et al. Faculty Research Productivity: Exploring the Role of Gender and Family-Related Factors [J]. Research in Higher Education, 2002, 43 (4): 423-446.

Evans H K, Bucy E P. The Representation of Women in Publication: An Analysis of Political Communication and the International Journal of Press/ Politics [J]. Political Science and Politics, 2010, 43(2): 295-301.

[5] Rothausen-Vange T J, Marler J H, Wright P M. Research Productivity, Gender, Family, and Tenure in Organization Science Careers [J]. Sex Roles, 2005, 53(9/10): 727-738.

究认为性别之间的科研产出并无差别。^① 大多数研究将女性科研人员相对较低的生产力归因于家庭因素，比如抚养子女等家庭负担，但是也有研究认为职称和薪酬方面的差异才是主要原因。^②

（3）职称：职称在高校和基础研究导向的科研机构代表着科研水平、地位和资源。初级职称、中级职称和高级职称的划分在国内外通行，只是名称不同。随着博士后队伍的不断扩大，博士后常常被视为低于或与初级职称（比如助理教授和助理研究员）相当。科研生产力影响因素的研究中职称是一个至关重要的学术性个体特征。许多研究都发现职称越高，科研人员掌握的学术资源（比如经费、研究生数量和助理数量）越多，对工作时间分配的控制越强，因此科研生产力更高。^③ 然而也有研究发现，控制了其他因素之后，职称对科研生产力的影响并不显著。^④

（4）学科：学科之间科研生产力的差异是最常被研究的学术性个体特征，无论是学科之间的比较，还是聚焦单一学科。比如，基于任职挪威大学的所有科研人员 4 年的发表论文数据，皮罗等人发现自然科学、医学和技术学科科研人员的发表论文总数更高，但是人文和社会科学学科科研人员的

① Davis J C, Patterson D M. Determinants of Variations in Journal Publication Rates of Economists [J]. The American Economist, 2001, 45 (1): 86-91.

Hesli V L, Lee J. Faculty Research Productivity: Why Do Some of Our Colleagues Publish More than Others? [J] Political Science & Politics, 2011, 44(2): 393-408.

② Sax L J, Hagedorn L S, Arredondo M, et al. Faculty Research Productivity: Exploring the Role of Gender and Family-Related Factors [J]. Research in Higher Education, 2002, 43 (4): 423-466.

③ White C S, James K, Burke L A, et al. What Makes a "Research Star"? Factors Influencing the Research Productivity of Business Faculty [J]. International Journal of Productivity and Performance Management, 2012, 61(6): 584-602.

Abramo G, D'Angelo C A, Di Costa F. Research Productivity: Are Higher Academic Ranks More Productive than Lower Ones? [J] Scientometrics, 2011, 88(3): 915-928.

Hedjazi, Y, Behravan J. Study of Factors Influencing Research Productivity of Agriculture Faculty Members in Iran [J]. Higher Education, 2011, 62 (5): 635-647.

④ Hu Q, Gill T G. IS Faculty Research Productivity: Influential Factors and Implications [J]. Information Resources Management Journal, 2000, 13(2): 15-25.

人均发表论文数更高。[①] 皮罗等人将这一差异归因于不同学科领域论文发表形式和署名规律的差异,并质疑学科之间科研生产力比较的恰当性。在美国,物理学科和健康医学学科的科研生产力普遍较高被归因于美国国立卫生研究院(National Institutes of Health,NIH)和自然科学基金(National Science Foundation,NSF)的集中资助。[②] 叶伟萍、梁文艳和胡咏梅发现中国C9大学22个学科基础科研生产力状况整体呈现提升趋势,但是计算机科学、环境科学/生态学、空间科学、物理学等服务于国家科技创新、国家发展转型和重大战略需求的学科及其交叉学科长期落后于世界平均水平。[③] 在前五批杰出海归的科研生产力影响因素分析中,学科也是重要的控制因素。[④]

(二)学术资本

学术资本在众多学术生产力的模型和影响因素研究中都处于核心地位。学术资本的界定和衡量方法各异。社会学领域常常将学术资本界定为社会资本的一类,是社会关系网络中的学术关系网络。学术资本在经济学领域是人力资本的拓展和延伸。科研生产力的科学计量学分析中,学术资本常常包括两个类别:博士学术培养和训练形成的学术资本和学术工作中累积的学术资本。

1. 博士学术培养和训练形成的学术资本

博士培养阶段形成的学术资本是最悠久和常见的科研生产力的核心影

[①] Piro F N, Aksnes D W, Rørstad K. A Macro Analysis of Productivity Differences Across Fields: Challenges in the Measurement of Scientific Publishing [J]. Journal of the American Society for Information Science and Technology, 2013, 64(2): 307-320.

[②] Sabharwal M. Comparing Research Productivity Across Disciplines and Career Stages [J]. Journal of Comparative Policy Analysis: Research and Practice, 2013, 15(2): 141-163.

[③] 叶伟萍,梁文艳,胡咏梅. C9大学基础科研生产力的国内外比较研究——基于20世纪80年代以来Web of Science论文收录信息的计量分析[J]. 华中师范大学学报(人文社会科学版),2015,54(3): 161-169.

[④] 魏立才,黄祎. 学术流动对回国青年理工科人才科研生产力的影响研究——基于Web of Science论文分析[J]. 高等工程教育研究,2020(1): 67-73.

响因素。在学术背景方面，许多国际流动的研究都证实博士毕业于欧美国家的高等教育和科研中心的科研人员生产力高于博士毕业于其他国家的科研人员。[1] 同样的，博士毕业于排名靠前的高校或系的科研人员的生产力也更高。[2] 这些研究结论被归因于排名靠前的高校和系更容易吸引到好的学生，提供前沿的学科科研训练，以及重视科研质量的学术职业社会化氛围[3]。然而也有研究发现科研生产力与科研人员的博士学源关联不大。在墨西哥，毕业于美国和欧洲高校的科研人员的学术产出不如毕业于墨西哥或其他国家的科研人员。[4] 在自然科学、工程和生物医学领域，马来西亚高校中具有海外博士学位的教师的科研生产力其至低于国内博士毕业的教师。经济学领域，博士毕业于一流大学的经济学家的发表论文总数未必就比博士毕业于一般大学的经济学家高。[5] 博士毕业于经济学排名一般的卡

[1] Leporia B, Seeberb M, Bonaccorsic A. Competition for Talent: Country and Organizational-Level Effects in the Internationalization of European Higher Education Institutions [J]. Research Policy, 2015, 44(3): 789-802.

Geuna A. Global Mobility of Research Scientists: The Economics of Who Goes Where and Why [M]. London: Academic Press, 2015.

[2] Blair B J, Shawler L, Debacher E, et al. Ranking Graduate Programs Based on Research Productivity of Faculty: A Replication and Extension [J]. Education and Treatment of Children, 2018, 41 (3): 299-318.

Barjak F. Research Productivity in the Internet Era [J]. Scientometrics, 2006(68): 343-360.

Sax L J, Hagedorn L S, Arredondo M, et al. Faculty Research Productivity: Exploring the Role of Gender and Family-Related Factors [J]. Research in Higher Education, 2002, 43 (4): 423-446.

Davis J C, Patterson D M. Determinants of Variations in Journal Publication Rates of Economists [J]. The American Economist, 2001, 45 (1): 86-91.

Hesli V L, Lee J. Faculty Research Productivity: Why Do Some of Our Colleagues Publish More than Others? [J]. Political Science & Politics, 2011, 44(2): 393-408.

[3] Rodgers J R, Neri F. Research Productivity of Australian Academic Economists: Human-Capital and Fixed Effect [J]. Australian Economic Papers, 2007, 46(1): 67-87.

[4] Gonzalez-Brambila C, Veloso F. The Determinants of Research Roductivity: A Study of Mexican Researchers [J]. Research Policy, 2007, 36(7): 1035-1051.

[5] Conley J P, Onder A S. The Research Productivity of New PhDs in Economics: The Surprisingly High Non-Success of the Successful [J]. Journal of Economic Perspectives, 2014, 28 (3): 205-216.

耐基梅隆大学的经济学家的科研生产力远超博士毕业于经济学排名顶尖的芝加哥大学、宾夕法尼亚大学、斯坦福大学和加州大学伯克利分校的经济学家。

2. 学术工作中累积的学术资本

和博士教育背景一致,前期学术工作累积的学术资本也与科研生产力密切相关,甚至更加直接。魏立才和黄祎发现回国前在美国工作的杰出海归,回国后发表论文数量以及发表论文被引次数都有所上升,但高被引论文数相对下降了[①]。他们的解释是科研人员在美国更容易受到高质量科研群体的关注,单篇论文的学术影响力更容易扩散。

(三)科研环境

科研环境在大多数的科研生产力理论模型中都是不可忽视的影响因素。科研环境包括科研系统的内部环境和外部环境两大方面。影响科研生产力的内部环境主要通过高校和科研机构的水平来衡量。有的研究发现科研团队的规模对科研成果有积极影响,影响效应呈边际递减特征。[②] 但也有研究发现实验室规模与科研绩效负相关。[③] 科研机构的文化与科研生产力之间密切相关。比如科研密集型或者科研导向的高校或院系,拥有更多的终身教职教师、更多科研明星、更高比例的教师专注于科研、更多的科研机会,所以科研成果更多。[④] 科研时间更多、本科教学压力更小的教师的科

---

① 魏立才,黄祎. 学术流动对回国青年理工科人才科研生产力的影响研究——基于 Web of Science 论文分析[J]. 高等工程教育研究,2020(1):67-73.

② Dundar H,Lewis D R. Determinants of Research Productivity in Higher Education [J]. Research in Higher Education,1998,39(6):607-631.

③ Carayol N,Matt M. Does Research Organization Influence Academic Production? Laboratory Level Evidence from a Large European University [J]. Research Policy,2004,33(8):1081-1102.

④ Dundar H,Lewis D R. Determinants of Research Roductivity in Higher Education [J]. Research in Higher Education,1998,39(6):607-631.

研成果也更多。^①科研机构的资源,包括经费、研究设备和设施、研究导向和文化都会影响科研生产力。比如以学校为分析单位,多项研究都发现中国高水平大学,比如"211 工程"大学和"985 工程"大学的国内和国际论文发表规模和增长率等与大学的人力、经费、设施设备等资源紧密相关。^②科研人员个体的生产力也与组织的环境因素,比如组织的目标和使命^③、规模^④、管理模式、文化氛围和人才队伍结构^⑤、研究支出^⑥以及有效领导力^⑦之间关

---

① Hesli V L, Lee J. Faculty Research Productivity: Why Do Some of Our Colleagues Publish More than Others? [J]. Political Science & Politics, 2011, 44(2): 393-408.

Carli G, Tagliaventi M R, Cutolo D. One Size Does Not Fit All: The Influence of Individual and Contextual Factors on Research Excellence in Academia [J]. Studies in Higher Education, 2019, 44(11): 1912-1930.

Cadez S, Dimovski S V, Groff M Z. Research, Teaching and Performance Evaluation in Academia: The Salience of Quality [J]. Studies in Higher Education, 2017, 42(8): 1455-1473.

② Zong X H, Zhang W. Establishing World-Class Universities in China: Deploying a Quasi-Experimental Design to Evaluate the Net Effects of Project 985 [J]. Studies in Higher Education, 2019, 44(3): 417-431.

Zhang L, Bao W, Sun L. Resources and Research Production in Higher Education: A Longitudinal Analysis of Chinese Universities, 2000-2010 [J]. Research in Higher Education, 2016, 57(7): 869-891.

③ Shin J C, Cummings W K. Multi-Level Analysis of Academic Publishing Across Discipline: Research Performance, Collaboration, and Time on Research [J]. Scientometrics, 2010, 85 (2): 582-594.

④ Rey-Rocha J, Martín Sempere M J, Garzon B. Research Productivity of Scientists in Consolidated Vs. Non-consolidated Teams: The Case of Spanish University Geologists [J]. Scientometrics, 2002, 35(1): 137-156.

⑤ Smeby J, Try S. Departmental Contexts and Faculty Research Activity in Norway [J]. Research in Higher Education, 2005, 46(6): 593-619.

Beerkens M. Facts and Fads in Academic Research Management: The Effect of Management Practices on Research Productivity in Australia [J]. Research Policy, 2013, 42(9): 1679-1693.

Barner J R, Holosko M J, Thyer B A, et al. Research Productivity in Top-Ranked Schools in Psychology and Social Work: Does Having a Research Culture Matter? [J]. Journal of Social Work Education, 2015, 51(1): 5-18.

⑥ Zhang L, Ehrenberg R G. Faculty Employment and R&D Expenditures at Research Universities [J]. Economics of Education Review, 2010, 29(3): 329-337.

⑦ Bland C J, Center B A, Finstad D, et al. A Theoretical, Practical, Predictive Model of Faculty and Department Research Productivity [J]. Academic Medicine, 2005, 80(3): 225-237.

系紧密。

科研系统的外部环境主要通过高校和科研机构所处地区的经济社会发展水平来衡量。处于边缘和经济欠发达地区的高校,因为外部环境和条件的劣势,即便提高物质和无形条件,在人才竞争中依然落于下风。[1] 欧盟国家之间高等教育和科研体制的差异对于科研生产力的影响在欧盟的一体化发展政策和进程中备受瞩目。[2] 国内不同地区之间经济社会发展水平的差异对于高校人才聘任和队伍建设带来的物质和无形条件方面的影响也不可忽视。中国教育部直属高校的人才聘任类别的偏好,比如聘任新毕业博士生还是有经验的专任教师,就在东部、中部和西部之间存在显著差异。[3] 针对杰出海归的政策效应分析,孟华发现单位地理位置等非政策因素也影响了"985 工程"高校前五批杰出海归的学术表现。[4]

第四节　高层次中青年骨干教师的科研生产力

中国普通高校教师在国内自主培养和国际化的双重政策的推动之下,队伍规模和水平均取得了跨越式的大发展。"海外高层次人才引进计划"中的"青年人才计划项目"集高层次、国际化、年轻化三大特点于一身。该计划实现其吸引海外高层次人才回国,并资助他们成长为各自领域的学术技术

① Ortiga Y Y, Chou M H, Wang J. Competing for Academic Labor: Research and Recruitment Outside the Academic Center [J]. Minerva, 2020, 58(4): 607-624.

② European Commission. Third European Report on Science & Technology Indicators 2003: Towards a Knowledge-Based Economy [R]. Brussels: European Commission, 2003.

③ Wang L H. Newbie or Experienced: An Empirical Study on Faculty Recruitment Preferences at Top National HEIs in China [J]. Studies in Higher Education, 2022, 47(4): 783-798.

④ 孟华. "青年千人计划"对入选者学术表现的影响——以 985 高校前五批入选者为例[J]. 中国人力资源开发, 2019, 36(10): 80-92.

带头人了吗？该计划实施成效的研究不少，然而结论并不一致。

大多数文献计量分析结果都表明"杰出海归计划"在提升杰出海归科研成果和绩效表现方面有积极效果。赵俊芳和叶甜甜基于"985 工程"高校前五批杰出海归在科学网、中国知网和工程索引（Engineering Village）数据库的论文发表数据，发现杰出海归在引进前后的学术生产力和影响力都有明显提高。① 他们采用的指标包括 EI、SCI-E、SSCI 及 CSSCI 发文量，对应被引量，引进前后论文量比值和个体年平均被引指数等。杨芳娟和刘云根据文献计量分析发现，杰出海归回国后整体具有较强的学术生产力和影响力。② 孟华以原"985 高校"前五批杰出海归为对象，采用准实验研究设计，将第一批作为实验组，第五批作为对照组，比较两组杰出海归在发表论文和专利两个方面的学术表现③。孟华的研究结论认为"杰出海归计划"对杰出海归的学术生产力提升产生了显著的正向影响，而学科、职称和单位地理位置等非政策因素也影响了杰出海归的学术表现。魏立才和黄祎基于科学网论文数据，发现杰出海归回国后科研表现的影响比较复杂。海归回国这类学术流动本身不仅不会使杰出海归的科研生产力提高，而且会因为适应性和调整成本问题，使其出现短期科研生产力下降的结果。④ 不过长期来看，杰出海归在适应国内科研环境后，论文发表规模扩大，论文发表质量整体得到了提高。

但是也有研究结论显示"杰出海归计划"的实施效果并不理想。比如孙伟、任之光和张彦通以前三批杰出海归为样本，比较他们引进前后的 SCI-E论文发表数量，发现只有 40％的杰出海归在引进后 3 年的 SCI-E 论文总数

---

① 赵俊芳，叶甜甜."千人计划"入选者学术发展力的计量学研究——基于"985 工程"高校前五批入选者[J].中国高教研究，2014，30(11)：43-48.

② 杨芳娟，刘云.青年高层次人才引进特征与质量分析[J].科研管理，2016，37 (S1)：238-246.

③ 孟华."青年千人计划"对入选者学术表现的影响——以 985 高校前五批入选者为例[J].中国人力资源开发，2019，36(10)：80-92.

④ 魏立才，黄祎.学术流动对回国青年理工科人才科研生产力的影响研究——基于 Web of Science 论文分析[J].高等工程教育研究，2020(1)：67-73.

超过了引进前 3 年,16.7％的杰出海归引进后 3 年的论文数量与引进前 3 年持平,43.3％的杰出海归引进后 3 年的论文数量少于引进前 3 年。[1] 他们将杰出海归回国后论文发表数下降归因于杰出海归回国后 3 年仍然处于调整适应期或受限于论文发表/被索引周期的影响。然而,大部分"杰出海归计划"的各种效应分析都缺少了一个关键的要素,即恰当的对照组。

一、研究问题与假设

"杰出海归计划"的目标是吸引科研领域同龄人中的海外拔尖人才回国,并资助他们成长为自然科学研究学术技术带头人。上一章的分析表明,杰出海归在学术培养(博士)和海外学术工作经历等方面较好地体现了选拔条件。本节将在前人研究的基础上,通过与对照组的比较,分析四个研究问题:(1)杰出海归人才选拔的是科研领域同龄人中的海外拔尖人才吗? 除了博士学位与海外学术工作经历之外,杰出海归的科研生产力规模和影响高于其他同龄人吗?(2)杰出海归回国后的科研生产力规模和影响高于同龄人吗?(3)杰出海归的科研生产力规模和影响受到"杰出海归计划"之外哪些因素的干扰?(4)杰出海归的科研生产力规模和影响在不同水平的高校、不同地区和不同学科有差异吗? 相对应地,本节将通过实证研究检验以下研究假设:

假设 3.1　杰出海归的科研论文规模、贡献和影响力均值高于对照组成员。

假设 3.2　"杰出海归计划"对杰出海归的科研论文规模、贡献和影响力形成正向效应。

3.2.1 "杰出海归计划"对杰出海归的论文篇数形成正向效应。

---

① 孙伟,任之光,张彦通.海外高层次青年人才引进现状分析:以青年千人计划为例[J].中国科学基金,2016(1):80-84.

3.2.2 "杰出海归计划"对杰出海归的论文均分数形成正向效应。

3.2.3 "杰出海归计划"对杰出海归的论文差分数形成正向效应。

3.2.4 "杰出海归计划"对杰出海归的加权论文篇数形成正向效应。

3.2.5 "杰出海归计划"对杰出海归的加权论文均分数形成正向效应。

3.2.6 "杰出海归计划"对杰出海归的加权论文差分数形成正向效应。

假设 3.3 "杰出海归计划"的正向效应受到个体特征、学术资本和学术环境等协变量的影响。

假设 3.4 "杰出海归计划"的正向效应在不同水平的高校、不同地区的高校、不同学科均成立。

3.4.1 "杰出海归计划"对任职于不同水平高校的杰出海归的加权论文差分数有正向效应。

3.4.2 "杰出海归计划"对任职于不同地区高校的杰出海归的加权论文差分数有正向效应。

3.4.3 "杰出海归计划"对不同学科的杰出海归的加权论文差分数有正向效应。

（一）因变量

任何一种科研生产力的计量方式都不完美。整数计量法容易导致计量结果通胀。主要贡献作者计量法只考虑主要贡献作者，不考虑其他作者，容易导致分配不均、挫伤科研合作的积极性。均分计量法的平均化偏倚可能使次要作者以主要贡献作者为代价而获利。参考自然指数的多元计量方法，本书构建了 6 个因变量分别从不同角度衡量发表科研论文的规模和影响力（见表 3.3）。因变量的计算基于科研论文的数量、作者数、作者贡献和排序位次，以及被引次数等信息。公开文献数据库中能够满足所有数据条件的只有期刊论文一项,所以本书的科研成果仅限于统计期刊论文一项。

表 3.3　衡量科研论文的规模和影响力的因变量

变量名称	定义	衡量方法	衡量侧重
LnWCT	论文篇数	整数计量法:1 篇论文计 1 分,无论作者数量,每位作者获得相同的 1 分	规模
LnFCT	论文均分数	均分计量法:1 篇论文计 1 分,作者数量为 N,每位作者获得的分值为 1/N 分	规模与贡献
LnDCT	论文差分数	差分计量法[b]:1 篇论文计 1 分,其中第一作者计 0.5 分,通讯作者均分 0.3 分,其他作者无论位次均分 0.2。如果没有通讯作者,第一作者计 0.8 分	规模与主要贡献
LnWCTW	加权论文篇数	论文篇数 * 篇均被引次数[c]	规模与影响
LnFCTW	加权论文均分数	论文均分数 * 篇均被引次数[c]	规模、贡献与影响
LnDCTW	加权论文差分数	论文差分数 * 篇均被引次数[c]	规模、主要贡献与影响

注:a.所有因变量计算均采用年均的方式,并经过自然对数转换。

b.差分计量法。有通讯作者计分方式:第一作者 0.5+通讯作者均分 0.3+其他作者均分 0.2。无通讯作者计分方式:第一作者 0.8+其他作者均分 0.2。

c.影响力权重:篇均被引次数。计算方法是每篇论文的被引次数总数除以被引区间。被引区间等于论文发表年份与论文检索年份(2021 年或 2022 年)之差。

本书中,科研论文规模和影响力评价指标主要根据期刊论文篇数、作者署名和被引次数等数据构建,遵循两条基本原则。

原则 1:每篇论文的最高得分为 1 分。

原则 2:每篇论文的价值和贡献分配到所有的署名作者。

因变量中,科研论文规模的 3 个变量分别采用整数计量法、均分计量法和主要贡献差别计量法(简称"差分计量法")计算。整数计量法和均分计量法假设所有作者的贡献相同。差分计量法是主要贡献作者计量法和递减式分数计量法的结合,基本假设是每篇论文中第一作者贡献最大、通讯作者的贡献次之、其他作者无论排序位次贡献相同。与均分计量法相比,差分计量法突出第一作者和通讯作者的贡献。差分计量法的设计针对的是中国高校专任教师聘任和职称评审时采用的论文评价方式。中国高校专任教师在关键的聘任和职称评审考核时,论文的评价因本人署名位次而差异悬殊。有研究发现,89.5%的高校在长期聘任考核时,仅统计第一作者或通讯作者的论文。[①] 对于作者总数规模较大(比如 90 人以上)的作者群体,差分计量法与均分法的差距小于 0.01 分。但是对于作者总数在 7 人及以下的,如果采用差分计量法,非第一作者的得分比采用均分计量法下降 0.1 分以上,而且作者人数越少,得分值下降越多。因变量中,衡量科研论文影响力的 3 个变量分别是加权论文篇数、加权论文均分数和加权论文差分数。权重为影响力评价最常用也是最基本的论文在其他成果中的篇均被引次数。

因变量的衡量方法反映了本书对科研论文的规模、贡献和影响力三个方面的衡量侧重差异。如表 3.3 所示,论文篇数仅衡量规模,论文均分数兼顾规模和贡献,论文差分数在规模基础上突出主要贡献。加权论文篇数、加权论文均分数和加权论文差分数通过上述 3 个规模变量的篇均被引次数加权来衡量科研论文的影响力。

(二)协变量

根据布兰德等人的三因素模型和前人文献,本研究采用个体特征、学术资本和现任高校科研环境三类协变量控制"杰出海归计划"对科研生产力规模和影响力的作用。

1. 个体特征

个体特征包括杰出海归和对照组成员的学科和在现任单位的学术职称。性别在多项研究中被证实对以个体为分析单位的科研生产力的影响显

---

① Shu F, Quan W, Chen B, et al. The Role of Web of Science Publications in China's Tenure System [J]. Scientometrics, 2020, 122(3): 1683-1695.

著。女性科研人员的科研生产力常常低于男性科研人员的科研生产力,但是本研究样本中性别比例严重失衡,杰出海归组的女性样本数仅占 11%,对照组的女性样本数也只占 12%,而且性别变量在各模型中影响均不显著,因此性别未纳入模型当中。

学科是科研生产力研究中最受关注的影响因素,也是实证研究检验最多、争议最集中的一个影响因素。① 学科之间因为科研模式、科研惯例以及科研论文署名方式的差异,科研生产力的计量结果存在明显差异。

科研人员的学术职称被视为个体学术水平和学术资源的综合性指代指标。学术职称不同,科研人员对科研论文署名的态度和行为都存在显著差异。② 比如,有研究根据问卷调查发现,职称越低的科研人员,越认为第一作者对论文的贡献更大;而职称越高的科研人员,越认为通讯作者对论文的贡献更大。③ 他们还发现,职称越低的科研人员越容易接受"共同第一作者"的合理性,而职称越高,却对此越持谨慎态度。这表明不同职称的科研人员对第一作者、通讯作者和共同第一作者的判断意向与其在论文中的客观角色是一致的,但是他们都倾向于承认自己角色的合理性。这也为考虑作者合作这一因素,对个人层面的引用影响力(citation impact)评价提出了更多的挑战。孟华的研究也证实职称是影响杰出海归学术表现的关键非政策因素之一。④

2. 学术资本

教育学、经济学和社会学等社会领域的诸多理论均强调过往成就和表

---

① 孟华."青年千人计划"对入选者学术表现的影响——以 985 高校前五批入选者为例[J].中国人力资源开发,2019,36(10):80-92.

② 孟华."青年千人计划"对入选者学术表现的影响——以 985 高校前五批入选者为例[J].中国人力资源开发,2019,36(10):80-92.

③ Du J, Tang X. Perceptions of Author Order Versus Contribution Among Researchers with Different Professional Ranks and the Potential of Harmonic Counts for Encouraging Ethical Co-authorship Practices [J]. Scientometrics, 2013, 96(1): 277-295.

④ 孟华."青年千人计划"对入选者学术表现的影响——以 985 高校前五批入选者为例 [J].中国人力资源开发,2019,36 (10): 80-92.

现对当下成就和表现的直接和间接影响。科研生产力的文献计量分析也充分证明了科研人员的学术资本的重要影响。本研究对学术资本的界定为宽泛的前期学术关系和学术成就，包括博士培养和学术工作两个阶段。博士研究生阶段的学术训练和培养被普遍视为学术职业生涯的起点和基础。博士毕业国家和院校的科研水平在一定程度上反映了科研人员的学术基础、学术习惯、学术关系网。实证研究成果也表明博士毕业国家和院校水平对科研人员聘任、职称晋升、终身教职以及科研生产力的影响显著。博士毕业之后的学术工作经历更是普遍被视为代表着直接的学术经验积累和学术关系网的建立和维持，对科研生产力形成显著影响。

　　本研究对博士期间学术资本的衡量采用 4 个变量。海外留学时间以年为单位计算。博士毕业院校所在国家和地区是分类变量。

　　因为因变量是科研成果，博士毕业院校的水平采用科研水平指标衡量。本研究采用荷兰莱顿大学发布的莱顿科研排名来衡量院校的科研水平。莱顿科研排名是荷兰的莱顿大学科学技术研究中心（Centrum voor Wetenschap en Technologische Studies，CWTS）发布的根据文献计量指标建立的全球大学科研排名。本研究采用莱顿科研排名基于两个原因：一是莱顿科研排名数据主要基于科学网数据库，与本研究的数据来源一致；二是莱顿科研排名对中国高校的覆盖面比较广，本样本所有高校都在排名名单之中。本研究选择了莱顿科研排名的 2 个指标：高校的科研成果被引次数均值和高校科研成果被引次数进入被引次数排名前 10％的比例。前者衡量一所高校的平均科研水平，而后者衡量一所高校的最高科研水平。这两个指标都是连续性的等比数据。为了区分和比较的简洁，本研究采用四分位法将它们转换为等级变量，分为 4 个等级，1 代表最低 25％，2 代表 75％至 50％，3 代表 50％至 25％，4 代表最高 25％。

　　如果说博士期间的学术训练对日后的科研生产力有直接或间接影响，过往学术工作经历对科研生产力的直接影响则拥有更多的实证研究的支撑,包括杰出海归的相关研究。[1] 学术工作经历通过 5 个变量来衡量。首先,海外工作时间以年为单位衡量。研究假设是海外学术工作时间越久,学术成就和关系网络等资本积累越多,对回国后的科研生产力影响越大。其次,海外学术工作所在国家和工作高校的莱顿科研排名的衡量方式和上述博士期间变量一致。最后,海外学术职称以博士后、中级职称、副高职称和正高职称四个等级衡量。

3. 科研环境

科研环境协变量包括现任高校的水平和高校所处的地区。理论模型和前人研究均表明科研环境对科研成果具有关键影响,而科研环境中最重要的是科研资源(包括经费、仪器设备和设施)与科研水平,通常以某个评价和排行榜指标衡量。中国高校的整体水平,包括科研水平,更多地采用"双一流""985 工程"和"211 工程"等高校重大建设工程加以区分。中国对高校重点建设工程的长期巨额投入常常被用以衡量高校的整体资源和水平。杰出海归任职高校的水平对于他们的科研生产力的影响在以往文献中表现复杂。[2]

尽管教育部官方声明已将"211 工程"和"985 工程"等重点建设项目统筹为"世界一流大学和一流学科"建设,但因为样本覆盖面的需求,本研究依然采用"211 工程""985 工程",以及 C9 高校联盟这三个相互关联的项目作为划分高校水平的依据。其中,C9 高校联盟是中国首个顶尖大学间的高校联盟,于 2009 年 10 月正式启动。C9 高校全部是中国首批"985 工程"重点建设的一流大学,包括北京大学、清华大学、哈尔滨工业大学、复旦大学、上海交通大学、南京大学、浙江大学、中国科学技术大学、西安交通大学共 9 所

① 魏立才,黄祎.学术流动对回国青年理工科人才科研生产力的影响研究——基于 Web of Science 论文分析[J].高等工程教育研究.2020(1):67-73.
② 魏立才,黄祎.学术流动对回国青年理工科人才科研生产力的影响研究——基于 Web of Science 论文分析[J].高等工程教育研究,2020(1):67-73.

高校。"985 工程"是指中国共产党和中华人民共和国国务院在 1998 年为建设具有世界先进水平的一流大学而实施的重大建设工程。本研究中的"985 工程"高校包括除 C9 之外的其他 30 所高校。"211 工程"是国务院于 1995 年 11 月正式启动，面向 21 世纪，重点建设 100 所左右的高校和一批重点学科的建设工程。"211 工程"高校逐步增加到 112 所。

中国行政地区在统计汇报中常常被划分为西部、东北、中部和东部四个地区。西部、东北、中部和东部四个地区同时也在一定程度上反映了经济发展水平和财政投入、支出水平的差异。和许多前人研究一致，本研究也用这四个地区指代高校所在地区的外部经济环境和水平。[①]

二、研究样本

本书的研究样本代表着中国普通高校高层次中青年骨干教师，由杰出海归组和对照组构成。本研究与以往的"杰出海归计划"的政策效应研究的最大区别在于构建了匹配的对照组。对照组的控制和比较是提高自然实验政策效应估计准确性、减少误差的最关键手段，也是本研究最有价值的贡献之一。

（一）实验处理组——杰出海归组

"杰出海归计划"是 2011 年中组部开始实施的中国层次最高、时间最悠久、影响面最广的海外高层次青年人才政策。该政策于 2021 年更改为国家自然科学基金优秀青年科学基金项目（海外）。迄今为止，"杰出海归计划"代表着中国海外高层次青年人才资助政策的最高层级，杰出海归人才是中国重点培养的普通高校中青年骨干教师与学术带头人。杰出海归的选拔条件和程序显示其成员选择并非随机，而且竞争性非常强。因此，杰出海归计

① 孟华."青年千人计划"对入选者学术表现的影响——以 985 高校前五批入选者为例[J].中国人力资源开发，2019,36(10):80-92.

划的实施情境是典型的自然实验情境。普通高校专任教师中仅一小部分入选为杰出海归,成为实验对象,而其他的普通高校专任教师成为对照组成员。

政策对科研生产力的影响需要时间的检验,所以研究样本的杰出海归仅包括第一批至第五批的成员。第一批至第五批杰出海归主要集中于2011年到2015年之间回国。2015年回国的第五批杰出海归,其发表科研论文时间按滞后一年计算,"杰出海归计划"资助期(五年)于2021年结束,正好是发表论文检索的最后一年。本研究选取577名任职于普通高校的杰出海归为样本。

(二)对照组

对照组成员的筛选根据两个基本条件:科研领域,即学科;"同龄",即学术职业发展阶段。

首先,杰出海归名单所列的学科领域是宽泛的学科领域,比如生命科学等。近年来,高校专任教师的学科归属在交叉学科、多学科和跨学科激励政策的影响下,越来越多元化。因此,对照组成员的筛选,最先从杰出海归任职的系、研究所或中心选择学科或研究领域相同或相近的人员。如果同一系、研究所或中心没有,则扩大到同一学院的相近学科搜索。根据杰出海归任职单位搜索对照组成员,也兼顾了现任单位的科研条件、内外环境的可比性。

其次,同龄人中的"同龄"指的是学术职业发展阶段相同,而非自然年龄。因此,对照组成员筛选的第二个基本条件是博士毕业年份。博士期间的科研训练和培养是科研职业生涯的起点。大量的研究文献都表明博士经历对学术职业生涯各个方面的重要和长期影响,比如博士毕业院校对学术职位聘任的关键作用、博士研究经历和成果对日后科研表现短期和长期的影响等。①
对照组成员筛选的条件是其博士毕业年份与对比的杰出海归前后相差不超
过 2 年。博士毕业年份相当代表了学术年龄、学术发展阶段相当。

对照组成员需同时满足学科和学术发展阶段相近这两个基本条件。这
两个基本条件中学科相近优先于学术发展阶段相近。如果学科相近条件符
合，学术发展阶段条件不符合的，则放宽条件至博士毕业前后 4 年内。如果
学科条件相近，或者两个条件都不符合，则在相同水平的高校的同一学科选
择学术发展阶段相近并且职称相同（学术水平控制）的人员。目标是为每一
位杰出海归找到至少一名对比对象。

再次，如果同时满足学科和学术发展阶段相近这两个基本条件的人有
多个，则进一步根据海外学术经历，比如博士毕业国家和机构、海外学术工
作国家和机构等，进行匹配。

最后，对照组成员筛选时，也注意筛选了一部分没有海外留学和学术工
作经历，但是任职于相同系、博士毕业时间和现任职称与杰出海归一致的人
员。目的是比较国内和海外学术经历与环境对科研生产力的影响。

本书的研究样本具有以下五大特征：

高层次：杰出海归代表着海外归来的高层次人才，按照其学术特征筛选
的也是高校中的高层次人才。

中青年：杰出海归回国时均在 40 周岁以下，杰出海归和对照组成员的
博士毕业年份均在 2000 年及以后。

国际化：样本中科研人员的国际化程度（国外博士毕业或者有 2 年以上

---

① Li W H, Aste T, Caccioli F, et al. Early Coauthorship with top Scientists Predicts Success
in Academic Careers [J]. Nature Communications, 2019, 10(5170): 1-9.

Daud A, Abbasi R, Muhammad F, et al. Finding Rising Stars in Bibliometric Networks [J].
Scientometrics, 2020, 124(1): 633-661.

Tie Y, Wang Z. Publish or Perish? A Tale of Academic Publications in Chinese Universities
[J]. China Economic Review, 2022(73): 101769.

连续留学、学术研究经历)普遍较高。因为海外学术经历是入选杰出海归的必要条件,而对照组成员在筛选时也偏重海外学术经历。

骨干:杰出海归回国即担任 PI,是重点培养的骨干教师,对照组的成员也具备副高级以上职称,是所在高校的骨干教师。

自然科学:第一至第五批杰出海归的学科限定于工程与材料科学、生命科学、信息科学、环境与地球科学、化学、物理、数学和天文学这 8 个自然科学学科,对照组的成员也限定于这 8 个学科。

综上所述,本样本代表着中国普通高校的高层次中青年骨干教师。他们的科研生产力表现对中国普通高校的专任教师也许不具备普遍代表性,但是具有较强的示范性。

(三)样本容量与分布

由于一部分杰出海归有一个以上的匹配对象,所以最终样本中对照组成员数量(759 人)大于杰出海归数量(577 人)。整体上,杰出海归组和对照组在现任职称、现任高校水平和国内地区等方面的分布基本一致。对照组和杰出海归组在博士毕业国家、海外学术工作国家和海外职称三个变量上的差异显著,可以对比国内和国外学术培养和工作经历对科研生产力的影响。

"杰出海归计划"早期资助对象仅限于自然科学学科,样本中杰出海归分布于 8 个自然科学学科,对照组学科与之类似。杰出海归和对照组样本在学科之间的分布比例基本一致,工程与材料、生命科学和信息科学占总数的三分之二(见表 3.4)。样本中工程与材料科学的杰出海归现任单位规模相对较大,匹配对象的数量较多,所以工程与材料科学的对照组成员的占比明显高于杰出海归组。

表 3.4　杰出海归和对照组样本的学科分布

学科	工程与材料	生命科学	信息科学	环境与地球	化学	物理	数学	天文
杰出海归组	169(29%)	132(23%)	78(14%)	46(8%)	68(12%)	62(11%)	17(3%)	5(1%)
对照组	281(37%)	199(26%)	47(6%)	47(6%)	88(12%)	68(9%)	19(3%)	10(1%)
全部	450(34%)	331(25%)	125(9%)	93(7%)	156(12%)	130(10%)	36(3%)	15(1%)

表 3.5 显示,杰出海归和对照组成员现在的职称匹配度比较高。目前,正高职称的杰出海归和对照组成员占比均超过 90%。信息检索期间(2019年),6 名中级职称的杰出海归均在职称评审过程中。由此可见,样本成员基本上都已经成长为中国高校的高级职称骨干人才。回国前,杰出海归在海外学术机构的职称以博士后为主(63%),助理教授和讲师等中级职称占16%,副高职称占 5%,正高职称占 16%。对照组成员中仅 64% 有海外学术工作经历,而有海外学术工作经历的绝大多数担任博士后。

表 3.5　杰出海归和对照组样本的现任职称分布

样本	回国前海外职称或职位					现在职称		
	博士后	中级	副高	正高	缺失	中级	副高	正高
杰出海归组	365(63%)	92(16%)	26(5%)	94(16%)	0	6(1%)	38(7%)	533(92%)
对照组	409(54%)	30(4%)	27(4%)	20(3%)	273(36%)	7(1%)	62(8%)	690(91%)
全部	774(58%)	122(9%)	53(4%)	114(9%)	273(20%)	13(1%)	100(7%)	1223(92%)

注:如果回国前拥有多个职称,以回国前最后一个职称为准。现任职称以信息检索时最后职称为准。

表 3.6 显示,杰出海归任职的高校绝大多数是高水平高校。任职于最高水平的 C9 院校的杰出海归占 52%,任职于"985 工程"和"211 工程"的分别占 31% 和 11%,仅 6% 任职于一般高校。对照组成员任职高校的分布与杰出海归类似。

表 3.6 杰出海归和对照组样本的现任高校水平分布

高校水平	C9	985 工程	211 工程	一般
杰出海归组	300(52%)	179(31%)	63(11%)	35(6%)
对照组	342(45%)	262(35%)	100(13%)	55(7%)
全部	642(48%)	441(33%)	163(12%)	90(7%)

在任职高校所处的国内地区分布上,杰出海归组和对照组比较接近,70%左右位于经济水平比较发达的东部地区,20%左右位于中部地区,7%或10%位于西部地区,东北地区最少仅占3%和2%(见表3.7)。

表 3.7 杰出海归和对照组样本在国内地区之间的分布

地区	东部	中部	东北	西部
杰出海归组	403(70%)	117(20%)	15(3%)	42(7%)
对照组	509(67%)	158(21%)	15(2%)	77(10%)
全部	912(68%)	275(21%)	30(2%)	119(9%)

在博士学位授予单位所在国家方面,杰出海归组大多数毕业于以英语为母语的国家(50%),毕业于日本、韩国和新加坡等亚洲其他国家的占7%,毕业于欧洲和其他国家的占6%(见表3.8)。杰出海归组中有37%毕业于中国高校,其中一小部分是和国外大学联合培养的。对照组成员大多数毕业于中国高校(75%),还有18%毕业于以英语为母语的国家。

表 3.8 杰出海归和对照组样本的博士毕业国家或地区分布

样本	中国	亚洲其他国家[a]	英语母语国家[b]	欧洲和其他国家[c]	总计
杰出海归组	214(37%)	43(7%)	288(50%)	32(6%)	577
对照组	570(75%)	28(4%)	139(18%)	22(3%)	759
全部	784(59%)	71(5%)	427(32%)	54(4%)	1336

注:a. 亚洲其他国家包括日本、韩国和新加坡。

b.英语母语国家包括澳大利亚、加拿大、爱尔兰、新西兰、英国和美国。

c.欧洲国家包括奥地利、比利时、丹麦、法国、德国、意大利、荷兰、波兰、葡萄牙、西班牙、瑞典和瑞士,其他国家包括以色列、俄罗斯和沙特阿拉伯。

杰出海归和对照组成员在海外学术工作所在的国家的差别也比较明显。首先,杰出海归全部都有海外学术工作经历,这是选拔条件之一。杰出海归的海外学术工作绝大多数是在英语母语国家(80%),其余的在欧洲或亚洲等其他国家和地区。对照组成员中有1/3左右无海外学术工作经历。有海外学术工作经历的对照组成员大部分也曾任职于以英语为母语国家,在欧洲和亚洲其他国家和地区任职的占少数。

三、面板数据

面板数据根据样本成员和科研论文发表年均数据构建,包括两方面数据。一是实验处理("杰出海归计划"实施)、组别(处理组和对照组)和协变量。协变量的数据来自杰出海归名单公示时公布的信息,以及杰出海归和对照组成员任职单位官网公布的信息。二是"杰出海归计划"处理前后,按发表年份计算的科研论文规模和影响力均值。面板数据的政策时间分为"杰出海归计划"实施前3年和"杰出海归计划"实施后5年。政策前后的划分根据杰出海归正式回国的年份确定。杰出海归回国当年为政策初始年份。政策前衡量3年是因为杰出海归选拔条件之一是"3年以上的海外科研工作经历"。政策后选择5年是因为杰出海归资助期一般为5年。完整的政策时间一共8年。由于科研成果出版通常需要时间,政策时间(年份)的计算根据论文发表年份滞后一年。比如,一名杰出海归2012年回国,面板数据的政策干预前3年包括2010年、2011年和2012年,政策干预后5年包括2013年、2014年、2015年、2016年和2017年。对照组成员的政策时间按照他们回国的年份计算。如果对照组成员没有恰当的回国年份,则采用其对照的杰出海归的政策时间。

基于样本特征、数据的公开可获得性、信息的覆盖面(比如被引次数)以及成本的考虑,本书对发表科研成果的统计仅限于科学网核心数据库收录的同行评议期刊论文(article)和会议论文(article:proceedings paper)。首先,本样本中的杰出海归及其对照组成员全部任职于高校,以从事自然科学学科的基础研究为主。同行评议的期刊论文是自然科学学科基础科研成果中最主要的正式学术交流形式。[①] 美国心理学协会(American Psychological Association)出版手册(2020 年)指出"同行评议的期刊上发表的科研论文是最广泛的正式学术交流的形式"(第 3 页)[②]。因为本样本局限于自然科学学科,所以不同学科的科研成果形式的差异性和公平性问题在一定程度上有所缓解。其次,同行评议的期刊论文是文献数据库的最主要成果形式,信息覆盖面最全,包括篇数、作者、引用等各类科研生产力规模和影响分析所需的信息。最后,同行评议本身是学术界通用的质量审核和保障方式,是对科研成果质量的基本保障。另外,作为另一种质量控制,面板数据也仅限于科学网的核心数据库。由于第一批杰出海归主要于2011 年回国,本样本收集的科学网核心数据库收录论文时将时间段限定于2008 年 1 月 1 日到 2021 年 12 月 31 日。

本样本的数据局限于科学网数据库的论文有三个原因。第一,本书的研究目标之一在于评价"杰出海归计划"的实施效果。"杰出海归计划"的前后效果对比中,政策前的科研论文主要发表于英文期刊。出于政策前后的可比性,本书将科研论文的来源局限于英文期刊。第二,中国普通高校对高层次人才的科研成果评价尤其重视科学网数据库收录的论文。[③] 科学网数据库收录的论文对中国高校专任教师的聘任和职称评审意义重大,是长期

① American Psychological Association. Publication Manual of the American Psychological Association (7th ed) [M]. Washington, D. C.: American Psychological Association, 2020: 3.

② American Psychological Association. Publication Manual of the American Psychological Association (7th ed) [M]. Washington, D. C.: American Psychological Association, 2020: 3.

③ Quan W, Chen B, Shu F. Publish or Impoverish: An Investigation of the Monetary Reward System of Science in China (1999—2016) [J]. Aslib Journal of Information Management, 2017, 69(5): 486-502.

王凌峰.美式终身教职:战后变革与中国实践 [J].高校教育管理,2013,7(3):83-89.

杨海怡.高校"非升即走"人事制度改革探析[J].教育发展研究,2014,34(11):81-84.

聘任岗位,即副高职称评审的最重要条件。[①] 第三,科学网数据库提供的发表论文的被引次数信息,是科研影响和显示度的基础数据。本研究未考虑自引,因为有研究发现自引对引用分析的影响并不大。随着论文合作作者数量的增加,以及合作论文与被引次数之间的正相关关系,自我引用的作用和影响引发了普遍的关注。[②] 自我引用的频率是否会随着论文合作作者数量的增长而增长?自我引用频率的增长是否会导致基于被引次数的科研影响力的虚高?整体上,葛兰泽等人发现论文署名作者数量增加,并不会导致自我引用的大幅度提高。[③] 具体而言,论文署名作者数量的增加,的确会提高自我引用的数量,但是自我引用数量的增加远低于他人引用数量的增加,并不会导致引用分析的虚高。

中国普通高校高层次中青年骨干教师的科研生产力规模和影响的量化统计分析结果包括:(1)描述性统计结果;(2)面板数据混合回归模型检验科研生产力规模和影响的解释变量;(3)进一步采用双重差分(Differences-in-Differences,简称 DID)模型和倾向得分匹配(Propensity Score Matching,简称 PSM)模型严格验证"杰出海归计划"对高层次中青年骨干教师的科研生产力规模和影响力的效应。

四、科研生产力:描述性统计结果

描述性统计结果显示,政策前(回国前)杰出海归组的科研论文规模的均值都略低于对照组的科研论文数量的均值,无论是论文篇数(WCT)、论文均分数(FCT),还是论文差分数(DCT)(见表 3.9)。但回国后,杰出海归

①　Shu F, Quan W, Chen B, et al. The Role of Web of Science Publications in China's Tenure System [J]. Scientometrics, 2020, 122(3): 1683-1695.

②　Persson O, Glänzel W, Danell R. Inflationary Bibliometric Values: The Role of Scientific Collaboration and the Need for Relative Indicators in Evaluative Studies [J]. Scientometrics, 2004, 60(3): 421-432.

③　Glänzel W, THIJS B. Does Co-authorship Inflate the Share of Self-citations? [J]. Scientometrics, 2004, 61(3): 395-404.

组的科研论文规模的三个变量均值都超过了对照组。这说明"杰出海归计划"的资助很有可能对杰出海归的科研生产力规模提高有正向的积极效应。回国前,杰出海归组的科研论文影响力的三个变量均值都略高于对照组的三个变量均值(见表3.9)。回国后,杰出海归组的科研论文影响力指标均值依然高于对照组,而且差距比回国前更大。描述性统计结果表明,杰出海归的选拔,在一定程度上满足"相同领域同龄人中杰出人才"的条件,至少在科研论文影响力方面满足此条件。同时,"杰出海归计划"的实施,对于提高杰出海归科研论文的规模和影响力也可能有正向的积极效应。

表 3.9　因变量描述性统计结果:分组与政策前后

因变量		政策前(3 年)					政策后(5 年)				
		N^1	平均数	标准差	最小值	最大值	N^1	平均数	标准差	最小值	最大值
杰出海归组	WCT		3.62	3.16	1	24.00		7.06	5.81	1	36.00
	FCT		0.72	0.71	0.005	9.03		1.22	1.05	0.0006	7.52
	DCT	1416	0.87	0.95	0.001	8.92	2689	1.90	1.30	0.0001	8.81
	WCTW		33.19	63.81	1	1099.64		49.10	72.10	1	1001.37
	FCTW		5.85	10.59	0.078	173.61		7.89	11.62	0.002	160.63
	DCTW		7.53	17.11	0.168	415.64		9.07	13.88	0.0003	189.23
对照组	WCT		4.22	3.90	1	36.00		6.01	5.50	1	78.00
	FCT		0.81	0.78	0.002	7.80		1.03	0.93	0.01	8.40
	DCT	1851	1.01	1.05	0.0003	9.00	3336	1.18	1.13	0.002	11.13
	WCTW		30.70	54.30	1	961.10		39.47	62.50	1	1040.12
	FCTW		5.22	8.58	0.018	131.26		6.10	8.10	0.037	125.84
	DCTW		6.49	10.93	0.004	187.54		6.98	9.77	0.007	109.23

因变量		政策前(3 年)					政策后(5 年)				
		N^1	平均数	标准差	最小值	最大值	N^1	平均数	标准差	最小值	最大值
全部	WCT		3.96	3.62	1	36.00		6.48	5.66	1	78.00
	FCT		0.77	0.75	0.002	9.03		1.11	0.99	0.0006	8.40
	DCT	3267	0.95	1.01	0.0003	9.00	6025	1.27	1.22	0.0001	11.13
	WCTW		31.78	58.61	1	1099.63		43.77	67.12	1	1040.12
	FCTW		5.49	9.51	0.018	173.61		6.90	10.01	0.002	160.63
	DCTW		6.94	13.95	0.004	415.64		7.91	11.82	0.0003	189.23

注:因变量描述性统计结果根据因变量未经自然对数转换的原始数值计算。

1. N＝观测数。

　　表 3.10 中,6 个因变量先经过自然对数转换,然后在杰出海归组与对照组之间进行独立样本 t 检验。结果显示除了论文差分数之外,其他 5 个因变量的 t 值都非常显著,并且为正数。这说明杰出海归组的平均科研论文规模和影响力大多数超过对照组,假设 3.1 基本成立。不过 5 个因变量的 t 值效应量(杰出海归组与对照组均值之差的幅度)比较小,都小于 0.2。杰出海归组的科研论文篇数、贡献和影响力平均表现高于对照组的平均表现,但是幅度比较小。

表 3.10　杰出海归组和对照组的因变量均值 t 检验结果

因变量	杰出海归组与对照组			95％置信区间		效应量
	t 值	均值之差	标准差	下限	上限	(Cohen's d)
LnWCT	4.044***	0.074	0.018	0.038	0.109	0.085
LnFCT	3.722***	0.755	0.020	0.036	0.115	0.078
LnDCT	0.942	0.027	0.028	0.029	0.082	0.020
LnWCTW	7.778***	0.201	0.026	0.151	0.252	0.162
LnFCTW	7.964***	0.203	0.025	0.153	0.253	0.166
LnDCTW	4.731***	0.154	0.033	0.090	0.218	0.099

注:显著性水平* $p<0.05$,** $p<0.01$,*** $p<0.001$。

五、科研生产力:混合回归分析结果

独立样本 t 检验结果表明杰出海归组的科研论文规模、贡献和影响力均值大多高于对照组均值。在采用 DID 模型和 PSM 模型更加精确地估计"杰出海归计划"效应之前,本研究先采用混合回归模型确定组别、政策时间和选中的协变量对 6 个因变量的影响是否成立。基于样本的面板数据,本研究构建如式 3-6 所示的混合回归(pooled regression)模型:

$$Y_i = \beta_0 + \beta_i X_i + \lambda_t + \gamma_i C_i + \varepsilon_i \qquad (3-6)$$

混合回归模型中,Y_i 代表 6 个因变量,β_0 是常数项。X_i 是"杰出海归计划"处理,β_i 代表"杰出海归计划"处理的影响系数。t 是政策时间,λ_t 代表政策时间的影响系数。C_i 是协变量,γ_i 代表协变量的影响系数。混合回归模型中的协变量包括学科、职称、现任高校水平、现任高校地区、博士毕业国家、海外工作国家、莱顿科研排行指标、海外留学时间和海外工作时间。i 表示某一样本个体,ε_i 是随机干扰项。

上述混合回归模型在检验"杰出海归计划"处理效应时,首先,包括政策时间以控制时间效应;其次,采用一系列协变量控制个体差异;再次,采用"聚类稳健标准误"(cluster-robust standard error)控制分组固定效应,以提高"杰出海归计划"效应估计的准确性和稳健性。

表 3.11 显示,6 个混合回归模型中 4 个成立。不成立的模型 2 和 3,因变量为论文均分数和论文差分数。虽然模型 2 和 3 中,"杰出海归计划"的处理效应成立,但是常数值未通过显著性水平检测,所以模型 2 和 3 不成立。其他 4 个混合回归模型估计的"杰出海归计划"影响系数在 0.184 至 0.278 之间。混合回归模型的整体判定系数 R^2,即模型的解释力度,在 0.102 和 0.192 之间。除了现在学术职称和海外工作时间之外,每个选中的协变量都至少在一个混合回归模型中影响显著,其中学科在所有模型中都影响显著。混合回归模型中的时间固定效应和分组固定效应都显著。

表 3.11　混合回归模型结果摘要:科研论文规模、贡献和影响力

模型	1	2	3	4	5	6
因变量	LnWCT	LnFCT	LnDCT	LnWCTW	LnFCTW	LnDCTW
"杰出海归计划"影响系数	0.278** (158.03)	0.261** (105.61)	0.342** (92.23)	0.201** (90.41)	0.184* (62.67)	0.265* (63.47)
系数显著的协助变量[1]	A1、Bb1、Bb2	A1、Ba1、Ba2、Bb1	A1、C1、Bb2、Bb3	A1、Ba3	A1、Bb1、Bb3	A1、C2、Ba3、Bb2
常数值	1.574* (15.08)	−0.033 (−0.33)	0.187 (2.74)	3.026** (75.36)	1.419* (39.15)	1.639** (406.9)
R^2	0.192	0.212	0.148	0.123	0.124	0.102
观测数	9,292	9,292	9,292	9,292	9,292	9,292
时间固定效应	是	是	是	是	是	是
分组固定效应	是	是	是	是	是	是

注:括号内为 t 值;显著性水平 * $p<0.05$,** $p<0.01$,*** $p<0.001$。

1. 个体特征:A1=学科、A2=现在学术职称。
科研环境:C1=现任高校水平、C2=现任高校所处地区。
学术资本—博士期间:Ba1=博士毕业国家、Ba2=博士毕业高校莱顿排行、Ba3=留学时间。
学术资本—海外研究:Bb1=海外学术工作国家(最近)、Bb2=海外工作高校莱顿排行、Bb3=海外学术职称(最近)、Bb4=海外学术工作时间。

混合回归模型初步证实,除了论文均分数和论文差分数之外,其他 4 个因变量(论文篇数、加权论文篇数、加权论文均分数和加权论文差分数)都受到"杰出海归计划"的积极影响,因为影响系数为正。而且"杰出海归计划"效应受到政策时间和选中协变量的干预。

六、科研生产力:双重差分(DID)模型分析结果

虽然 6 个混合回归模型中 4 个都成立,但是"杰出海归计划"实施过程与自然实验类似。杰出海归的选拔条件并非完全随机,对照组也非原始的控制组,而是根据杰出海归的学术特征匹配构建的。混合回归模型即使成立,也只是对杰出海归组和对照组进行单一的横向比较和政策前后比较。

尽管控制了一些协变量,单一的横向比较和政策前后比较仍然容易导致对政策实施效果估计存在较大偏差。双重差分(DID)模型和倾向得分匹配(PSM)模型相结合可以有效地解决这些问题,降低估计偏差。

DID 模型是一种比较适合估计自然实验因果效应的计量模型。针对"杰出海归计划"的自然实验特点,研究样本包括处理组和对照组:

· 处理组为杰出海归组,入选为杰出海归,受到"杰出海归计划"的影响。

· 对照组的成员没有直接受到"杰出海归计划"的影响。

基于面板数据,DID 模型能够在一定程度上减轻选择偏差和外因带来的影响。因此,与混合回归模型相比,DID 模型能够更加准确地估计"杰出海归计划"效应是否存在。双重差分模型,之所以被称为双重差分,是因为对数据进行两次差分分析:

· 第一次差分:分别对"杰出海归计划"实施前后(时间)的处理组和对照组进行第一次差分(相减),得到两组差值,代表处理组与对照组在政策干预前后的变化。

· 第二次差分:对两组差值进行第二次差分,以消除处理组与对照组原生的差异,最终得到政策实施导致的净效应。

(一)DID 模型

本书构建的 DID 模型如式 3-7 所示:

$$Y_{it} = \alpha + \beta_1 \text{政策处理} + \beta_2 \text{政策后} + \beta_3 (\text{政策处理} \times \text{政策后})_{it} + \gamma X_{it} + \delta_i + \eta_t + \varepsilon_i \tag{3-7}$$

DID 模型中,Y_{it} 代表个体(i)在政策年(t)的 6 个因变量取值。α 是常数值。解释变量"政策处理"是虚拟变量,代表个体接受"杰出海归计划"处理与否,β_1 是政策处理的系数值。"政策后"是政策实施后的政策时间(5 年),β_2 是政策后时间的系数值。"政策处理"与"政策后"的交互效应衡量了"杰出海归计划"对处理对象——杰出海归的影响系数,即系数 β_3。X_{it} 是选中的协变量,γ 代表协变量系数值。δ_i 代表个体(i)的分组固定效应。η_t 代表政策时间(t)的固定效应。双重差分模型中包含分组和时间这 2 个固定效应,一方面可以控制组内一般情况下不随时间变化的不可控因素,比如研究目标和兴趣等,另一方面可以控制在政策时间内可能影响所有成员的因素,比如政策变化等。而且分组固定效应和时间固定效应的控制可以在一定程度上降低协变量未能控制的其他可能偏差。[1] ε_i 是随机干扰项。

(二)DID 模型的稳健性检验

DID 模型的因果效应估计需要满足一系列的模型稳健性检验(robustness check)。

第一,本书的 DID 模型采用面板数据估计政策实施前后一段时间内的政策效应,而不仅仅是政策前后均值的比较,通常采用横截面数据。政策时间的效应在高等教育政策研究中比较常见,不加控制容易导致模型估计偏差。[2]

第二,本书的 DID 模型采用 6 个不同因变量进行检验,以降低因变量计量本身导致的估计偏差。[3]

第三,本书在 DID 模型中增加分组固定效应和时间固定效应的双重固定效应检验,以降低协变量未能控制的其他可能存在的偏差。

第四,本书不仅仅基于全样本检验 DID 模型,还根据现任高校水平、现任高校所在地区和学科等多个协变量将全样本划分为各种亚样本进行检验。同一 DID 模型用多个性质和规模差异显著的亚样本进行检验,有利于

---

① Hagood L P. The Financial Benefits and Burdens of Performance Funding in Higher Education [J]. Educational Evaluation and Policy Analysis, 2019, 41(2): 189-213.

② Checchi D, Malgarini M, Sarlo S. Do Performance-Based Research Funding Systems Affect Research Production and Impact? [J]. Higher Education Quarterly, 2019, 73(1): 45-69.

Gándara D, Rutherford A. Completion at the Expense of Access? The Relationship Between Performance-Funding Policies and Access to Public 4-Year Universities [J]. Educational Researcher, 2020, 49(5): 321-334.

③ Gándara D, Rutherford A. Completion at the Expense of Access? The Relationship Between Performance-Funding Policies and Access to Public 4-Year Universities [J]. Educational Researcher, 2020, 49(5): 321-334.

降低样本筛选导致的偏见。[①]

第五,"杰出海归计划"处理与科研论文规模和影响力之间的线性关系假定,已经在之前的混合回归模型中得到证实。所有因变量都经过自然对数转换,以满足线性回归模型的条件。[②]

第六,平行趋势假定是 DID 模型假定中最重要的一项假定。本书分别通过平行趋势检验指标和平行趋势图进行检验。除了 DID3.3 和 DID3.6 之外,其他 4 个 DID 模型的平行趋势检验的显著性水平大于或等于 0.01,基本符合平行趋势假定(见表 3.12)。也就是说,除了论文差分数和加权论文差分数之外,杰出海归组和对照组的其他科研论文规模和影响力变量,在政策实施前的发展趋势大致相同,适合采用 DID 模型估计。

表 3.12　DID 模型的平行趋势检验结果

模型号		DID3.1	DID 3.2	DID3.3	DID3.4	DID 3.5	DID3.6
因变量		LnWCT	LnFCT	LnDCT	LnWCTW	LnFCTW	LnDCTW
平行趋势检验(政策前)	F statistics	1085.63	4024.5	13500	930.2	1447.76	7132.52
	Prob $>$ F	0.019	0.01	0.0002	0.020	0.017	0.008

关键统计指标均显著的 4 个 DID 模型(DID3.1、DID3.4、DID3.5、DID3.6)的平行趋势也表明,政策实施前杰出海归组和对照组科研论文规模呈普遍上升趋势(DID3.1),而影响力的 3 个变量值(DID3.4、DID3.5、DID3.6)均呈下降趋势(见图 3.2)。仅从发表科研论文篇数看,杰出海归组在政策前的均值低于对照组,上升幅度也小于对照组的上升幅度。从科研论文影响力的 3 个变量看,杰出海归组在政策前大多高于对照组,但是都呈下降的趋势。

① Checchi D, Malgarini M, Sarlo S. Do Performance-Based Research Funding Systems Affect Research Production and Impact? [J]. Higher Education Quarterly, 2019, 73(1): 45-69.

② Hagood L P. The Financial Benefits and Burdens of Performance Funding in Higher Education [J]. Educational Evaluation and Policy Analysis, 2019, 41(2): 189-213.

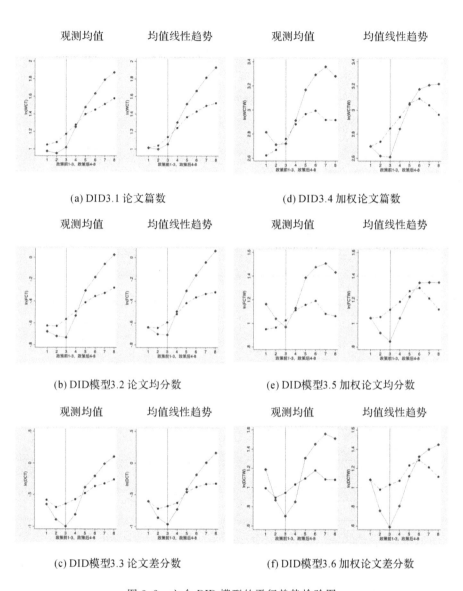

图 3.2　六个 DID 模型的平行趋势检验图

（三）DID 模型结果

DID 模型的具体结果如表 3.13 所示。虽然 DID3.2 和 DID3.3 的常数值未通过显著性水平检测，模型不成立，但是为了对比也将其结果呈现于表中。DID 模型包含的协变量——现在职称、现任高校水平、博士毕业国家、博士毕业高校莱顿被引均值排名、海外工作高校的莱顿科研成果被引次前 10％排名、海外留学时间、海外工作时间由于在任何成立的 DID 模型都不显著，其系数和 t 值未列入表 3.13。

表 3.13　DID 模型的"杰出海归计划"处理效应：科研论文规模、贡献和影响力的 6 个因变量

模型号	DID3.1	DID3.2	DID3.3	DID3.4	DID3.5	DID3.6
因变量	LnWCT	LnFCT	LnDCT	LnWCTW	LnFCTW	LnDCTW
政策处理系数[1]	0.278**	0.261**	0.342**	0.201**	0.184*	0.265*
	(158.02)	(105.62)	(92.24)	(90.42)	(62.68)	(63.48)
协变量						
学科参照组：工程与材料						
生命科学	−0.406	−0.773	−0.889	−0.321*	−0.688*	−0.804
	(−8.95)	(−8.45)	(−7.59)	(−43.54)	(−12.88)	(−10.17)
物理	−0.239	−0.329	−0.526*	−0.307	−0.396	−0.593*
	(−7.04)	(−11.18)	(−13.74)	(−7.53)	(−10.97)	(−18.76)
地区参照组：西部						
东部	0.0185	0.0608	0.0827	0.122	0.164	0.186*
	(0.26)	(1.56)	(0.95)	(0.79)	(3.90)	(33.80)
博士毕业高校莱顿被引前 10％排名参照组：最低 25％						
50％～25％	0.144	0.0866	0.167	0.167	0.109	0.190*
	(0.91)	(0.67)	(3.76)	(0.89)	(0.69)	(12.96)
海外工作国家参照组：日韩新加坡						
中国港澳台	−0.214*	−0.178*	−0.223	−0.421	−0.385*	−0.430
	(−12.76)	(−20.12)	(−2.38)	(−11.24)	(−13.04)	(−3.75)
海外工作高校莱顿被引均值排名参照组：最低 25％						
75％～50％	−0.0469*	−0.0910	−0.107	−0.0790	−0.123	−0.139*
	(−16.21)	(−8.39)	(−2.42)	(−2.06)	(−4.05)	(−45.96)
海外职称参照组：博士后						
副高级	0.199	0.217	0.0382	0.164	0.182*	0.00315
	(2.35)	(6.51)	(0.46)	(1.45)	(38.18)	(0.06)

续表

常数值	1.546*	−0.0546	0.132	3.063**	1.462*	1.649**
	(13.44)	(−0.48)	(1.64)	(77.04)	(38.97)	(308.79)
观测数	9292	9292	9292	9292	9292	9292
时间固定效应	是	是	是	是	是	是
分组固定效应	是	是	是	是	是	是

注:1 政策处理系数指"杰出海归计划"对杰出海归的处理效应系数(ATET)。
括号内为 t 值;显著性水平* $p<0.05$, ** $p<0.01$, *** $p<0.001$。

除了论文均分数和论文差分数之外,杰出海归科研论文规模和影响力的其他 4 个变量均受"杰出海归计划"的显著影响,政策效应系数值在0.184和0.278之间。除了假设 3.2.2 和 3.2.3 之外,假设 3.2.1、3.2.4、3.2.5和3.2.6 均成立。而且成立的 DID 模型的时间固定效应和分组固定效应也均成立。成立的 DID 模型中,"杰出海归计划"的处理效应受到学科、现任高校所在地区、博士毕业高校的莱顿科研成果被引前 10%排名、海外工作高校的莱顿被引均值排名、海外工作国家和海外职称这些协变量的影响显著。

七、科研生产力:倾向匹配得分(PSM)模型分析结果

虽然通过现任单位、学科、博士毕业时间等多个变量仔细筛选匹配的对照组成员,但是因为多种原因,找到与杰出海归一一对应的对照组成员非常困难,许多时候还是有差别的。DID 模型的平行趋势检验结果也不理想。DID3.3 和 DID3.6 没有通过平行趋势检验,其他 4 个 DID 模型的平行趋势检验的显著性水平仅大于 0.01,基本符合平行趋势假定。DID 模型平行趋势检验的显著性水平大于 0.05 才达到比较理想的水平。因此,在 DID 模型的基础上,本研究采用大致相同的协变量,构建 PSM 模型,改善杰出海归组和对照组成员之间的匹配,进一步降低估计偏差。与 DID 模型相比,PSM 模型采用的协变量少了一个海外职称。海外职称这一变量,对照组的数据缺失较多,因为许多对照组成员没有明确列出连续 2 年及以上的海外学术工作经历。

（一）PSM 模型协变量平衡性检验

因为 6 个因变量的 PSM 模型都采用相同的协变量，所以协变量的平衡性检验的结果非常接近，仅报告一组（因变量：LnDCTW）。如表 3.14 所示，匹配后的处理组和对照组的倾向得分分布更加接近，变量的标准化偏差均小于 0.2，在可接受范围内[①]。所有变量的标准化偏差在匹配后都大幅度缩小了。与匹配前的标准偏差相比，匹配后变量的标准化偏差减小幅度最低为 3%（现在职称），最高为 99%（海外工作时间和海外工作国家）。倾向得分的核密度图显示，匹配后处理组和对照组的核密度曲线基本重合（见图3.3）。大多数数据（88%）都在共同取值范围内。匹配后，PSM 模型协变量的平衡性结果良好。

表 3.14　PSM 模型协变量的平衡性检验

因变量：LnDCTW	标准化偏差		标准化偏差减小幅度
	匹配前	匹配后	
学科	0.131	0.005	96%
现在职称	0.0203	0.0196	3%
高校水平	0.145	0.005	97%
现任单位地区	0.079	0.013	84%
博士毕业国家	0.831	0.018	98%
博士毕业高校被引均值	0.603	0.085	86%
博士毕业高校被引前 10%	0.728	0.035	95%
海外留学时间	0.595	0.055	91%
海外工作时间	0.902	0.006	99%
海外工作国家	1.048	0.006	99%
海外工作高校被引均值	0.315	0.058	82%
海外工作高校被引前 10%	0.304	0.06	80%

---

① 陈强.高级计量经济学及 Stata 应用（第二版）[M].北京：高等教育出版社，2014：550.

Rosenbaum P R, Rubin D B. The Central Role of the Propensity Score in Observational Studies for Causal Effects [J]. Biometrika, 1983, 70(1): 41—55.

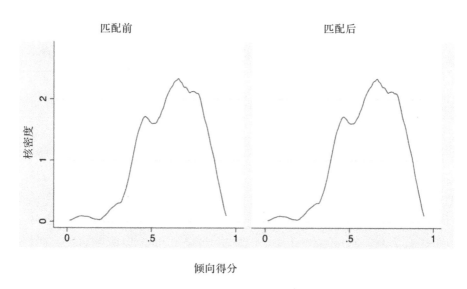

图 3.3　倾向得分匹配前后的核密度函数图(因变量:LnDCTW)

(二)全样本的 PSM 模型

　　杰出海归组和对照组成员之间的匹配改进之后,6 个因变量的 PSM 模型均成立,假设 3 成立(见表 3.15)。与 DID 模型得出的"杰出海归计划"处理效应系数相比,PSM 模型的政策系数除论文差分数外均有所提高,最少的提高了 3.6%,最多的提高了 144.4%(见表 3.16)。其中 PSM3.3(论文差分数)的政策处理系数比 DID 模型低了 0.03。科研论文影响力的 PSM 模型(PSM3.4、PSM3.5、PSM3.6)的政策处理系数提高幅度远超过科研论文规模的 PSM 模型(PSM3.1、PSM3.2、PSM3.3)。

　　PSM 模型 3.1 表明,在"杰出海归计划"影响之下,杰出海归的科研论文篇数均值比对照组成员的科研论文篇数均值高 0.29。PSM 模型 3.6 表明,在"杰出海归计划"影响之下,杰出海归的科研论文加权差分数均值比对照组成员的科研论文加权差分数均值高 0.41。PSM 模型中,经过被引次数加权反映科研论文影响力的 3 个因变量的"杰出海归计划"处理效应系数均高于仅衡量科研论文规模和贡献的 3 个因变量。这在一定程度上说明,

"杰出海归计划"对于提升杰出海归的科研论文影响力的效应更大。

表 3.15　PSM 模型的"杰出海归计划"处理效应：科研论文规模、贡献和影响力

模型：因变量	政策处理系数[1]	稳健标准误	z	$P>\|z\|$	95％置信区间 下限	上限
PSM3.1：LnWCT	0.29	0.03	10.97	0.000	0.23	0.34
PSM3.2：LnFCT	0.34	0.03	11.17	0.000	0.28	0.40
PSM3.3：LnDCT	0.31	0.00	6.37	0.000	0.22	0.41
PSM3.4：LnWCTW	0.38	0.04	10.18	0.000	0.31	0.46
PSM3.5：LnFCTW	0.44	0.04	11.34	0.000	0.36	0.51
PSM3.6：LnDCTW	0.41	0.06	7.40	0.000	0.30	0.52

注：1 政策处理系数指"杰出海归计划"对杰出海归的处理效应系数（ATET）。政策处理系数采用逻辑回归（logit）和卡尺（半径）匹配，卡尺值设定为0.1。所有 PSM 模型的观测数均为9292。

表 3.16　DID 模型和 PSM 模型的"杰出海归计划"处理系数（ATET）差异

因变量	DID 模型的政策系数	PSM 模型的政策系数	PSM-DID 的差值	PSM-DID 的增长百分比／％
LnWCT	0.28	0.29	0.01	3.6
LnFCT	0.26	0.34	0.08	30.8
LnDCT	0.34	0.31	−0.03	−8.8
LnWCTW	0.2	0.38	0.18	90.0
LnFCTW	0.18	0.44	0.26	144.4
LnDCTW	0.26	0.41	0.15	57.7

（三）分类样本的 PSM 模型：科研论文主要贡献和影响力表现

因变量论文差分数均值越高，代表着样本个体的科研论文主要贡献和影响力越高。单因素方差（ANOVA）分析显示杰出海归组、对照组有海外经历、对照组无海外经历这 3 个群体之间的加权论文差分数（LnDCTW）存在显著差异（$F=11.26$，$p=0.000<0.001$）。但是事后多重比较（Bonferroni）显示仅杰出海归组与对照组有海外经历的均值之差（$F=0.15$，

$p=0.000<0.001$)和杰出海归组与对照组无海外经历的均值之差($F=0.17,p=0.001<0.01$)有统计意义,而对照组内部的两个分组的均值之差($F=0.02,p=1.000$)无统计意义。这说明杰出海归组的科研论文贡献和影响力均值高于对照组整体。

不同水平高校之间的科研论文主要贡献和影响力存在显著差异($F=8.81$,$p=0.000<0.001$)。加权论文差分数均值最高的是"211工程"高校,其次是"985工程"高校和C9高校,一般高校最低(见表3.17)。

表3.17 因变量加权论文差分数(LnDCTW)的单因素方差分析结果

		均值	标准差	观测数	事后多重比较[1]
高校	一般	1.03	1.55	702	"211工程"高校>"985工程"和C9>
	211工程	1.32	1.52	1150	一般高校
	985工程	1.18	1.59	3084	($F=8.81,p=0.000<0.001$)
	C9	1.06	1.56	4356	
学科	化学	1.7	1.42	1216	化学>工程与材料、环境与
	工程与材料	1.38	1.46	3210	地球、信息科学>
	环境与地球	1.2	1.43	659	物理、数学、生命科学、天文
	信息科学	1.18	1.63	777	($F=95.83,p=0.000<0.001$)
	物理	0.77	1.7	823	
	数学	0.69	1.26	231	
	生命科学	0.56	1.57	2268	
	天文	0.54	1.41	108	

注:1.事后多重比较采用Bonferroni法,括号内为F值和显著性水平。

四个地区之间,样本中高层次人才的科研论文主要贡献和影响力并无显著差异($F=2.01,p=0.1098>0.05$)。这说明,高层次人才的科研生产力与外部经济社会发展水平之间的关系并不密切。

单因素方差分析显示8个学科之间的科研论文主要贡献和影响力存在显著差异($F=95.83,p=0.000<0.001$)。第一档是化学,第二档是工程与

材料、环境与地球、信息科学,第三档是物理、数学、生命科学和天文,然而学科之间的科研论文主要贡献和影响力差异的解读需要谨慎。一方面,样本中各个学科的观测数量差异很大(见表 3.17);另一方面,各个学科的科研论文被引次数也因研究范式和引用习惯存在巨大差异。

被引加权的论文差分数是科研论文规模、贡献和影响力综合性最高的衡量指标。假设 4 的检验仅针对因变量——加权论文差分数(LnDCTW),通过 PSM 模型在现任高校水平、现任高校所在地区和学科三个亚样本进行。如表 3.18—表 3.20 所示,假设 3.4:"杰出海归计划"的正向效应在不同水平高校、不同地区和多数学科均成立。

如表 3.18 所示,除了一般高校之外,"杰出海归计划"效应在"211 工程"高校、"985 工程"高校和 C9 高校中都非常显著,政策系数大于或等于全样本模型。任职于 C9 高校的杰出海归的政策系数和全样本一致,均为 0.41。"985 工程"高校的杰出海归的政策系数更高,达到 0.54;而"211 工程"高校的杰出海归的政策系数最高,达到 0.78。这说明,在中国三个层次的高水平高校中,"杰出海归计划"的处理效应是依次递减的。与同水平高校的对照组成员相比,"211 工程"高校的杰出海归受政策影响提升科研论文规模和影响力的效果最显著。

"杰出海归计划"效应在不同水平的高校和不同地区之间有异曲同工之处,这也与高水平高校在四个地区之间的不均衡分布有关。如表 3.19 所示,样本数据分布集中在东部地区与 C9 高校。东北地区的样本观测数太少,仅 215 条,PSM 模型不成立。其他三个地区的 PSM 模型均成立,说明"杰出海归计划"效应因任职高校所在地区的经济社会发展水平不同,而存在显著差异。这与多项前人研究结论一致。但是出人意料的是,"杰出海归计划"效应系数在经济最发达的东部地区最低(0.35),在经济发展水平较低的中部(0.8)和西部(1.03)地区反而更高(见表 3.18)。

表 3.18　PSM 模型的"杰出海归计划"处理效应：按高校水平和所在地区

因变量：LnDCTW		政策处理系数[1]	稳健标准误	95%置信区间				
				z	$P>|z|$	下限	上限	观测数
高校水平	一般	0.23	0.17	1.35	0.176	−0.10	0.56	702
	211 工程	0.78	0.13	5.89	0.000	0.52	1.04	1150
	985 工程	0.54	0.09	6.02	0.000	0.37	0.72	3084
	C9	0.41	0.08	5.26	0.000	0.26	0.57	4356
所在地区	西部	1.03	0.24	4.33	0.000	0.57	1.50	817
	东北	—	—	—	—	—	—	215
	中部	0.80	0.15	5.38	0.000	0.51	1.09	1894
	东部	0.35	0.07	5.32	0.000	0.22	0.48	6366

注：1 政策处理系数指"杰出海归计划"对杰出海归的处理效应系数（ATET）。政策处理系数采用逻辑回归（logit）和卡尺（半径）匹配，卡尺值设定为 0.2。

表 3.19　样本观测数分布：按高校水平和所在地区

	一般高校	"211 工程"高校	"985 工程"高校	C9 高校	合计
西部	7	62	566	182	817
东北	8	0	138	69	215
中部	0	210	819	865	1894
东部	687	878	1561	3240	6366
合计	702	1150	3084	4356	9292

　　PSM 模型证实了"杰出海归计划"对大多数学科的杰出海归科研生产力影响显著（见表 3.20）。数学和天文因为观测数仅 249 条和 172 条，PSM 模型不成立。而物理学科的 PSM 模型没有通过显著性水平检测（$p=0.327>0.5$），也不成立。自然科学学科内部，"杰出海归计划"的影响系数也存在显著的差异，从最低的 0.25（生命科学）到最高的 0.68（环境与地球）。观测数较多的工程与材料、生命科学两个学科的"杰出海归计划"效应系数相对较低，在 0.2 和 0.4 之间。观测数较少的信息科学、环境与地球，以及化学学科的"杰出海归计划"效应系数相对较高，在 0.40～0.68 之间。

表 3.20　PSM 模型的"杰出海归计划"处理效应：分学科

因变量：LnDCTW	政策处理系数[1]	稳健标准误	95％置信区间				
			z	$P>|z|$	下限	上限	观测数
工程与材料	0.37	0.10	3.85	0.000	0.18	0.55	3210
生命科学	0.25	0.12	2.01	0.044	0.01	0.48	2268
信息科学	0.65	0.24	2.70	0.007	0.18	1.12	777
环境与地球	0.68	0.19	3.61	0.000	0.31	1.05	659
化学	0.40	0.12	3.35	0.001	0.16	0.63	1216
物理	0.21	0.22	0.98	0.327	−0.21	0.63	823
数学	—	—	—	—	—	—	231
天文	—	—	—	—	—	—	108

注：1 政策处理系数指"杰出海归计划"对杰出海归的处理效应系数（ATET）。政策处理系数采用逻辑回归(logit)和卡尺(半径)匹配，卡尺值设定在 0.1 和 0.3 之间。

第五节　小　结

　　杰出海归是中国普通高校海外高层次人才的重要代表群体。"杰出海归计划"是中国引进海外高层次人才的标志性政策之一，其选拔的杰出海归是相同学科领域同龄人中的杰出人才。回国前，杰出海归虽然在科研论文篇数上略低于对照组成员的科研论文篇数，但是杰出海归的科研论文主要贡献和影响力已经超过同学科的同龄人。在"杰出海归计划"资助之下，杰出海归在科学网核心数据库收录期刊上发表的科研论文篇数、科研论文均分贡献和主要贡献，以及被引次数加权后的科研生产力，即影响力，均超过了对照组成员。在"杰出海归计划"的大力扶持之下，杰出海归已经成长为自然科学研究学术技术带头人，基本实现了政策目标。杰出海归在科研论文规模和影响力方面为中国科研实力增长，成为全球科研领域的首要选手做出了自己的贡献。

第四章　中国普通高校教师的科研合作水平

第二次世界大战，超级科研项目"曼哈顿计划"的成功催生了"大科学"（Big Science）的概念①。普赖斯在其知名著作《小科学，大科学》中将合作，尤其是多人合作，视为20世纪中期以来科研人力和文献最剧烈的变革之一。20世纪60年代之后，以团队合作为标志性特征的"大科学"逐步发展为科学研究的主要形态②。步入21世纪，科研活动中合作的频率和程度发展更为迅速。21世纪，科研合作成为科研活动的主流形式，科研人员独自研究成为少数。科学、技术和工程领域发表的科研成果中，超过90％是合作署名的③。

本章第一、第二节简要概述科研合作的概念与类型，科研成果的衡量方法，以及科研成果规模的发展趋势。第三节针对中国普通高校教师中的高层次中青年骨干，采用量化统计分析他们的科研合作水平、影响因素，以及科研合作对科研生产力的影响。

---

①　Price D J. Little Science, Big Science[M]. New York：Columbia University Press，1963.

②　Price D J. Little Science, Big Science, and Beyond [M]. New York：Columbia University Press，1986.

Bordons M，Gomez I. Collaboration Networks in Science [M]. Medford，NJ：Information Today Inc.，2000.

Katz J S, Martin B R. What Is Research Collaboration? [J] Research Policy，1997，26(1)：1-18.

③　Bozeman B，Boardman C. Research Collaboration and Team Science：A State-of-the-Art Review and Agenda [M]. New York：Springer，2014.

第一节　科研合作的概念与类型

本节简要概述科研合作的概念与类型。科研合作的概念与类型无论是理论界定还是实践研究都是相互关联的。科研合作的概念是类型划分的基础和出发点,而科研合作类型的划分是概念的细化与延伸。

一、科研合作的概念界定

并非所有的科学研究都需要合作,但是合作已经是现代科学研究的一个重要的普遍特征。科研合作、合作研究、团队科学是中国知网科研文献中的高频词之一。英文中表达科研合作(scientific collaboration)的词语更加丰富,包括"intra-/inter-/multi/trans-/cross-disciplinary collaboration"和"international collaboration"等。① 在中文中,合作一般指二人或多人一起工作以达到共同目的,亦可引申到两个或多个群体一起行动以达到共同目的。国外有学者将合作界定为:"在特定的社会或工作环境中,为了共同目标,促进意义共享和任务完成的人类行为。"②科研合作的概念经常与研究合作、研发合作和团队科学等概念交叉使用。科研合作的性质和形式多样,程度各异,而且常常处于动态变化的状态。即使是同一合作项目,合作者、合作内容、合作形式和合作阶段都可以发生变化,导致最终合作成果的贡献度难以准确衡量。即便是最简单的两个个体之间的科研合作也会随着时间

---

① Ziman J. Real Science: What It Is and What It Means [M]. Cambridge, UK: Cambridge University Press, 2000.
Sonnenwald D H. Scientific Collaboration [J]. Annual Review of Information Science and Technology, 2007, 41(1): 643-681.
② Hara N, Solomon P, Kim S L, et al. An Emerging View of Scientific Collaboration: Scientists' Perspectives on Collaboration and Factors that Impact Collaboration [J]. Journal of the American Society for Information Science and Technology, 2003, 54(10): 952-965.

的推移而发生变化。比如导师和博士生或博士后之间的合作形式和性质在指导关系结束之后,很有可能出现质的变化。全面、准确的科研合作的概念界定非常困难。科研合作的性质从研究任务的平等或主次分工,研究团队负责人与成员之间的分层作业,导师与研究生的科研训练指导,到科研想法的交流、仪器设备的共享等差异显著。科研合作的形式也有正式合作与非正式合作之分,长期合作与临时合作之分,平等合作与主次(上下级)合作之分,等等。科研合作的程度也因时间、价值、贡献度、紧密度等缺乏一致或者可转换的衡量标准。

从最为宽泛的知识生产的视角看,所有科研人员都是为了科学进步和知识创新而共同努力。根据这一视角,所有科研人员都是科学发展过程中的合作者。[①]如果从宽泛的角度,将对一项科研工作的进展有任何贡献都定义为合作,不限制性质、形式和程度,那么合作者的范围将无限扩大。比如一个研究所的所有人,包括行政和辅助人员,都可以是该所开展的任何研究项目的合作者。即便对研究贡献做出具体规定,大型科研项目,比如登月计划,也无法轻易地界定合作的范围。而另一极端,如果两个科研人员共同从事一项科研活动,但是目的不同,也不一定能被视为合作,比如导师对学生的科研指导和训练。

虽然科研合作中一些有形的、可感知的部分能够被量化指标衡量,但是无形的活动和贡献,即使是质性方法,也难以衡量。比如,科研人员闲聊时一个巧妙的建议、想法或信息对一个科研项目的走向和结果的影响,可能比实验室持续几周的埋头苦干更有价值。[②]科研合作这一动态过程中参与者之间的相互交流和影响的复杂性,无论是观察法、访谈法,还是问卷调查法

---

① Katz J S, Martin B R. What Is Research Collaboration? [J]. Research Policy, 1997, 26(1): 1-18.

② Subramanyam K. Bibliometric Studies of Research Collaboration: A Review [J]. Journal of Information Science, 1983, 6(1): 33-38.

都难以准确、完整地记录和分析。[①]

鉴于科研活动和合作行为的复杂性、多样性和动态特征，科研合作至今缺乏一致的定义。学者们采取了多种方式，以厘清科研合作的内涵、范围、特征和类型。卡茨和马丁采用推定标准的方式，认为科研合作者应该是[②]：

1. 全程参与科研项目，或者参与大部分项目活动；对科研项目有频繁的或实质性的贡献。偶尔参与科研项目和对科研项目贡献相对较小的科研人员不应列为合作者。

2. 出现在科研成果的署名名单中，或者科研项目申请书上。

3. 负责科研项目的一个和几个主要环节，比如研究设计、研究设备的建造、研究计划的实施、数据分析和研究报告撰写等。

4. 提出研究想法、问题、假设或理论框架。

5. 项目负责人，或项目资助人，即使他们仅仅负责科研项目的管理，而非实际操作。

卡茨和马丁明确地将实验室的技术人员和研究助理排除在科研合作者之外。诚然，这些推定标准也是抽象模糊的，并不清晰准确。比如，什么是频繁的贡献或实质性的贡献？科研人员需要做出什么样的贡献，达到什么程度，才能被界定为是实质性的贡献？再比如，科研成果署名和科研项目申请者名单都不一定能代表实际的合作者。

瑞典哥德堡大学的戴安娜·索奈瓦尔德综合梳理了前人关于科研合作内涵和范围的界定，提炼出行为观、任务观和环境观三类定义。[③]

行为观：科研合作是指两个或两个以上科研人员在社会环境中为了共

---

① Subramanyam K. Bibliometric Studies of Research Collaboration：A Review ［J］. Journal of Information Science，1983，6(1)：33-38.

② Katz J S，Martin B R. What Is Research Collaboration? ［J］ Research Policy，1997，26 (1)：1-18.

③ Sonnenwald D H. Scientific Collaboration［J］. Annual Review of Information Science and Technology，2007，41(1)：643-681.

同目标,完成科研任务,促进意义分享的互动行为。[①] 行为观强调科研合作
过程中目的的影响以及互动的关键性。首先,合作者的目的主导科研合作
的性质、形式,对任务的态度是贯穿整个科研过程的关键要素和环节。科研
合作过程中,合作者往往有各自的目的,甚至与科研活动本身无关,比如职
称晋升和评审。科研任务会因为目标的调整而变化,在合作过程中也可能
随时调整。社会环境会因科研政策的影响以及自身的变化而出现变化。因
此,科研合作的本质是两个及两个以上科研人员之间围绕特定目的的互动
行为。

　　任务观:从科研任务分工的视角,将科研合作界定为两个或两个以上科
研人员之间因为科研任务分工不同而合作的现象,一般分为顺序型或并行
型两种模式。比如社会科学领域,科研人员共同开发研究工具,分别收集研
究数据,然后共同分析、报告研究结果;自然科学领域,科研人员分工合作,
有的负责提出研究假设和理论模型,有的负责收集和分析数据,还有的负责
撰写论文。任务观认为科研任务分工决定着科研合作,而科研任务要求、可
动用的资源,科研人员之间的功能依赖性(functional dependence)以及战略
依赖性(strategic dependence)决定了科研任务分工。[②]

　　环境观:认为科研合作主要是受科学研究所处的社会大环境的影响。
科研的社会环境,包括同行评议、奖惩制度、无形学院(隐性的有影响力的学
术圈)、科学范式、学科和大学规范,以及国家和国际科研政策,会推动或限

　　① Sonnenwald D H. Scientific Collaboration[J]. Annual Review of Information Science and Technology,2007,41(1):643-681.

　　② Whitley R. The Intellectual and Social Organization of the Sciences [M]. Oxford,UK: Oxford University Press,2000.

制科研合作。[①]

综上所述,科研合作是指在特定的时代和环境中,科研人员个体与个体之间,个体与群体之间,群体与群体之间为实现特定的目标,共同完成科研任务,解决研究问题,而进行的实质性的互动的过程和结果。科研合作的概念界定抽象、模糊,缺乏清晰的边界和范围。科研合作的边界的划定是各个研究领域或研究机构的社会惯例,而且通常是协商而定的。[②] 科研合作的边界会因为学科、组织、场域(公共或非公共)、国家以及时代的不同而不同。科研合作概念的抽象界定,需要结合科研合作的类型区分,进一步厘清科研合作的边界和范围。

二、科研合作的类型

科研合作的类型因区分视角不同,或划分标准不同而不同。实践和研究中常见的分类视角包括分析单位、合作距离和合作场域等。比如场域视角根据科研合作方的主体类型或者研究性质区分为公共部门与私人部门合作,基础研究与应用开发研究合作。随着知识生产模式的转变和知识创新的加速,连接和跨越基础研究与应用研究的界限,成为各国科研政策的一个关注重点。场域视角也成为科研合作类型划分的重要视角。场域的划分主要是公共部门、私人部门和非营利的第三方机构三大场域。高校等学术单

① Crane D. Invisible Colleges: Diffusion of Knowledge in Scientific Communities [M]. Chicago: University of Chicago Press, 1972.

Kuhn T S. The Structure of Scientific Revolutions (2nd ed.) [M]. Chicago: University of Chicago Press, 1970.

Latour B. Science in Action [M]. Cambridge, MA: Harvard University Press, 1987.

Traweek S. Beamtimes and Lifetimes: The World of High Energy Physicists [M]. Cambridge, MA: Harvard University Press, 1988.

② Katz J S, Martin B R. What Is Research Collaboration? [J]. Research Policy, 1997, 26 (1): 1-18.

位参与的不同场域的科研合作常见于大学企业合作、学术产业合作等。①场域视角在国内主要研究产学研之间的多重合作关系，相对而言偏应用导向和管理导向。

本书主要从分析单位和合作距离这两个视角划分科研合作的类型。分析单位视角是根据个体和群体两个层次，以及群体中学科和组织两个类型，将科研合作区分为三大类：个体层面的，群体层面—组织之间的，以及群体层面—学科之间的科研合作。距离视角是根据地理空间的远近将科研合作区分为国际合作、国内同区域或同城合作等类型。

（一）分析单位视角：个体与群体的科研合作

科研合作的分析单位是多层次、多类型的。任何科研合作最基本的单位都是科研人员个体之间的合作。然而，个体的合作可能是两个及以上科研人员独立自主的行为，也可能是代表了群体之间的合作。比如两个科研人员共同承担同一个系内、不同系（学科）、不同大学的两个研究团队之间的合作。更多时候，科研合作是两个及以上科研团队、学科、大学之间的合作。

1. 个体层面的合作

施拉格将科研人员的个体合作界定为"分享创造的过程"，这一过程中两个或两个以上技能互补的个体互动创造一个共识，而且该共识个体无法独立创造。②科研人员个体层面的合作定义突出三个关键点：一是一起工作、互动；二是共同目标；三是分享。科研人员个体之间的合作涉及知识、意义、资源、责任和权力的分享，同时也涉及社会资本、信任和风险共担。因为这些直接关系到科研人员的职业、声誉和其他相关价值，所以导致现实中合

① Mathiasson L. Collaborative Practice Research [J]. Information Technology & People，2002，15(4)：321445.

② Schrage M. No More Teams：Mastering The Dynamics of Creative Collaboration [M].New York：Currency and Doubleday，1995：33.

作成功并不容易。① 科研人员个体之间的合作可以是正式的,也可以是非正式的。比如两个及以上的科研人员共同申请、开展科研项目。两个及以上的科研人员也可以因为共同的兴趣和目的,互补的技能和资源,或者朋友、同事关系非正式地合作开展一项科研活动,或者撰写一篇科研报告。

科研人员群体的划分是多维度的,主要分为组织和学科两大类,两者之间也并非泾渭分明,只是分类的侧重点不同。现代科研组织和学科在结构和关系上本就存在交叉重叠。科研组织一般按行政管理关系设立,而学科则是学术关系的载体。现实中,按行政关系设立的系或学院等组织可以与学科是相同的、重叠的。一个系可以包含几个学科,而规模大的学科也可以分成几个系。

2. 群体层面—组织之间的科研合作

在组织层面,迈特逊和蒙瑟将合作界定为"两个或两个以上组织为了实现共同目标进行的规则明确的互惠互利的关系"②。他们认为组织之间的合作关系应该是持久的,有共同目标(比如利润和成就),并且有明确的合作结构和责任分担规定。卡根将合作定义为通过组织结构和组织间的结构分享资源、权力和责任,以实现一个组织无法独立完成的目标。③ 现实中,科研合作常常是分属不同团队(实验室)、系、学院、大学的两个及以上的项目负责人带领各自团队一起合作的形式。组织之间的合作分正式和非正式两种形式。组织之间正式的科研合作一般有三种形式。第一,正式的科研项目。分属不同团队(实验室)、系、学院、大学的两个及以上的项目负责人共

---

① Lin N. Social Capital: A Theory of Social Structure and Action [M]. New York: Cambridge University Press, 2001.

Dirks K T, Ferrin D L. The Role of Trust in Organizational Settings [J]. Organization Science, 2001, 12(4): 450-467.

② Mattessich P, Monsey B. Collaboration: What Makes It Work [M]. St. Paul, Minnesota: Amherst H. Wilder Foundation, 1992.

③ Kagan S L. United We Stand: Collaboration for Child Care and Early Education Service [M]. New York: Teachers College Press, 1991.

同申请、参与同一科研项目，有明确的分工与权责规定，比如项目计划书的权责和任务分配。第二，正式的合作协议。比如两个及以上的团队（实验室）、系、学院、大学之间签署正式的科研合作备忘录。科研合作备忘录有些是具体到一个项目的，但更多的是合作愿景、领域和资源等一般性的规定。第三，实验室、平台、基地等科研合作实体或框架。实体的实验室、平台或基地是组织之间正式科研合作最紧密的一种形式，因为涉及岗位、权责、人员等结构性，以及经费、管理运行等机制性的双重协定。随着信息技术和云计算的发展，除了实体合作之外，各层级的科研组织签订组建合作云实验室、云平台、云基地，深度促进科研人员交流的虚拟框架协定也越来越多。组织之间非正式的科研合作，因为参与成员的不确定、合作目的和动机的多元，形式更加多样，而且很多时候组织间的科研合作与科研人员个体之间的合作相互交织，难以区分。科研合作类型中，跨组织合作是最主要的合作类型之一，也是增长速度最快的合作类型之一。[①] 科研组织之间对于数据、技术、设施和设备共享的需求是跨组织科研合作增长的主要动力之一。[②]

3. 群体层面—学科之间的科研合作

现代科学研究是基于学科建制开展的。科学发展史是一部科学专业化发展史，也是学科分化越来越细的发展史。学科之间的科研合作被视为"科学专业化发展"（professionalization of science）的结果。[③] 学科内部合作、交叉学科合作、多学科合作和跨学科合作等概念盛行于学者论著和各类政策

① Jones B F, Wuchty S, Uzzi B. Multi-university Research Teams: Shifting Impact, Geography, and Stratification in Science [J]. Science, 2008, 322(5905):1259-1262.

② Shrum W, Genuth J, Chompalov I. Structures of Scientific Collaboration [M]. Cambridge, MA: MIT Press, 2007.

③ Beaver D D, Rosen R. Studies in Scientific Collaboration: Part I—The Professional Origins of Scientific Co-authorship [J]. Scientometrics, 1978, 1(1): 65-84.

宣言中。^① 一般情况下,学科合作或学科内部合作指同一学科内部的科研人员个体或组织之间的合作。交叉学科合作,多学科合作和跨学科合作一般指不同学科之间的科研人员个体或组织之间的合作。学科内部的合作,歧义相对较少。许多情况下,多学科合作、交叉学科合作、跨学科合作的概念之间界限模糊,也经常被交互使用。^② 也有学者从知识创新的整合程度的高低和范围的大小,对多学科合作、交叉学科合作、跨学科合作从低到高做了区分。

多学科科研合作被视为知识生产整合程度最低和范围最小的。多学科合作仅仅指参与科研合作的学科的数量,科研合作过程中涉及不同学科知识和技能的应用,但是鲜少整合。^③ 比如借鉴 A 学科的研究设计和方法,解决 B 学科的研究问题。对于大多数学者而言,交叉学科合作和跨学科合作并无本质区别,仅仅是术语的不同。然而,也有学者认为跨学科合作比交叉学科合作更加重视和强调知识生产和创新的整合。交叉学科合作也许仅限于不同学科贡献各自的知识和技能用以解决特定的研究问题,未必涉及整合的知识创新。^④ 根据此观点,交叉学科合作与多学科合作并无本质区别。

跨学科合作指整合不同学科和类型的知识用以解决特定问题的合作。克莱恩进一步将跨学科合作界定为自然科学、社会科学、人文科学以及全社会多元利益相关者之间的广泛合作。^⑤ 更有学者将跨学科合作与知识生产

① Ziman J. Real Science: What It Is and What It Means [M]. Cambridge, UK: Cambridge University Press, 2000.

Sonnenwald D H. Scientific Collaboration [J]. Annual Review of Information Science and Technology, 2007, 41(1): 643-681.

② Jeffrey P. Smoothing the Waters: ObserVations on the Process of Cross-Disciplinary Research Collaboration [J]. Social Studies of Science, 2003, 33(4): 539-562.

③ Bruce A, Lyall C, Tait J, et al. Interdisciplinary Integration in Europe: The Case of the Fifth Framework Program [J]. Futures, 2004, 36(4): 457-470.

④ Palmer C L. Work at the Boundaries of Science: Information and the Interdisciplinary Research Process [M]. Dordrecht, NL: Kluwer Academic Publisher, 2001.

⑤ Klein J T. Prospects for Transdisciplinarity [J]. Futures, 2004, 36(4): 515-526.

模式 2 相联系。知识生产模式 2 中研究问题并非来源于学科,而是社会环境,具备不同学科知识和技能的科研人员为了解决社会环境中的现实问题共同合作。[①]

近年来,学术界对交叉学科科研合作和跨学科科研合作的研究已经超越简单的合作形式分析,进而关注合作是否真正跨越、连接、拓展了学科边界,综合或整合出新的学科和知识。[②] 原创性成果往往源自学科之间全新的合作,而非常规合作。[③] 交叉学科科研合作和跨学科科研合作的成果的创新程度取决于合作学科之间的合作关系形态和整合程度。[④] 最具创造性的科研成果往往出自领域、边界差距显著的学科之间的合作,而非相邻学科之间的合作。[⑤]

(二)地理空间视角:国际合作与远距离合作

参与合作的科研人员或组织之间的距离,即地理空间视角是另一个科研合作分类的主要视角之一。近年来,国际合作、远距离合作和分散合作/分布式协作(distributed collaboration)等成为科研合作研究的高频词。科研合作类型划分的地理空间视角主要有两个:一是国际与国内的划分;二是地理距离远近的区分。

---

① Gibbons M, Limoges C, Nowotny H, et al. The New Production of Knowledge: The Dynamics of Science and Research in Contemporary Societies [M]. London: Sage Publications, 1994.

② Leahey E, Beckman C, Stanko T. Prominent but Less Productive: The Impact of Interdisciplinarity on Scientists' Research [J]. Administrative Science Quarterly, 2017, 62(1): 105-139.

Uzzi B, Mukherjee S, Stringer M, et al. Atypical Combinations and Scientific Impact [J]. Science, 2013, 342(6157): 468-472.

③ Guetzkow J, Lamont M, Mallard G. What Is Originality in the Humanities and the Social Sciences? [J] American Sociological Review, 2004, 69(2): 190-212.

④ Carnabuci G, Bruggerman J. Knowledge Specialization, Knowledge Brokerage, and the Uneven Growth of Knowledge Domains [J]. Social Forces, 2009, 88(2): 607-641.

⑤ Knorr-Cetina K. The Scientist As an Analogical Reasoner [M]. Boston, MA: Kluwer Academic Publisher, 1980: 183-208.

　　国际与国内的科研合作划分,主要采用质性的模糊分类,理由是不同国家的科研、高等教育体制与政策以及外部经济社会文化的区别对于科研合作形成的动力和阻力与距离无关。如果科研和高等教育体制与政策差异较大,经济社会文化也各异,即使两个国家国土毗邻,也可能阻碍两国的科研人员开展科研合作的频率和深度。相反地,如果两个国家的科研和高等教育体制与政策相似,又有类似的政治社会文化,即使两个国家相距千里,也不会影响两国科研人员开展密切的科研合作。因此,国际合作与国内合作是科研合作地理空间视角中最常见的分类,也一直是科研合作研究的一个重要领域。

　　地理距离的远近视角常常和组织之间的科研合作交叉重叠。根据地理距离的远近,科研合作从远到近地划分为国际合作、国内异地合作、国内同城合作三个档次。有些研究根据合作者的地址邮编计算公里距离。有些研究进一步将国内同城合作区分为国内同城不同组织合作、国内同城同组织内部合作两个类别。这类研究有意识地将地理距离和组织两个划分标准相结合。地理距离远近的划分主要分析距离对科研合作成本和收益的影响。从成本考虑,距离越远,科研合作的成本越高。成本越高,科研合作的阻力越大,概率越低。从收益的角度,距离越远通常学术惯例以及外部环境差异越大,而差异越大越容易出现创新的可能。

　　国际合作发表的论文是所有论文中增长最迅速的一类。有研究发现全球范围内,国际合作发表的论文占所有论文的百分比从 1988 年的 8% 增长到了 2005 年的 20%。[①] 国际合作发表的论文中,作者来自四个国家及以上

---

　　① Xie Y, Killewald A. Is American Science in Decline? [M]. Cambridge, MA: Harvard University Press, 2012.

的是增长最快的。① 国际合作发表的影响因素包括地理、文化、语言和历史等②。马西森等人分析全球 40 个大城市群之间的科研合作网络,归纳出由"国籍、地理距离、语言"③等要素连接的英国伦敦,瑞士日内瓦—洛桑和美国旧金山湾区三大科研网络中心。该研究还发现引用网络(citation networks)虽与地理距离无关,但是与国别相关。从边缘和中心的政治经济视角来看,来自边缘国家的科学家更倾向于和来自中心国家的科学家合作以提升他们在国际学术界的显示度。④ 国际合作对于提高科研生产力,尤其是科研影响力(被引率、期刊影响因子和 h 指数等)的积极效应拥有多项科学计量研究结论的支持。然而,国际科研合作面临语言差异、学术惯例、技术和时差等诸多方面的障碍。更重要的是,研究发现国际科研合作常常出现不平等合作的现象,比如中心国家的科学家与边缘国家的科学家,导致知识创新和伦理方面一系列的问题。⑤

除了上述常见的类型之外,科研合作的类型的界定和划分在学术理论探讨和实证分析中还有其他诸多的尝试,比如按合作目的和性质界定和划

① Hsiehchen D, Espinoza M, Hsieh A. Multinational Teams and Diseconomies of Scale in Collaborative Research [J]. Science Advances, 2015, 1(8): e1500211.

② Katz J S. GeograPhical Proximity and Scientific Collaboration [J]. Scientometrics, 1994, 31(1): 31-43.

Zitt M, Bassecoulard E, Okubo Y. Shadows of the Past in International Cooperation: Collaboration Profiles of the Top Five Producers of Science [J]. Scientometrics, 2000, 47(3): 627-657.

③ Matthiessen C W, Schwarz A W, Find S. The Top-Level Global Research System, 1997-99: Centres, Networks and Nodality. An Analysis Based on Bibliometric Indicators [J]. Urban Studies, 2002, 39(5-6): 903-927.

④ Goldfinch S, Dale T, DeRouen Jr. K. Science from the Periphery: Collaboration, Networks and 'Periphery Effects' in the Citation of New Zealand Crown Research Institutes Articles, 1995-2000 [J]. Scientometrics, 2003, 57(3): 321-337.

⑤ Freeman R B. Immigration, International Collaboration, and Innovation: Science and Technology Policy in the Global Economy [M]. Cambridge, MA: National Bureau of Economic Research, 2014.

Xie Y. "Undemocracy": Inequalities In Science [J]. Science, 2014, 344(6186): 809-810.

分。有学者将科研合作划分为同学科内部知识的巩固强化型和不同学科的互补延伸型。[①] 巩固强化型通过多个科研人员的合作研究强化现有领域的研究深度。[②] 巩固强化型的科研合作中,科研人员的知识领域即使有差异,也存在较多的重叠,类似相近学科之间的合作。[③] 互补延伸型的科研合作倾向于连接不同领域的两个学科,或者延伸本领域研究以生成新领域[④]。互补延伸型的科研合作的成果通常具备较高的影响力,主要体现在更高的被引次数上。[⑤] 除了研究目的之外,培养指导型也是学术界一种特殊但重要的科研合作形式。[⑥] 学术界对研究生,尤其是博士研究生科研能力的培养和训练,首要的形式就是让学生直接参与到导师及其他教师的科研项目和团队中,逐步学习并承担科研活动的各个环节。

第二节　科研合作成果的衡量与规模发展

概念界定和类型分析充分说明科研合作活动、行为和成果的复杂性、多

---

① Leahey E. From Sole Investigator to Team Scientist: Trends in the Practice and Study of Research Collaboration [J]. The Annual Review of Sociology, 2016(42): 81-100.

② Foster J G, Rzhetsky A, Evans J A. Tradition and Innovation in Scientists' Research Strategies [J]. American Sociological Review, 2015, 80(5): 875-908.

Leahey E, Moody J. Sociological Innovation Through Subfield Integration [J]. Social Currents, 2014, 1(3): 228-256.

③ Hunter L, Leahey E. Collaborative Research in Sociology: Trends and Contributing Factors [J]. American Sociology, 2008, 39(4): 290-306.

④ Gieryn T F. Problem Retention and Problem Change in Science [J]. Sociological Inqury, 1978(48): 96-115.

⑤ Leahey E, Moody J. Sociological Innovation Through Subfield Integration [J]. Social Currents, 2014, 1(3): 228-256.

Uzzi B, Mukherjee S, Stringer M, et al. Atypical Combinations and Scientific Impact [J]. Science, 2013, 342 (6157): 468-472.

⑥ Leahey E, Reikowsky R C. Research Specialization and Collaboration Patterns in Sociology [J]. Social Studies of Science, 2008, 38 (3): 425-440.

样性、多层级、多阶段和动态发展等特征。这些特征都使得科研合作的衡量非常困难,各种研究方法和衡量工具均存在不同程度的局限性。首先,科研合作行为和过程整体的研究局限于小范围的质性和案例研究,以揭示为什么和如何促进有效的科研合作。[1] 单一或少数组织的深度个案研究,通过汇集多种来源的数据,研究科研人员在特定组织环境中的科研合作动机、互动模式以及对科研绩效表现的影响。[2] 在斯坦福大学的全力支持下,研究人员长期追踪该校教师简历、人力资源和院系数据以及科学网数据库(Web of Science)的论文发表数据,探索教师之间多元复杂的合作关系(博士论文指导小组、项目合作申请、合作发表、院系和中心的联合聘任等)与知识创新、知识传播、知识扩散之间的相互影响。[3] 其次,科研合作的动机、选择倾向,以及影响因素等的研究大多采取问卷调查为主的方式收集数据。[4] 最后,一些混合研究结合科学计量分析、问卷调查或访谈,研究科研合作的规模、影响与合作动机。[5] 混合研究试图在了解科研合作规模、影响和动机的

---

① Lewis J M, Ross S, Holden T. The How and Why of Academic Collaboration: Disciplinary Differences and Policy Implications [J]. Higher Education, 2012, 64(5): 693-708.

② Kabo F W, Cotton-Nessler N, Hwang Y, et al. Proximity Effects on the Dynamics and Outcomes of Scientific Collaborations [J]. Research Policy, 2014, 43(9): 1469-1485.

③ Biancani S, McFarland D A, Dahlander L. The Semiformal Organization [J]. Organization Science, 2014, 25(5): 1306-1324.

Dahlander L, McFarland D A. Ties That Last: Tie Formation and Persistence in Research Collaborations over Time [J]. Administrative Science Quarterly, 2013, 58(1): 69-110.

Rawlings C M, McFarland D A, Dahlander L, et al. Streams of Thought: Knowledge Flows and Intellectual Cohesion in a Multidisciplinary Era [J]. Social Forces, 2015, 93(4): 1687-1722.

④ Bozeman B, Corley E. Scientists' Collaboration Strategies: Implications for Scientific and Human Capital [J]. Research Policy, 2004, 33(4): 599-616.

O'Brien T L. Change in Academic Coauthorship, 1953-2003 [J]. Science, Technology, & Human Values, 2012, 37(3): 210-234.

⑤ Thorsteinsdottir O H. External Research Collaboration in Two Small Science Systems [J]. Scientometrics, 2000, 49(1): 145-160.

Freeman R B, Ganguli I, Murciano-Goroff R. Why and Wherefore of Increased Scientific collaboration [M]. Chicago: University of Chicago Press, 2015: 17-48.

同时,突破质性和案例研究代表性的不足。

一、科研合作成果的衡量

实践中,科研合作的研究主要采用各种形式的科学计量分析,衡量个体和群体的科研合作成果。随着覆盖面、代表性和可获得性等方面的逐步改进,各种文献数据库已经成为个体、组织、学科和国家层面科研成果合作发表研究的主要平台。科研成果文献数据库主要分为覆盖多个学科和文献类型的综合性文献数据库,以及专门的学科文献数据库。常用的综合性文献数据库有科学网数据库(Web of Science)、西文过刊数据库(JSTOR)和斯高帕斯数据库(Scopus)等。除了综合数据库之外,各学科也建立了专门的数据库,比如美国社会学科的社会学摘要(Sociological Abstracts)。[①] 综合性文献数据库和专门学科的文献数据库的建立和完善使得一定层面有代表性的群体科研合作成果研究成为可能。如果结合科研人员的人事数据或者简历信息,[②]科研合作的影响因素的研究也成为可能。科学计量方式聚焦科研合作的频率和程度,合作网络分析,以及合作对科研产出数量和影响力的影响。

科研成果的署名分析是目前学术界最常用的直接分析科研合作成果,并间接分析科研合作行为的方法。科研成果的署名分析只能衡量科研合作成果的一部分,不能反映科研合作行为和活动的全貌[③]。科研成果的署名

① Moody J. The Structure of a Social Science Collaboration Network: Disciplinary Cohesion from 1963 to 1999 [J]. American Sociological Review, 2004, 69(2): 213-238.

② Araujo E B, Moreira A A, Furtado V, et al. Collaboration Networks from a Large CV Database: Dynamics, Topology and Bonus Impact [J]. PLOS ONE, 2014, 9(3): e90537.

③ Harsanyi M A. Multiple Authors, Multiple Problems: Bibliometrics and the Study of Scholarly Collaboration: A Literature Review[J]. Library & Information Science Research, 1993, 15(4): 325-354.

Laudel G. What Do We Measure by Co-authorships? [J]. Research Evaluation, 2022, 11(1): 3-15.

受学科、场域和国家体制等多种因素的影响,本身就缺乏统一规范,差异显著。署名作者与科研成果合作人员之间并不完全对等。很多时候,实际参与合作的科研人员比发表论文的署名作者更多。比如,一些对论文发表有贡献的科研人员仅在论文的"致谢"(acknowledgement)部分获得认可。相反地,有些署名作者虽无实质性的贡献,但是因为种种社会性因素被列入科研成果的作者名单。署名由于行为失范等原因,未必能够反映真实的科研合作情况,比如名誉作者和客座作者等[①]。科研成果署名行为本身的多样性和复杂性导致署名作者未必代表真实的科研合作贡献者。

　　尽管不完美,但是科研成果署名数据的诸多优势,成为许多研究人员首选的衡量科研合作的方法依据。第一,科研成果署名的数据稳定、可重复、可验证。科研成果署名的数据一般来源于公开的各种文献数据库和相对权威的系统数据库(比如各国的科技部、教育部等)。数据信息的公开和稳定有利于其他研究人员重复验证数据的分析结果。研究结果的可重复、可验证是研究结果科学性、准确性、一致性的最基本的要求和最关键的保障。第二,科研成果署名的数据样本容量一般足够大。基于大样本的署名数据分析结果在代表性上远远优于案例分析和问卷调查结果。第三,科研成果署名信息的可获取性、成本低、便于计量统计的特点也是其成为科研合作分析首要指标的一大原因。[②] 第四,科研成果署名的科学计量分析对科研合作的干扰最小,至少在短期内干扰最小。[③] 学者也提出虽然科学计量分析结果本身对科研合作影响不大,但是科学计量分析结果的应用,尤其是作为个体和组织的评价、排行依据时,依然会影响科研合作行为和政策。第五,科

---

①　Harvey L A. Gift, Honorary or Guest Authorship[J]. Spinal Cord, 2018, 56(2): 91.

②　Cronin B, Shaw D, La Barre K. A Cast of Thousands: Co-authorship and Subauthorship Collaboration in the Twentieth Century as Manifested in the Scholarly Literature of Psychology and Philosophy[J]. Journal of the American Society for Information Science and Technology, 2003, 54 (9): 855-871.

③　Subramanyam K. Bibliometric Studies of Research Collaboration: A Review [J]. Journal of Information Science, 1983, 6(1): 33-38.

研合作包括正式的合作和非正式的合作。正式的科研合作包括实质性的科研团队、平台、项目,以及科研成果的合作发表。科研成果的合作署名是科研合作中最外显的正式合作形式。合作署名表明两个或两个以上科研人员共同参与科研活动,并且生成数量和质量大于科研人员独立生成的科研产出。[①] 虽然合作署名仅仅是科研合作的一个反映指标[②],但是因为科研成果发表在整体的科学发展(知识共享和传播)以及具体的学术奖励体系中的重要地位和作用,署名分析成为科研合作分析的一个重要手段。[③] 非正式的合作包括同行之间的观点和意见的交流,方案和初稿的点评与编辑,等等。[④] 科学计量统计一般通过发表成果中"致谢"这部分信息来衡量非正式的科研合作。

诸多研究表明,成果署名的科学计量指标是直接衡量科研合作产出,间接反映科研合作活动和行为比较可靠的指代指标。[⑤] 和科研成果规模一致,科研合作的规模主要采用文献计量(bibliometric)和科学计量(scientmetric)方式研究。本研究也主要基于科研成果署名信息来衡量科

① Hudson J. Trends in Multi-Authored Papers in Economics [J]. Journal of Economics Perspectives, 1996, 10(1): 153-158.

② Katz J S, Martin B R. What Is Research Collaboration? [J]. Research Policy, 1997, 26(1): 1-18.

③ Holder M E, Langrehr F W, Schroeder D M. Finance Journal Coauthorship: How Do Coauthors in Very Select Journals Evaluate the Experience? [J]. Financial Practice and Education, 2000, 10(1): 142-152.

④ Cronin B. The Scholar's Courtesy: The Role of Acknowledgement in the Primary Communication Process [M]. London: Taylor Graham, 1995: .

Acedo F J, Barroso C, Casanueva C, et al . Co-Authorship in Management and Organizational Studies: An Empirical and Network Analysis [J]. Journal of Management Studies, 2006, 43(5): 957-983.

⑤ Gazni A, Sugimoto C R, Didegah F. Mapping World Scientific Collaboration: Authors, Institutions, and Countries [J]. Journal of the American Society for Information Science and Technology, 2012, 63 (2): 323-335.

Larivière V, Gingras Y, Sugimoto C R, et al. Team Size Matters: Collaboration and Scientific Impact Since 1900 [J]. Journal of the Association for Information Science and Technology, 2015, 66(7): 1323-1332.

研合作的规模和类型。首先,科研合作规模的科学计量分析基本上是论文署名分析。虽然各种文献数据库收录的科研成果类型丰富,包括论文、专利、著作、评论、通讯、会议摘要等,但是科研论文或原创论文的信息是最丰富的,现有研究也绝大多数聚焦科研论文。科研论文的合作署名规模(即科研合作规模)分析需要同时兼顾两个方面:频率(incidence)和程度(extent)。[①]科研合作的频率衡量合作署名的科研成果占所有科研成果的比例。科研成果中合作署名频率(比例)越高的,科研合作越普遍。科研合作的程度衡量合作署名的作者的个数。科研成果中合作署名的作者的数量越多,科研合作程度越高。总体而言:合作署名论文的频率(比例)越高,代表科研合作越普遍;合作署名的作者的数量越多,代表科研合作程度越高;合作署名的组织的数量越多,代表组织之间的科研合作程度越高;合作署名的国家的数量越多,代表科研合作的国际化程度越高。其次,科研合作的类型主要根据科研成果署名作者的地址信息,分别衡量组织之间的合作和国际合作两种类型。不同组织和国家之间的科研合作,分别通过科研成果的署名作者地址中的机构和国别来衡量。比如,一篇科研论文的署名作者的地址如果显示两个及以上国家,就被视为国际合作。一方面,学科与科研组织之间存在较高的重叠。另一方面,本书对科研人员已经进行了学科分类。学科的科研合作分析以科研人员的学科分类为基础进行研究分析。

二、科研合作规模的总体发展趋势

早期的科研活动以个体科研人员的独立研究和发表为主。根据《英国皇家学会科研论文目录》(Royal Society's Catalogue of Scientific Papers),研究人员发现 1800 年合作署名的科研论文仅占 2%,经过 100 年缓慢增长

---

① Laband D N, Tollison R D. Intellectual Collaboration [J]. Journal of Political Economy, 2000, 108(3): 632-662.

到 1900 年的 7％。[①] 基于《化学摘要》数据,普莱斯发现化学学科合作署名的科研论文在 1910 年不到 20％,到 1960 年就已经超过了 60％。[②] 而且普莱斯发现三名作者的论文增速高于两名作者的论文增速,四名作者的论文增速高于三名作者的论文增速。根据合作署名论文增长的频率和程度,普莱斯预测化学学科的科研论文中"独立作者的论文到 1980 年就可能会绝迹"[③]。

　　基于科研合作活动的急剧增长,普莱斯将 20 世纪 60 年代划定为科研活动形式"剧烈变革"的分水岭。[④] 普莱斯书中科研活动形式的剧烈变革,就是团队合作的"大科学"形式取代个体科研人员的独立研究。科研合作是"大科学"的标志性特征。[⑤] 自 20 世纪 60 年代以来,科研合作规模的增幅更大、增速更快,独立研究和发表的比例在迅速下降。[⑥] 西文过刊数据库收录的科研论文中,合作发表的论文的比例从 1900 年的 6％提高到 2011 年的超过 60％。[⑦] 科学网数据库收录的科研论文中合作发表论文的占比更是

① Beaver D D, Rosen R. Studies in Scientific Collaboration：Part I—The Professional Origins of Scientific Co-authorship [J]. Scientometrics, 1978, 1(1)：65-84.

Beaver D D, Rosen R. Studies in Scientific Collaboration：Part Ⅱ—Scientific Co-authorship, Research Productivity and Visibility in the French Scientific Elite, 1799-1830 [J]. Scientometrics, 1979, 1(2)：133-149.

Beaver D D, Rosen R. Studies in Scientific Collaboration：Part Ⅲ—Professionalization and the Natural History of Modern Scientific Co-authorship [J]. Scientometrics, 1979, 1(3)：231-245.

② Price D J. Little Science, Big Science, and Beyond [M]. New York：Columbia University Press, 1986：87.

③ Price D J. Little Science, Big Science, and Beyond [M]. New York：Columbia University Press, 1986：86-91.

④ Price D J. Little Science, Big Science [M]. New York：Columbia University Press, 1963：79.

⑤ Price D J. Little Science, Big Science, and Beyond [M]. New York：Columbia University Press, 1986.

⑥ Rawlings C M, Mcfarland D A. Influence Flows in the Academy：Using Affiliation Networks to Assess Peer Effects Among Researchers[J]. Social Science Research, 2011, 40(3)：1001-1017.

⑦ West J D, Jacquet J, King M M, et al. The Role of Gender in Scholarly Authorship [J]. PLOS ONE, 2013, 8(7)：e66212.

高达 75%。① 基于大规模的科学网数据库计量分析发现,无论是自然科学还是社会科学和人文学科,合作署名论文的比例在 1900 年至 2011 年之间都逐步提高。② 科学网数据库收录的科研论文的国际合作比例从 1990 年的 10% 增长到 2011 年的 25%。③ 纵观 1900 年到 2020 年这 120 年,斯高帕斯数据库 27 个学科大类和 332 研究领域,合作署名的期刊论文数量普遍增长,尽管程度不一,但未来发展并没有减缓的迹象。④

科研合作的程度也在提高。1955 年科研论文的篇均作者数量仅 1.9 个,2000 年提高到了 3.5 个。⑤ 组织之间的科研合作程度也在提高。1981 年三个及三个以上组织合作署名的论文占所有论文的 1/3 左右,到 1995 年超过了一半⑥。根据科学网数据库 2000 万论文的计量分析发现,2000 年科研团队的平均规模,以及合作署名的论文比例在科学与工程、社会科学和人文艺术学科均提高了⑦。到 2000 年,人文艺术学科的科研论文中单独署名依然多数,但是社会科学学科的合作署名的科研论文超过论文总数的一半,而科学和工程学科的两人以上的合作署名已经成为主要范式。自然科学和工

① Wuchty S, Jones B F, Uzzi B. The Increasing Dominance of Teams in Production of Knowledge [J]. Science, 2007,316(5827): 1036-1039.

② Larivière V, Gingras Y, Sugimoto C R, et al. Team Size Matters: Collaboration and Scientific Impact Since 1900 [J]. Journal of the Association for Information Science and Technology, 2015, 66(7): 1323-1332.

③ Wagner C S, Park H W, Leydesdorff L. The Continuing Growth of Global Cooperation Networks in Research: A Conundrum for National Governments[J]. PLOS ONE, 2015, 10(7): e0131816.

④ Thelwall M, Maflahi N. Research Coauthorship 1900-2020: Continuous, Universal, and Ongoing Expansion [J]. Quantitative Science Studies, 2022, 3(2): 331-344.

⑤ Wuchty S, Jones B F, Uzzi B. The Increasing Dominance of Teams in Production of Knowledge [J]. Science, 2007,316(5827): 1036-1039.

⑥ Shrum W, Genuth J, Chompalov I. Structures of Scientific Collaboration [M]. Cambridge, MA: MIT Press, 2007.

⑦ Wuchty S, Jones B F, Uzzi B. The Increasing Dominance of Teams in Production of Knowledge [J]. Science, 2007,316(5827): 1036-1039.

程学科的期刊论文的平均作者数量从 1950 年的 1.9 人提高到 2000 年 3.5 人。[①]《古典文学趋势》(*Trends in Classics*)这本期刊论文的合作署名最少,2020 年的科研论文中 93% 是独立署名。[②] 免疫学的科研论文合作署名最多,2020 年每篇论文平均有 9.6 个作者署名。斯高帕斯数据库收录的科研论文的合作署名统一呈现出明显的学科差异。人文和艺术大类以及社会科学大类的篇均作者数在 3.5 人以下,其他大类的篇均作者数在 4 个以上。[③]

20 世纪以来,科研合作规模的增长趋势在所有综合性文献数据库,比如科学网[④]和西文过刊数据库[⑤],以及学科文献数据库,比如社会学摘要[⑥]都一致。回应普莱斯 20 世纪 60 年代的预测,独立作者的科研论文在 21 世纪几乎快消失了。[⑦] 20 世纪后半期以来,多项研究表明独立署名的论文占比持续下降[⑧],而合作署名的论文数量,以及合作署名的作者平均数量都呈持

① Wuchty S, Jones B F, Uzzi B. The Increasing Dominance of Teams in Production of Knowledge [J]. Science, 2007,316(5827): 1036-1039.

② Thelwall M, Maflahi N. Research Coauthorship 1900-2020: Continuous, Universal, and Ongoing Expansion [J]. Quantitative Science Studies, 2022, 3(2): 331-344.

③ Thelwall M, Maflahi N. Research Coauthorship 1900-2020: Continuous, Universal, and Ongoing Expansion [J]. Quantitative Science Studies, 2022, 3(2): 331-344.

④ Wuchty S, Jones B F, Uzzi B. The Increasing Dominance of Teams in Production of Knowledge [J]. Science, 2007,316(5827): 1036-1039.

⑤ West J D, Jacquet J, King M M, et al. The Role of Gender in Scholarly Authorship [J]. PLOS ONE, 2013, 8(7): e66212.

⑥ Hunter L, Leahey E. Collaborative Research in Sociology: Trends and Contributing Factors [J]. American Sociology, 2008, 39(14): 290-306.

⑦ Greene M. The Demise of the Lone Author [J]. Nature, 2007, 450(7173): 1165.

⑧ Abt H A. The Future of Single-Authored Papers [J]. Scientometrics, 2007, 73(3): 353-358.

Uddin S, Hossain L, Abbasi A, et al. Trend and Efficiency Analysis of Co-authorship Network [J]. Scientometrics, 2012, 90(2): 687-699.

续上升的趋势。①

三、科研合作规模的学科差异与共性

科研合作规模在不同学科之间的确有差异，但是大幅度增长是大多数学科的共同的发展趋势。总体上，无论是频率还是程度，自然科学领域的论文合作署名都要高于人文、艺术和社会科学领域的论文合作署名。② 自然科学和工程学科的合作发表论文比例从 1955 年的 50％，提高到 2000 年的超过 75％。③ 生物学的合作署名论文比例从 1950 年的 30％多上升到 1995 年的 80％多；1995 年，生物学论文的合作者数量在 2.4～3 人。④ 化学学科 99％的论文是合作署名的。⑤ 2010 年，物理学、纳米技术和生物技术领域的科研论文中 95％左右是合作发表的。⑥ 生命科学和医学，以及天文学也以合作发表论文为主。⑦

自然科学学科内部也存在论文合作署名差异。比如，理论数学领域的

① Gazni A，Sugimoto C R，Didegah F. Mapping World Scientific Collaboration：Authors，Institutions，and Countries ［J］. Journal of the American Society for Information Science and Technology，2012，63（2）：323-335.

Larivière V，Gingras Y，Sugimoto C R，et al. Team Size Matters：Collaboration and Scientific Impact Since 1900 ［J］. Journal of the Association for Information Science and Technology，2015，66(7)：1323-1332.

② Laband D N，Tollison R D. Intellectual Collaboration ［J］. Journal of Political Economy，2000，108(3)：632-661.

③ Wuchty S，Jones B F，Uzzi B. The Increasing Dominance of Teams in Production of Knowledge ［J］. Science，2007，316(5827)：1036-1039.

④ Laband D N，Tollison R D. Intellectual Collaboration ［J］. Journal of Political Economy，2000，108（3）：632-661.

⑤ Cronin B，Shaw D，La Barre K. Visible，Less Visible，and Invisible Work：Patterns of Collaboration in 20th Century Chemistry ［J］. Journal of the American Society for Information Science and Technology，2004，55(2)：160-168.

⑥ Freeman R B，Ganguli I，Murciano-Goroff R. Why and Wherefore of Increased Scientific Collaboration ［M］. Chicago：University of Chicago Press，2015：17-48.

⑦ Milojevic S. Principles of Scientific Research Team Formation and Evolution ［J］. Proceedngs of the National Academy of Science，2014，111(11)：3984-3989.

论文仍然以独立作者论文为主[①],数学学科也只有46％的论文是合作署名的。[②] 但是应用科学领域,尤其是医学科学领域的合作署名论文增长最为迅速。[③] 一些学科由于对大型研究设备设施的依赖、数据采集的团队协作等原因,团队研究是主要研究范式,而非个体研究。[④] 比如,大型健康追踪研究通常拥有多个中心,全球生态多样化研究和核反应堆研究等也是如此。[⑤]

　　人文、艺术和社会科学领域,科研论文的合作署名也都呈上升趋势。[⑥] 1935年社会学学科合作发表的论文仅占所有论文的11％,到2005年超过了50％。[⑦] 经济学的合作署名论文比例从1950年的不足10％上升到1995年的近70％。[⑧] 三本顶尖经济学期刊1963年至2011年发表的论文中,两个及以上作者的论文占比从1963年的16.3％上升到2011年的79.6％,但是4个或5个作者及以上的论文还是占少数。[⑨] 社会科学的二级学科之间合作署名论文的差异比自然科学内部的差异更加显著,比如社会学学科的

① Farber M. Single-Authored Publications in the Sciences at Israeli Universities [J]. Journal of Information Science, 2005, 31(1): 62-66.

② Grossman J W. The Evolution of the Mathematical Research Collaboration Graph [J]. Congressus Numeratium, 2002(158): 202-212.

③ Coccia M, Bozeman B. Allometric Models to Measure and Analyze the Evolution of International Research Collaboration [J]. Scientometrics, 2016, 108(3): 1065-1084.

④ Ziman J M. Prometheus Bound [M]. Cambridge, UK: Cambridge University Press, 1994.

⑤ Nakamura Y, Karsch-Mizrachi I, Cochrane G. The international nucleotide sequence database collaboration [J]. Nucleic Acids Research, 2011, 39(D1): D15-D18.

D'Ippolito B, Rüling C C. Research Collaboration in Large Scale Research Infrastructures: Collaboration Types and Policy Implications [J]. Research Policy, 2019, 48(5): 1282-1296.

⑥ Moody J. The Structure of a Social Science Collaboration Network: Disciplinary Cohesion from 1963 to 1999 [J]. American Sociological Review, 2004, 69(2): 213-238.

⑦ Hunter L, Leahey E. Collaborative Research in Sociology: Trends and Contributing Factors [J]. American Sociology, 2008, 39(4): 290-306.

⑧ Laband D N, Tollison R D. Intellectual Collaboration [J]. Journal of Political Economy, 2000, 108 (3): 632-661.

⑨ Hamermesh D S. Six Decades of Top Economics Publishing: Who and How? [J]. Journal of Economic Literature, 2013, 51(1): 162-172.

合作署名论文占总数的一半左右,但是社会福利领域的合作署名论文大约占总数的 53%,而马克思社会学的合作署名论文仅占总数的 8%。[1] 心理学领域有 71% 的论文是合作署名的,而哲学领域仅 4% 的论文是合作署名的。[2]

论文合作署名的学科差异原因众多,其中最主要的是不同学科的研究范式和署名规范不同。人文和社会科学研究中非正式合作更常见,许多合作者未必列入作者名单,而自然科学领域更多的是正式合作。[3] 但是大多数人文和社会科学领域也越来越重视科研合作的价值。[4] 而且,不同学科合作发表的论文快速增长的时间有差异。[5]

除了基于数据库的科学计量研究之外,问卷调查研究和学术人员简历分析也证实了科研合作的迅速增长趋势。[6] 实际上,科研合作活动和行为远远不止科研成果文献所衡量的。许多非正式的科研合作行为,比如科研想法的交流、科研数据的分享、科研技术和设施的共用等,都不一定通过科研成果合作署名的方式体现。[7] 一些国家和学科的研究惯例也未能充分反映特定人群的科研贡献。比如,一些国家和学科一般不将学生和技术人员

① Moody J. The Structure of a Social Science Collaboration Network: Disciplinary Cohesion from 1963 to 1999 [J]. American Sociological Review,2004,69(2): 213-238.

② Cronin B,Shaw D,La Barre K. Visible,Less Visible,and Invisible Work: Patterns of Collaboration in 20th Century Chemistry [J]. Journal of the American Society for Information Science and Technology,2003,54(9): 855-871.

③ Lewis J M,Ross S,Holden T. The How and Why of Academic Collaboration: Disciplinary Differences and Policy Implications [J]. Higher Education,2012,64(5): 693-708.

④ Graham Bertolini A,Weber C D,Strand M J,et al. "Unpacking" Cross-Disciplinary Research Collaboration in the Social Sciences and Humanities [J]. Qualitative Inquiry,2018,25(9-10): 1148-1156.

⑤ Wagner-Döbler R. Continuity and Discontinuity of Collaboration Behaviour Since 1800——From a Bibliometric Point of View[J]. Scientometrics,2001,52(3): 503-517.

⑥ O'Brien T L. Change in Academic Coauthorship,1953-2003 [J]. Science,Technology,& Human Values,2012,37(3): 210-234.

⑦ Lewis J M,Ross S,Holden T. The How and Why of Academic Collaboration: Disciplinary Differences and Policy Implications [J]. Higher Education,2012,64(5): 693-708.

列入作者名单。[①]

四、中国的科研合作规模发展趋势

中国的科研合作发展趋势与全球发展趋势基本一致。中国的科研合作频率和程度提高的时间相对落后于西方发达国家，但是增长速度更快。改革开放以来，中国大陆学者的科研成果呈"指数式"迅速增长。[②] 2016 年，中国已经超过美国跃居科研论文发表世界第一。[③] 大量研究表明中国科研成果的迅速增长是与科研合作密切相关的。[④] 人文和社会科学学科，中国期刊论文中合作比例从改革开放初期（1979—1991 年）的 23% 提高到 2000 年之后的 64.2%。[⑤] 基于中国科学技术论文和引用数据库，计量分析结果显示中国同机构内部、同区域机构之间、区域之间和国际合作发表论文均呈快速上升趋势[⑥]。

---

① Leahey E. From Sole Investigator to Team Scientist: Trends in the Practice and Study of Research Collaboration [J]. Annual Review of Sociology, 2016(42): 81-100.

② Foland P. The Race for World Leadership of Science and Technology: Status and Forecasts [J]. Science Focus, 2010, 5(1): 1-9.

Jin B, Rousseau R. China's Quantititative Expansion Phase: Exponential Growth but Low Impact [M]. Stockholm: Karolinska University Press, 2005: 362-370.

③ Tollefson J. China Declared Largest Source of Research Articles [J]. Nature, 2018, 553 (7689): 390.

④ Li J, Li Y. Patterns and Evolution of Coauthorship in China's Humanities and Social Sciences [J]. Scientometrics, 2015, 102(3): 1997-2010.

Quan W, Mongeon P, Sainte-Marie M, et al. On the Development of China's Leadership in International Collaborations [J]. Scientometrics, 2019, 120(2): 707-721.

Zhang Z, Rollins J, Lipitakis E. China's Emerging Centrality in the Contemporary International Scientific Collaboration Network [J]. Scientometrics, 2018, 116(2): 1075-1091.

Zhang L, Shang Y, Huang Y, et al. Toward Internationalization: A Bibliometric Analysis of the Social Sciences in Mainland China from 1979 to 2018[J]. Quantitative Science Studies, 2020, 2 (1): 376-408.

⑤ Li J, Li Y. Patterns and Evolution of Coauthorship in China's Humanities and Social Sciences[J]. Scientometrics, 2015, 102(3): 1997-2010.

⑥ Wang Y, Wu Y S, Pan Y T, et al. Scientific Collaboration in China as Reflected in Co-authorship [J]. Scientometrics, 2005, 62(2): 183-198.

跨国和跨区域的信息交流和科研合作,在中国科研飞速发展过程中发挥了重要的作用。[①] 国际化不仅能确保科研质量和专业化发展,还能提升个体人员、机构和国家的科研声誉、显示度、竞争力。[②] 国际化是社会知识经过科学推广发展为科学真理的必经之路。国际合作中的国别排名,中国在 200 个国家中位居第四,前三名分别是美国、英国和德国。[③] 中国自然科学领域科研的国际合作成就斐然,发展脉络清晰。[④] 社会科学领域,中国大陆学者在国际期刊合作发文数量也迅速增长,作为第一作者的比例增长迅速,而且合作网络更广[⑤]。社会科学领域,SSCI 论文中合作是主流,而 CSSCI 论文中单一作者是主流;而且 SSCI 的合作论文中三个及以上作者合作为主,CSSCI 的合作论文中两个作者合作为主。[⑥] 国内 CSSCI 论文以单一作者为主的一个重要原因是只有 30.7% 的国内期刊标注通讯作者。[⑦] 再加上,国内高校在职称评审等关键环节的科研成果评价中仅承认第一作者和通讯作者的贡献的措施,国内 CSSCI 论文以单一作者为主是可以理解的。

①　Boncourt T. What "Internationalization" Means in the Social Sciences: A Comparison of the International Political Science and Sociology Associations [M]. Cham: Palgrave Macmillan, 2018: 95-123.

②　Altbach P G, Knight J. The Internationalization of Higher Education: Motivations and Realities [J]. Journal of Studies in International Education, 2007, 11(3/4): 290-305.

Sivertsen G. Patterns of Internationalization and Criteria for Research Assessment in the Social Sciences and Humanities [J]. Scientometrics, 2016, 107(2): 357-368.

③　Ribeiro L C, Rapini M S, Silva L A, et al. Growth Patterns of the Network of International Collaboration in Science [J]. Scientometrics, 2018, 114(1): 159-179.

④　Basu A, Foland P, Holdridge G, et al. China's Rising Leadership in Science and Technology: Quantitative and Qualitative Indicators [J]. Scientometrics, 2018, 117(1): 249-269.

Wang L. The Structure and Comparative Advantages of China's Scientific Research: Quantitative and Qualitative Perspectives [J]. Scientometrics, 2016, 106(1): 435-452.

⑤　Zhang L, Shang Y, Huang Y, et al. Toward Internationalization: A Bibliometric Analysis of the Social Sciences in Mainland China from 1979 to 2018 [J]. Quantitative Science Studies, 2020, 2(1): 376-408.

⑥　Gong K, Cheng Y. Patterns and Impact of Collaboration in China's Social Sciences: Cross-Database Comparisons Between CSSCI and SSCI [J]. Scientometrics, 2022, 127(10), 5947-5964.

⑦　郭婷婷,李刚.通信作者标注制度研究[J].图书馆论坛,2019,39(2):1-10.

研究发现,发表于国际期刊的论文比发表于国内期刊的论文享有更好的显示度。[1] 国际期刊论文能让研究人员在当前的学术奖励体系中获得更高的回报,比如聘任、晋升、科研项目竞争、加薪等。[2] 中国的科研成果发表行为受各级科研评价政策的影响显著,尤其是国内早期对 SCI 论文发表的重视。中国高校对教师在科学网等数据库收录期刊上发文的现金奖励[3]以及职称评审和晋升的优待措施[4],极大地推动了科研人员在此类期刊发表论文的动力。比如,39 所"985 工程"高校中超过 80% 的生命和自然科学学科,43.8% 的工程学科,22.2% 的商科,以及 16.7% 的社会科学学科将在科学网发表论文作为职称评审的必要条件。[5] 其他高校虽然未将在科学网发表论文作为职称评审的必要条件,但是均在职称评审中给予特殊优惠。

第三节　高层次中青年骨干教师的科研合作水平

在全球和中国科研合作水平普遍提升的背景下,本节聚焦分析中国普

---

① Khor K A, Yu L G. Influence of International Co-authorship on the Research Citation Impact of Young Universities [J]. Scientometrics, 2016, 107(3): 1095-1110.

Hanna-Mari P, Muhonen R, Leino Y. International and Domestic Co-publishing and Their Citation Impact in Different Disciplines [J]. Scientometrics, 2014, 98(2): 823-839.

② De Rijcke S, Wouters P F, Rushforth AD, et al. Evaluation Ractices and Effects of Indicator Use: A Literature Review [J]. Research Evaluation, 2016, 25(2): 161-169.

Weingart P. Impact of Bibliometrics Upon the Science System: Inadvertent Consequences? [J]. Scientometrics, 2005, 62(1): 117-131.

③ Quan W, Chen B, Shu F. Publish or Impoverish: An Investigation of the Monetary Reward System of Science in China (1999-2016) [J]. Aslib Journal of Information Management, 2017, 69(5): 486-502.

④ Shu F, Quan W, Chen B, et al. The Role of Web of Science Publications in China's Tenure System [J]. Scientometrics, 2020, 122(3): 1683-1695.

⑤ Shu F, Quan W, Chen B, et al. The Role of Web of Science Publications in China's Tenure System [J]. Scientometrics, 2020, 122(3): 1683-1695.

通高校中高层次中青年骨干教师的科研合作水平的规律、影响因素，及其对科研生产力的影响。研究样本是兼具高层次、中青年、国际化三大特征的中国普通高校自然科学学科的骨干教师。样本的构建步骤和具体情况详见第三章第四节中的研究样本。样本的科研合作水平对中国高校全体教师也许不具备普遍代表性，但是具有较强的示范性。

一、研究问题和假设

"杰出海归计划"的目标不仅仅是资助海外高层次青年人才自身回国发展和成长，还寄希望于他们成长为自然科学研究学术技术带头人。大多数杰出海归刚回国就获得科研项目首席研究员（principal investigator，PI）的头衔和身份，以及与之相配套的组建自己的科研团队、实验室、招收博士生和科研助理的权力。PI 的头衔和身份是非常难得的科研条件和无形资本，对于大多数回国时仍然是博士后和助理教授（69％）的青年科研人员而言是不可多得的条件。本节将解决以下研究问题：杰出海归发表的科研论文的合作水平是否高于对照组成员？杰出海归的科研合作整体水平是否高于对照组成员？杰出海归的科研合作整体水平是否受"杰出海归计划"处理、政策时间和其他因素的影响？参考第三章的理论模型，本节提出以下研究假设：

假设 4.1　杰出海归的科研合作整体水平高于对照组成员。

假设 4.2　杰出海归的科研合作整体水平受"杰出海归计划"处理、政策时间，以及协变量的积极影响。

假设 4.3　"杰出海归计划"对科研合作整体水平的正向效应在不同水平的高校、不同地区的高校、不同学科均成立。

4.3.1　"杰出海归计划"对不同水平高校的杰出海归的科研合作整体水平有正向效应。

4.3.2　"杰出海归计划"对不同地区高校的杰出海归的

科研合作整体水平有正向效应。

4.3.3 "杰出海归计划"对不同学科的杰出海归的科研合作整体水平有正向效应。

假设 4.4 杰出海归的科研合作整体水平对科研论文规模和影响力有积极影响。

本节假设中的杰出海归组和对照组、政策时间,以及协变量与第三章一致,请参考该章第四节中的协变量、研究样本和面板数据。

二、科研合作综合指数

本书的创新点之一在于构建适用面广的科研合作综合指数(Coscore),而不是仅仅采用单独的科学计量指标评价科研合作的整体水平。单独的科学计量指标可以有针对性地衡量科研合作的某一个方面,比如频率、程度和类型。本书在单独的科学计量指标评价基础之上,构建了综合评价指数,衡量论文、科研人员个体和群体(组织或学科)的科研合作整体规模和水平。

学术界对科研合作行为、过程和成果的理论研究成果相对多元丰富,但是实际衡量方法却比较单一。科研合作成果的衡量方法主要是各种科学计量指标。绝大多数研究采用独立的,甚至是单一的科学计量指标(比如合作人数、合作组织数等)衡量整体、分学科、分国家的科研合作的规模和类型。采用社会网络分析方法的科研合作网络研究同时采用多个指标,但是聚焦点在于关系和研究群体的发现,而非科研合作的规模和类型。采用综合指数的研究比较少见,即使有也是聚焦较为宏观的分析单位,如组织和国家。比如,有研究聚焦染料敏化太阳能电池研究领域,构建了国家层面的科研国际合作指数。[1]

---

[1] Wang X F, Huang M, Wang H Y, et al. International Collaboration Activity Index: Case Study of Dye-Sensitized Solar Cells [J]. Journal of Informetrics, 2014, 8(4): 854-862.

（一）科研合作综合指数的统计思路

本研究根据国家、组织和个体三个层级对科研合作的规模和水平构建综合评价指数（见图 4.1）。类型是对科研合作性质的评价，而规模是衡量科研合作的程度。（1）按照层级，科研合作类型普遍被区分为个体和群体两个层级，而群体则包括组织和学科两类。群体层面，本综合评价指数选择衡量组织之间的科研合作，而非学科之间的科研合作。首先，科研组织和学科存在明显的交叉重叠。两者同时衡量既缺乏区分度，又难以分配权重。其次，研究样本中的个体已经按学科进行分类，可以进一步分析分学科的综合评价指数。（2）按照地理空间，综合评价指数选择国内和国际两大类科研合

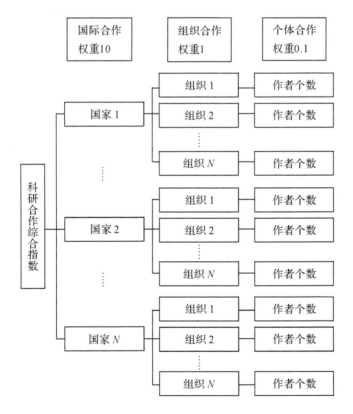

图 4.1　科研人员每年篇均论文的科研合作综合指数构建思路

作的区分方式,而非距离远近。国际合作发表的科研论文是所有科研论文中增长最为迅速的一类。[①] 多项实证研究发现,国际科研合作对于科研生产力和影响力的影响比国内科研合作更显著。[②] (3)科研合作程度一般通过参与合作发表论文的作者数量衡量。合作发表论文占所有论文的比例只能衡量科研合作的频率和普遍性。合作署名作者的数量更能反映科研合作的程度。作者人数越多,则科研合作规模越大,程度越深。参与合作的组织与国家数量偏重于衡量科研合作的广度和水平。本书将国际合作界定为最高水平的合作,组织之间的合作次之,个体之间的合作再次之。根据这一思路构建的综合评价指数,既适用于评价单篇论文的科研合作规模和水平,也适用于评价个体科研人员的科研合作规模和水平。汇聚之后,综合评价指数也适合用于评价组织、学科、国家等不同维度的科研合作规模和水平。

(二)科研合作综合指数的统计规则

(1)凡一个作者,不论列出多少个国家、组织或二级机构,得分为零。合作是个体科研人员之间的合作。一个科研人员,即使涉及多组织和多学科,在操作层面也界定为单一个体知识和技能的拓展,而非合作。

(2)如果有两个作者,科研合作按三个水平依次递减计算:国际合作、组

---

① Xie Y, Killewald A. Is American Science in Decline? [M]. Cambridge, MA: Harvard University Press, 2012.

Hsiehchen D, Espinoza M, Hsieh A. Multinational Teams and Diseconomies of Scale in Collaborative Research [J]. Science Advances, 2015, 1(8): e1500211.

② Freeman R B. Immigration, International Collaboration, and Innovation: Science and Technology Policy in the Global Economy [M]. Cambridge, MA: National Bureau of Economic Research, 2014.

Khor K A, Yu L G. Influence of International Co-authorship on the Research Citation Impact of Young Universities [J]. Scientometrics, 2016, 107(3): 1095-1110.

Leydesdorff L, Bornmann L, Wagner C S. The Relative Influences of Government Funding and International Collaboration on Citation Impact [J]. Journal of the Association for Information Science and Technology, 2019, 70(2): 198-201.

Ni P, An X. Relationship Between International Collaboration Papers and Their Citations from an Economic Perspective [J]. Scientometrics, 2018, 116(2): 863-877.

织之间的合作(一级独立组织)、个体(署名作者)之间的合作。国际合作统计两个独立国家和地区之间的合作。[1]一级独立组织包括学校、研究所、研究中心、实验室、政府部门、企业,等等。论文地址的表达形式因期刊、国家、学科以及个体习惯和偏好等原因,差异显著。一级独立组织的内部二级单位,由于性质和层级因为习惯和偏好的不同,更加难以确定并区分,不单独统计。也就是说,如果一篇论文列出一所大学内部的 10 个二级单位,也仅在组织层面,统计一次。

(3)三个层次中每一层次独立计分,每层得分,最低为 0 分,最高为 9 分。0 分与 9 分之间的得分按百分比转换,转换方式如表 4.1 所示。

(4)国际合作得分,1 个国家计 0 分,2 个国家计 1 分,3 个国家计 2 分,以此类推,当合作单位达到 10 个及以上,统一计最高分 9 分(见表 4.1)。

(5)组织合作得分,为组织数(删除重复组织)减国家数(删除重复国家)。比如,一篇论文列出 2 个国家,2 所大学,因国际合作得分已计入,则组织合作得分为 0 分。如果,一篇论文列出 2 个国家、3 所大学,则组织合作得分为 1 分。2 个组织计 0 分,3 个组织计 1 分,其他按百分比转换,最高分 9 分。组织合作得分具体转换方式如表 4.1 所示。

(6)个体合作得分,1 名作者计 0 分,2 名作者计 1 分,其他按百分比转换,最高分 9 分。个体合作得分具体转换方式如表 4.1 和表 4.2 所示。

(7)根据合作水平,国际合作权重为 10,组织合作权重为 1,个体合作权重为 0.1。

---

[1]　英格兰、苏格兰、威尔士和北爱尔兰统一计为英国。中国港澳台地区,与中国内地分开统计。

表 4.1　国际合作、组织合作、个体合作得分转换方式：杰出海归组

国家个数	论文篇数	百分比/%	国际合作得分/分	合作组织个数	论文篇数	百分比/%	组织合作得分/分	作者人数	论文篇数	百分比/%	个体合作得分/分
1	30514	58.50	0	0	19399	37.19	0	1	237	0.45	0
2	16135	30.93	1	1	15763	30.22	1	2~3	6342	12.16	1
3	3864	7.41	2	2	8942	17.14	2	4	6019	11.54	2
4	894	1.71	3	3	4073	7.81	3	5	6773	12.98	3
5	292	0.56	4	4	1774	3.40	4	6	6387	12.24	4
6	107	0.21	5	5	856	1.64	5	7	5227	10.02	5
7	70	0.13	6	6	417	0.80	6	8~9	8289	15.89	6
8	33	0.06	7	7~9	426	0.82	7	10~13	8154	15.63	7
9	49	0.09	8	10~20	275	0.53	8	14~20	3331	6.39	8
10~71	206	0.39	9	21~261	239	0.46	9	21~1580	1405	2.69	9

表 4.2　国际合作、组织合作、个体合作得分转换方式：对照组

国家个数	论文篇数	百分比/%	国际合作得分/分	合作组织个数	论文篇数	百分比/%	组织合作得分/分	作者人数	论文篇数	百分比/%	个体合作得分/分
1	37004	70.22	0	0	21052	39.95	0	1	247	0.47	0
2	12166	23.09	1	1	16631	31.56	1	2~3	5560	10.55	1
3	2564	4.87	2	2	8616	16.35	2	4	6057	11.49	2
4	577	1.09	3	3	3623	6.88	3	5	7195	13.65	3
5	189	0.36	4	4	1419	2.69	4	6	7197	13.66	4
6	58	0.11	5	5	645	1.22	5	7	6240	11.84	5
7	32	0.06	6	6	283	0.54	6	8~9	9008	17.09	6
8	22	0.04	7	7~9	265	0.50	7	10~13	7573	14.37	7
9	19	0.04	8	10~20	104	0.20	8	14~20	2803	5.32	8
10~43	65	0.12	9	21~232	58	0.11	9	21~1580	816	1.55	9

三、科研合作综合指数的分布和发展规律

鉴于海外学术培养和工作对科研合作的显著影响,样本进一步细分为三类:杰出海归,一般海归和无海外学术经历的教师。杰出海归的科研合作综合指数均值、篇均作者数、篇均组织数和篇均国家数都略高于一般海归,远远高于无海外学术经历的教师(见表4.3)。杰出海归和一般海归的科研合作综合指数均值分别为7.87和6.84,而无海外学术经历的教师的科研合作综合指数仅3.61。发表论文的篇均作者数、篇均组织数和篇均国家数均值同样在杰出海归、一般海归和无海外学术经历的教师之间依次递减。

表 4.3 三类教师的科研合作水平对比

评价指数	所有 N＝9292		无海外学术经历的教师 N＝1565		一般海归 N＝3622		杰出海归 N＝4105	
	均值	标准差	均值	标准差	均值	标准差	均值	标准差
综合评价指数	6.75	6.99	3.61	4.21	6.84	6.48	7.87	7.86
篇均作者数	7.81	18.9	6.54	4.35	7.78	10.77	8.33	26.42
篇均组织数	2.73	3.95	2.04	1.01	2.71	1.74	3.02	5.66
篇均国家数	1.54	0.85	1.25	0.41	1.53	0.62	1.66	1.09

注:N＝观测数。

表4.4的单因素方差分析结果显示,三类教师之间的科研合作综合指数的均值差异都通过了显著性水平检测,具有统计意义,假设4.1成立。这说明科研合作综合指数因为海外学术经历差异和"杰出海归计划"出现显著差异,有必要进一步检验科研合作综合指数是否受政策时间,以及协变量的影响,即假设4.2。

表 4.4　科研合作综合指数方差分析

教师模型	观测数	Coscore 均值	均值差异[1]		F 值
无海外学术经历的教师	1565	3.61	′2-1	3.23***	21.16,
一般海归	3622	6.85	′3-2	1.03***	$p = 0.0000$
杰出海归	4105	7.87	′3-1	4.26***	

注:1.均值差异采用 Bonferroni 法。* $p < 0.05$;** $p < 0.01$;*** $p < 0.001$。

四、科研合作综合指数的影响因素模型

基于面板数据,本节首先采用混合回归模型检验科研合作综合指数的影响因素,然后进一步采用双重差分(DID)模型和倾向得分匹配(PSM)模型严格验证"杰出海归计划"对普通高校教师的科研合作水平的影响。

(一)混合回归(pooled regression)模型

$$Y_i = \beta_0 + \beta_i X_i + \lambda_t + \gamma_i C_i + \varepsilon_i \qquad (4\text{-}1)$$

混合回归模型(式 4-1)中,Y_i 代表因变量科研合作综合指数;β_0 是常数项;X_i 指"杰出海归计划"的政策处理,β_i 代表"杰出海归计划"的影响系数;t 指政策时间,λ_t 代表政策时间效应;C_i 指协变量,γ_i 代表协变量的影响系数;i 表示某个样本,ε_i 是随机干扰项。该混合回归模型中协变量包括个体特征(学科和现在职称)、现任高校学术环境(高校水平、所在区域)以及学术资本(博士毕业国家、博士毕业院校莱顿科研排名、海外学术工作国家、海外学术工作单位莱顿科研排名、海外学术职称)三类。各个协变量的操作性定义和衡量方式参见第三章。混合回归模型在检验"杰出海归计划"的处理效应时,首先包括政策时间以控制时间效应,其次采用一系列协变量控制个体差异,再次采用"聚类稳健标准误"控制分组固定效应,以提高"杰出海归计划"效应估计的准确性和稳健性。

为了突出海外学术经历的影响,混合回归模型首先在(1)全样本中进行验证,其次在(2)海归亚样本(即杰出海归组和一般海归组组成的对照组成

员)中进行验证。如表 4.5 所示,控制了政策时间和协变量之后,无论是全样本还是海归亚样本,混合回归模型都通过了政策效应和常数的显著性水平检测,模型成立。这说明,无论是全样本还是海归亚样本,"杰出海归计划"都对科研合作水平有正向的促进效应,只是效应值都比较低。全样本中,"杰出海归计划"的干预系数为 0.002,模型整体判定系数(R^2)为 0.138。与对照组中一般海归亚样本相比,"杰出海归计划"的干预系数为 0.06,模型整体判定系数为 0.1。两个混合回归模型中系数显著的协变量一致,而且现任职称和现任高校外部环境(所在地区)在两个模型中均不显著,即对科研合作水平无影响。

表 4.5 混合回归模型结果摘要:因变量—科研合作综合指数

	(1)全样本	(2)海归亚样本
	系数(t 值)	系数(t 值)
政策效应	0.002***(4.91)	0.06***(9.18)
系数显著的协变量	政策期、学科、现任高校水平、博士毕业国家和高校科研排名、海外学术工作国家和高校科研排名、海外职称	
	系数(t 值)	系数(t 值)
系数不显著的协变量	现任职称、现任高校所在地区	
常数	0.92***(12.77)	1.01***(6.83)
R^2	0.138	0.100
观测数	9259	7696
组别	杰出海归组 VS 对照组	杰出海归组 VS 对照组(一般海归)
时间固定效应	是	是
分组固定效应	是	是

注:括号内为 t 值;显著性水平 * $p < 0.05$,** $p < 0.01$,*** $p < 0.001$。

(二)双重差分(DID)模型

虽然混合回归模型的结果证实了假设 4.2 成立,但是如同第三章中分析的,混合回归模型对自然实验类的"杰出海归计划"实施效应估计容易存在一定偏差。为了进一步降低估计偏差,接下来采用 DID 模型和 PSM 模型检验假设 4.2。

1. DID 模型

$$Y_{it} = \alpha + \beta_1 \text{政策处理} + \beta_2 \text{政策后} + \beta_3 (\text{政策处理} \ x \ \text{政策后})_{it}$$
$$+ \gamma X_{it} + \delta_i + \eta_t + \varepsilon_i \tag{4-2}$$

式 4-2 中,Y_{it} 代表个体(i)在政策年(t)的因变量科研合作综合指数;α 是常数值;解释变量"政策处理"是虚拟变量,代表个体接受"杰出海归计划"处理与否,β_1 是政策处理的系数值;"政策后"是政策实施后的政策时间(5 年),β_2 是政策后时间的系数值;"政策处理"与"政策后"的交互效应衡量了"杰出海归计划"对处理对象——杰出海归的影响系数,即系数 β_3;X_{it} 是选中的协变量,γ 代表协变量系数值;δ_i 代表个体(i)的分组固定效应;η_t 代表政策时间(t)的固定效应。双重差分模型中包含分组和时间这 2 个固定效应,既控制组内一般情况下不随时间变化的不可控因素,也控制在政策时间内可能影响所有组成员的因素。而且分组和时间固定效应的控制可以在一定程度上降低协变量未能控制的其他可能偏差。[①] ε_i 是随机干扰项。

2. DID 模型的稳健性检验

采用 DID 模型进行因果效应估计,需要满足一系列的模型稳健性检验。

第一,本研究的 DID 模型采用面板数据估计政策实施前后一段时间内的政策效应,而不仅仅是政策前后均值的比较。

第二,DID 模型中增加分组和时间固定效应的双重固定效应检验,以降低协变量未能控制的其他可能存在的偏差。

---

① Hagood L P. The Financial Benefits and Burdens of Performance Funding in Higher Education [J]. Educational Evaluation and Policy Analysis,2019,41(2):189-213.

第三,DID 模型分别采用规模和性质不同的全样本和海归亚样本检验,有利于降低样本筛选导致的偏见。[①]

第四,"杰出海归计划"处理与科研论文规模和影响力之间的线性关系假定,已经被之前的混合回归模型证实。所有因变量都经过自然对数转换,以满足线性回归模型的条件。

第五,平行趋势假定是 DID 模型假定中最重要的一项假定。表 4.6 显示,全样本的 DID 模型平行趋势假定结果的显著性水平均大于 0.01,基本符合平行趋势假定,但是海归亚样本不符合平行趋势假定。

表 4.6　DID 模型的平行趋势检验结果

样本	统计量	全样本	海归亚样本
平行趋势检验(政策前)	F statistics	1884.90	35825.33
	Prob$>F$	0.0147	0.0034

平行趋势假定图 4.2 显示,政策干预前 3 年,杰出海归组和对照组的科研合作综合指数均值均呈上升趋势,只是杰出海归组的均值上升趋势比对照组更为陡峭,即上升幅度更大。

3. DID 模型结果

DID 模型结果显示,仅全样本中"杰出海归计划"对科研合作综合指数的处理效应成立,然而系数和效应值都较低(见表 4.7),而且"杰出海归计划"的政策处理系数(ATET)为负(−0.07),与之前的描述性和方差分析结果相悖。海归亚样本的 DID 模型不成立。

[①]　Checchi D, Malgarini M, Sarlo S. Do Performance-Based Research Funding Systems Affect Research Production and Impact? [J]. Higher Education Quarterly, 2019, 73(1): 45-69.

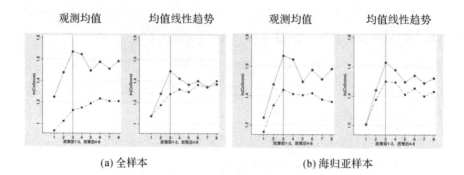

(a) 全样本   (b) 海归亚样本

图 4.2　科研合作综合指数的 DID 模型平行趋势检验

表 4.7　科研合作综合指数的 DID 模型结果：全样本 VS 海归亚样本

模型号	DID1	DID2
样本	全样本	海归亚样本
政策处理系数（ATET）	−0.07*	0.02
	（−16.36）	（6.98）
协变量		
学科参照组：工程与材料		
物理	0.34*	0.28
	（18.4）	（3.93）
常数值	1.13*	1.21
	（22.54）	（11.06）
观测数	9259	7696
时间固定效应	是	是
分组固定效应	是	是

注：1 政策处理系数指"杰出海归计划"对杰出海归的处理效应系数（ATET）。

括号内为 t 值；显著性水平* $p<0.05$,* $p<0.01$, *** $p<0.001$。

（三）倾向得分匹配（PSM）模型

因为 DID 模型的平行趋势假定并不理想，而且采用的面板数据为非平衡面板数据，因此采用倾向得分匹配模型，纠正非平衡面板数据问题，并改善杰出海归处理组和对照组的匹配度，进而更加准确地估计政策效应值。由于对照组有一部分成员无海外学术培养和工作经历，所以倾向得分匹配模型的协变量仅包括表 4.8 中的 7 个协变量，未选择海外学术工作国家和高校科研排名、海外职称这 3 个协变量。表 4.8 显示，两个样本匹配后的处理组和对照组的倾向得分分布更加接近，变量的标准化偏差绝大多数小于 0.1，在可接受范围内。[①] 与匹配前相比，匹配后变量的标准化偏差普遍缩小，缩小幅度在 8％到 100％之间。两个样本的倾向得分的核密度图（见图 4.3）显示，匹配后处理组和对照组的核密度曲线均基本重合。匹配后，PSM 模型协变量的平衡性结果都良好。

表 4.8　PSM 模型协变量的平衡性检验

因变量：科研合作综合指数	全样本			海归亚样本		
	标准化偏差		标准化偏差减小幅度	标准化偏差		标准化偏差减小幅度
	匹配前	匹配后		匹配前	匹配后	
学科	0.133	0.016	−88％	0.091	0.065	−29％
现在职称	0.145	0.007	−95％	0.153	0.087	−43％
高校水平	0.019	0.002	−89％	0.065	0.008	−88％
现任单位地区	0.078	0.072	−8％	0.02	0.032	60％
博士毕业国家	0.831	0.002	−100％	0.579	0.004	−99％
博士毕业高校被引均值	0.604	0.016	−97％	0.377	0.024	−94％
博士毕业高校被引前 10％	0.728	0.025	−97％	0.476	0.038	−92％

① 陈强. 高级计量经济学及 Stata 应用（第二版）[M]. 北京：高等教育出版社，2014：550.
Rosenbaum P R, Rubin D B. The Central Role of the Propensity Score in Observational Studies for Causal Effects [J]. Biometrika, 1983, 70(1)：41-55.

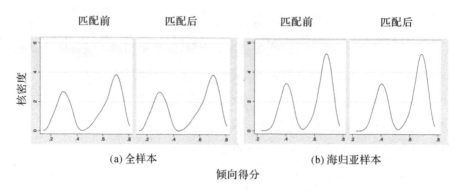

匹配前　　　匹配后　　　　匹配前　　　匹配后

核密度

倾向得分

(a) 全样本　　　　　　　　(b) 海归亚样本

图 4.3　科研合作综合指数的倾向得分匹配前后的核密度函数图

表 4.9 显示,PSM 模型结果证实了假设 4.2 成立,即科研合作综合指数受"杰出海归计划"、目前学术和外部环境,以及过去学术经历的影响。尤其是"杰出海归计划"对科研合作综合指数具有积极的正向促进作用。表4.9 显示全样本中,杰出海归组的科研合作综合指数均值比对照组全部成员的系数高出 0.21(Z 值 4.94)。海归亚样本中,杰出海归组的科研合作综合指数均值比对照组中海归成员的系数高出 0.15(Z 值为 2.7)。这说明,即使是与一般海归教师相比,"杰出海归计划"也在促进科研合作上发挥了显著的积极效应。

表 4.9　PSM 模型结果——科研合作综合指数的"杰出海归计划"处理系数:全样本和海归亚样本

因变量:科研合作综合指数	政策处理系数[1]	稳健标准误	95%置信区间				
			Z	$P>|Z|$	下限	上限	观测数
杰出海归组 VS 对照组	0.21	0.04	4.94	0.000	0.13	0.3	9259
杰出海归组 VS 一般海归组	0.15	0.06	2.7	0.007	0.04	0.26	7696

注:1. 政策处理系数指"杰出海归计划"对杰出海归的处理效应系数(ATET)。政策处理系数采用逻辑回归(logit)和卡尺(半径)匹配,卡尺值设定为 0.1。

在不同办学水平之间,"杰出海归计划"对科研合作综合指数的影响效应在"985 工程"高校和一般高校比较高,政策处理系数分别达到 0.48 和

0.4,在 C9 高校较低,政策处理系数为 0.16(见表 4.10)。"杰出海归计划"
对"211 工程"高校的杰出海归的科研合作水平没有显著影响。

表 4.10　PSM 模型结果——科研合作综合指数的"杰出海归计划"处理系数:分高校水平

高校水平	政策处理系数	稳健标准误	95％置信区间				
			Z 值	P＞|Z|	下限	上限	观测数
所有高校	0.20	0.03	5.92	0.000	0.14	0.27	9259
一般高校	0.40	0.11	4.44	0.000	0.27	0.69	701
"985 工程"高校	0.48	0.07	6.5	0.000	0.34	0.63	3079
C9 高校	0.16	0.06	2.7	0.007	0.04	0.27	4331

注:1. 政策处理系数指"杰出海归计划"对杰出海归的处理效应系数(ATET)。政策处理系数
采用逻辑回归(logit)和卡尺(半径)匹配,卡尺值设定为 0.1 或 0.2。

样本的 8 个自然科学学科中,"杰出海归计划"在 5 个学科的科研合作
整体水平形成了显著的积极效应(见表 4.11)。在环境与地球学科,"杰出
海归计划"对杰出海归的科研合作水平的处理效应最高,稳健系数达到
0.64,而其他 4 个学科的稳健系数在 0.14 和 0.35 之间。物理、数学和天文
学科的 PSM 模型不成立。数学和天文学科的 PSM 模型不成立估计是因
为样本的观测数太少,两个学科分别只有 215 条和 107 条观测数。物理学
科观测数达到 820 条,但是 PSM 模型依然不成立。这说明"杰出海归计划"
对于物理学科的科研合作水平并无显著影响。

表 4.11　PSM 模型结果——科研合作综合指数的"杰出海归计划"处理系数:分学科

学科	政策处理系数[1]	稳健标准误	95％置信区间				
			Z 值	P＞|Z|	下限	上限	观测数
工程与材料	0.14	0.07	2.08	0.037	0.01	0.27	3203
生命科学	0.20	0.07	3.02	0.003	0.07	0.33	2267
信息科学	0.35	0.11	3.23	0.001	0.14	0.56	776
环境与地球	0.64	0.27	2.35	0.019	0.11	1.17	655
化学	0.25	0.11	2.19	0.029	0.03	0.47	1216

注:1. 政策处理系数指"杰出海归计划"对杰出海归的处理效应系数(ATET)。政策处理系数
采用逻辑回归(logit)和卡尺(半径)匹配,卡尺值设定为 0.1 或 0.2。

表 4.12 显示,东部和中部地区,"杰出海归计划"对杰出海归的科研合作水平均形成正向的促进效应,稳健系数分别是 0.2 和 0.32。东北地区,"杰出海归计划"对科研合作水平的干预效应不显著,估计是观测数据太少(仅 215 条)。西部地区,"杰出海归计划"对杰出海归的科研合作水平带来负向效应,稳健系数达到−0.49。

表 4.12   科研合作综合指数的"杰出海归计划"处理效应值(ATET):按现任单位的地区

地区	政策处理系数	稳健标准误	95%置信区间				
			Z 值	$P>\|Z\|$	下限	上限	观测数
东部	0.20	0.04	4.71	0.000	0.12	0.29	6345
中部	0.32	0.14	2.24	0.025	0.04	0.6	1883
西部	−0.49	0.23	−2.15	0.031	−0.94	−0.04	816

注:1. 政策处理系数指"杰出海归计划"对杰出海归的处理效应系数(ATET)。政策处理系数采用逻辑回归(logit)和卡尺(半径)匹配,卡尺值设定为 0.1 或 0.2。

表 4.10、表 4.11 和表 4.12 的 PSM 模型结果证实假设 4.3.1、4.3.2、4.3.3 均成立,即"杰出海归计划"对任职于不同水平高校、不同学科和不同地区高校的杰出海归的科研合作整体水平大多有正向效应。

五、科研合作综合指数与科研论文规模和影响力之间的关系

本节在第三章的科研论文规模和影响力的 DID 和 PSM 模型基础上,增加科研合作综合指数作为协变量。目的是检验假设 4.4 杰出海归的科研合作整体水平对科研论文规模和影响力有积极影响。

(一)DID 模型:稳健性检验与模型结果

由于科研合作综合指数只是作为协变量被纳入 DID 模型,对 DID 模型的公式并无结构性调整,所以 DID 模型的公式和大部分稳健性检验均可参照第三章第四节的结果。

由于增加了一个协变量,平行趋势假定需要重新检验,结果和原来的DID 模型的平行趋势假定检验结果比较接近。除了 DID4.3 和 DID4.6 之外,其他 4 个 DID 模型的平行趋势检验的 F 值的显著性水平均大于 0.01,基本符合平行趋势假定(见表 4.13)。

表 4.13　增加协变量"科研合作综合指数"的 DID 模型平行趋势检验结果

模型号		DID4.1	DID4.2	DID4.3	DID4.4	DID4.5	DID4.6
因变量		LnWCT	LnFCT	LnDCT	LnWCTW	LnFCTW	LnDCTW
平行趋势检验	F 值	968.58	500.91	16101.34	1828.3	1961.2	7303.99
(政策前)	显著性水平	0.0204	0.0284	0.005	0.015	0.014	0.0074

增加了协变量"科研合作综合指数"之后,DID 模型中仅 DID4.4、DID4.5、DID4.6 3 个模型成立。尽管"杰出海归计划"处理效应和科研合作综合指数影响都通过了显著性水平检测,但未加权的科研论文规模和贡献的三个因变量模型(DID4.4—4.6)不成立。这说明,"杰出海归计划"处理和协变量"科研合作综合指数"对发表论文规模无显著影响(见表 4.14)。

采用被引次数加权的 3 个发表论文影响力因变量,都受到"杰出海归计划"处理和协变量"科研合作综合指数"显著的积极影响(DID4.4、DID4.5、DID4.6)。这说明,"杰出海归计划"处理和科研合作整体水平对于提升发表论文的影响力具有显著的促进作用。

与第三章的 DID 模型结果相比,增加协变量"科研合作综合指数"之后,原来影响显著的协变量比如海外高校的莱顿被引前 10% 排名和现任高校所在地区不再显著,但是博士毕业高校所在国家的显著影响体现在DID4.14中。

表 4.14　DID 模型的"杰出海归计划"处理效应:增加协变量"科研合作综合指数"

模型号	DID4.1	DID4.2	DID4.3	DID4.4	DID4.5	DID4.6
因变量	LnWCT	LnFCT	LnDCT	LnWCTW	LnFCTW	LnDCTW
政策处理系数[1]	0.287**	0.259**	0.339**	0.219**	0.191**	0.271**
	(251.26)	(153.39)	(111.19)	(95.83)	(67.40)	(64.64)
协变量						
学科参照组:工程与材料						
生命科学	−0.432	−0.771	−0.885	−0.371*	−0.710	−0.824
	(−7.48)	(−8.53)	(−7.67)	(−13.29)	(−11.73)	(−9.62)
物理	−0.280	−0.325	−0.520*	−0.388	−0.433	−0.628*
	(−6.64)	(−11.18)	(−13.32)	(−7.86)	(−11.94)	(−19.71)
数学	−0.618*	−0.0310	−0.0620	−1.205*	−0.618	−0.649
	(−13.65)	(−0.24)	(−0.39)	(−14.02)	(−7.05)	(−5.56)
博士毕业国家参照组:日韩新加坡						
欧洲及其他	−0.0592	−0.0880*	−0.122	−0.0988*	−0.128	−0.162
	(−3.45)	(−23.10)	(−1.26)	(−14.70)	(−8.96)	(−1.50)
海外工作国家参照组:日韩新加坡						
中国港澳台地区	−0.185	−0.179*	−0.226	−0.359*	−0.354**	−0.400
	(−11.89)	(−13.76)	(−2.25)	(−13.82)	(−138.16)	(−4.46)
科研合作综合指数	0.124	−0.00952	−0.0167	0.238*	0.104**	0.0972*
	(12.24)	(−2.11)	(−2.59)	(39.05)	(231.85)	(40.57)
常数值	1.487	−0.0418	0.150	2.941*	1.412*	1.604*
	(8.05)	(−0.42)	(2.45)	(16.05)	(14.47)	(26.88)
观测数	9259	9259	9259	9259	9259	9259
时间固定效应	是	是	是	是	是	是
分组固定效应	是	是	是	是	是	是

注:1. 政策处理系数指"杰出海归计划"对杰出海归的处理效应系数(ATET)。
　　括号内为 t 值;显著性水平* $p<0.05$,** $p<0.01$,*** $p<0.001$。

（二）PSM 模型：平衡性检验与模型结果

科研合作综合指数的 DID 模型结果与第三章科研论文规模和影响力的 DID 模型结果类似。本节继续采用 PSM 模型优化对照组与杰出海归组之间的匹配，之后再检验"杰出海归计划"处理效应。与第三章的 PSM 模型相比，本节的科研论文规模和影响力的 PSM 模型增加了一个协变量——科研合作综合指数。匹配后，所有协变量的标准化偏差都小于 0.2，在可接受范围之内（见表 4.15）。与匹配前相比，除了一个变量之外，其他协变量的标准化偏差减小幅度明显。匹配后现任高校所在地区的标准化偏差比匹配前反而增加了 17%，但是匹配后的标准化偏差仍然比较低（0.091）。新增的科研合作综合指数匹配后的标准化偏差比匹配前降低了 59%。匹配后，协变量之间的平衡性良好，倾向得分的核密度曲线基本重合（见图 4.4）。

表 4.15　PSM 模型协变量的平衡性检验（因变量 LnDCTW）

因变量：LnDCTW	标准化偏差		标准化偏差减小幅度
	匹配前	匹配后	
学科	0.133	0.05	62%
高校水平	0.145	0.031	79%
现任高校所在地区	0.078	0.091	−17%
博士毕业国家	0.831	0.011	99%
博士毕业高校均值	0.603	0.031	95%
博士毕业高校被引前 10%	0.728	0.022	97%
海外留学时间	0.594	0.072	88%
海外工作时间	0.905	0.089	90%
海外工作国家	1.049	0.037	96%
海外工作高校科研均值	0.315	0.017	95%
海外工作高校被引前 10%	0.304	0	100%
科研合作综合指数	0.305	0.126	59%

匹配前　　　　　　　匹配后

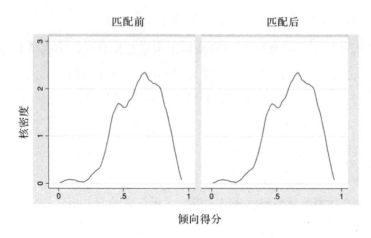

图 4.4　倾向得分匹配前后的核密度函数图（因变量 LnDCTW）

　　协变量的匹配改善之后，"杰出海归计划"处理对于 6 个因变量都有非常显著的正向效应。表 4.16 显示，PSM 模型的政策处理系数在 0.27（论文篇数）和 0.37（加权论文差分数）之间。比如，在"杰出海归计划"和包括科研合作综合指数在内的协变量的影响下，杰出海归的加权论文差分数比对照组成员的加权论文差分数平均高出 0.37，假设 4.4 成立。

表 4.16　PSM 模型的"杰出海归计划"效应：增加协变量"科研合作综合指数"

因变量	政策处理系数[1]	稳健标准误	95%置信区间			
			Z	$P>\|Z\|$	下限	上限
LnWCT	0.27	0.03	8.97	0.000	0.21	0.33
LnFCT	0.27	0.04	7.35	0.000	0.2	0.34
LnDCT	0.28	0.05	5.66	0.000	0.19	0.38
LnWCTW	0.36	0.05	7.29	0.000	0.26	0.46
LnFCTW	0.36	0.05	7.03	0.000	0.26	0.46
LnDCTW	0.37	0.06	6.11	0.000	0.25	0.49

　　注：1. 政策处理系数指"杰出海归计划"对杰出海归的处理效应系数（ATET）。"杰出海归计划"处理系数采用逻辑回归（logit）和卡尺（半径）匹配，卡尺值设定为 0.1。所有 PSM 模型的样本容量均为 9259。

　　增加科研合作综合指数作为协变量之后，加权论文差分数（LnDCTW）在各个分样本中受"杰出海归计划"的影响系数大部分成立，而且系数普遍高于全样本。在一般高校中，该模型不成立。增加了科研合作协变量的控制，"杰出海归计划"对杰出海归加权论文差分数的积极效应在"211工程"高校中最高，达到0.66，在所有高校中的平均效应为0.37（见表4.17）。

表4.17　PSM模型的"杰出海归计划"效应：分高校水平

因变量：LnDCTW	政策处理系数[1]	稳健标准误	95％置信区间				
			Z 值	$P>\|Z\|$	下限	上限	观测数
所有高校	0.37	0.06	6.11	0.000	0.25	0.49	9259
"211工程"高校	0.66	0.15	4.52	0.000	0.37	0.94	1148
"985工程"高校	0.43	0.15	2.87	0.004	0.14	0.73	3079
C9高校	0.5	0.12	4.25	0.000	0.27	0.73	4331

注：1. 政策处理系数指"杰出海归计划"对杰出海归的处理效应系数（ATET）。政策处理系数采用逻辑回归（logit）和卡尺（半径）匹配，卡尺值设定为0.1至0.2。

　　增加了科研合作协变量的控制，"杰出海归计划"对杰出海归加权论文差分数的积极效应在环境与地球科学最高（0.92），信息科学次之（0.72），工程与材料学科最低（0.28）（见表4.18）。数学（215条）和天文（107条）估计是因为观测数太少，PSM模型不成立。

表4.18　PSM模型的"杰出海归计划"效应：分学科

因变量：LnDCTW	政策处理系数[1]	稳健标准误	95％置信区间				
			Z 值	$P>\|Z\|$	下限	上限	观测数
工程与材料	0.28	0.13	2.15	0.032	0.02	0.53	3203
生命科学	0.32	0.13	2.39	0.017	0.06	0.58	2267
信息科学	0.72	0.25	2.85	0.004	0.23	1.22	776
环境与地球	0.92	0.22	4.25	0.000	0.49	1.34	655
化学	0.30	0.12	2.53	0.011	0.07	0.53	1216
物理	0.39	0.18	2.19	0.028	0.04	0.74	820

注：1. 政策处理系数指"杰出海归计划"对杰出海归的处理效应系数（ATET）。政策处理系数采用逻辑回归（logit）和卡尺（半径）匹配，卡尺值设定为0.2。

增加了科研合作协变量的控制，"杰出海归计划"对杰出海归加权论文差分数的影响系数在西部地区最高，中部地区次之，东部地区最低（见表4.19）。东北地区（215条）估计是因为观测数太少，PSM模型不成立。

表 4.19　PSM 模型的"杰出海归计划"效应：分地区

因变量：LnDCTW	政策处理系数	稳健标准误	95％置信区间				
			Z值	P＞|Z|	下限	上限	观测数
西部	11.47	0.3	4.87	0.000	0.88	2.06	816
中部	0.43	0.14	3.17	0.002	0.16	0.7	1883
东部	0.19	0.06	2.99	0.003	0.06	0.31	6345

注：政策处理系数指"杰出海归计划"对杰出海归的处理效应系数（ATET）。政策处理系数采用逻辑回归（logit）和卡尺（半径）匹配，卡尺值设定为 0.2。

第四节　小　结

"大科学"主导的新时代科学发展日新月异。全球范围内的科研合作规模不断扩大、广度和深度不断拓展。改革开放以来，中国在短短几十年内从全球科学研究的边缘走进中心。中国科研人员从科学研究的观察者成为主力军，科研生产力超过美国，跃居全球第一。中国科研生产力的爆发式增长中科研合作起到了至关重要的作用。自然科学领域，以杰出海归为代表的中国高校的高层次中青年教师的科研合作频率和程度都领先国际同行。国际化是21世纪初期中国高层次人才政策的特色和重点之一。本章构建的创新的科研合作整体水平评价指标——科研合作综合指数，以国际合作为最高水平、组织之间的合作次之、个体之间的合作再次之。科研论文发表方面，杰出海归的国际合作水平高于一般海归教师，更高于无海外学术经历的教师。学科、高校水平、高校所在地区、博士毕业高校的科研排名等都对高校教师的科研合作水平有显著的影响。更重要的是，科研合作综合指数对于提高科研论文的规模、贡献和影响力都有显著的积极效应。科研合作综合指数的量化统计分析结果证实了大部分研究假设,说明"杰出海归计划"在提升科研合作和科研生产力水平方面都取得了成功。

第五章　中国普通高校师资队伍建设的成就与挑战

本章简要概述改革开放以来中国普通高校师资队伍建设取得的成就，尤其是海外高层次引进人才政策的实际效应。中国普通高校师资队伍建设的快速发展过程中亦形成了学术生态重构、学术资源分配调整和学术规范重塑等一系列急需应对的挑战。

第一节　中国普通高校师资队伍建设的成就

21世纪初，中国高校教师的管理体制逐步确立了政府通过编制总量宏观调控、高校自主管理的模式。随着《中华人民共和国高等教育法》的颁布，高校逐步成为面向社会自主办学的法人单位。在政府的规章制度和宏观调控下，高校全面推行教师聘用合同制，根据"按需设岗、公开招聘、平等竞争、择优聘用、严格考核、合同管理"的原则，破除"身份管理"，实施全员岗位聘任。高校废除固定用人、职位终身制之后，全面推行竞争激励机制、加强聘后管理、健全考核评价制度，为高等教育事业的发展构建充满生机和活力的人事管理制度。中国公办普通高校教职工的编制管理从1985年开始实施并一直沿用至今。在政府出台了一系列法律和政策逐步扩大普通高校的办学自主权，推动普通高校人事制度的改革之后，政府部门对高校师资的管理从直接计划分配的全面管控,转变为编制与政策间接调控的"宏观管理"。

21世纪,中国高等教育高速发展以来,普通高校人事制度从固定用人向合同用人转变、由身份管理向岗位管理转变、由身份授予向契约管理转变、但是高校的人事制度需要在"灵活"与"稳定"之间找到平衡点,而非从固定的身份管理,走向流动的合同用人的另一个极端。比如20世纪末,在政府部门编制的宏观调控之下,中国高校为了应对大规模扩招后激增的师资需求,"通过人事代理、合同用工、劳务派遣等多种方式增加人员",在一定程度上成为造成"高校内部同工不同酬现象"的重要原因之一。① 针对专任教师,一些高校采取常任轨与普通轨并存的"一校两轨",或者常聘、准(预)聘、长聘、专聘及特聘等众多不同岗位并存的"一校多轨"聘任方式。② 近年来中国部分高校在岗位合同用人制度改革的总体方向下,也开始实行校内的"终身教职制度",以留住和吸引高端人才。高校通过聘用形式的多元化措施实现了高度灵活的专任教师岗位与合同管理。但是岗位与合同的多元导致的教师身份认同和组织认同,以及师资队伍建设的稳定和学术文化传统的保持等一系列的挑战需要高校持续创新内部治理机制予以应对。

20世纪,全球人才竞争由西方经济发达国家主导,引发了政治经济学术边缘的发展中国家的人才向政治经济学术中心的发达国家流动的趋势。发展中国家的人才向发达国家流动的趋势被称为"人才流失"(brain drain)。进入21世纪,随着中国、印度和巴西等发展中国家经济的崛起,人才出现了回流(brain circulation)的趋势。③ 人才回流趋势一方面是因为发展中国家经济发展的自然吸引;另一方面是因为发展中国家采取了积极的

---

① 范跃进.改革开放以来高等学校人事政策的演变趋势[J].国家教育行政学院学报,2017(9):16-22.

② 阎光才.高校教师聘任制度改革的轨迹、问题与未来去向[J].中国高教研究,2019(10):1-9.

③ Li W,Bakshi K,Tan Y N,et al. Policies for Recruiting Talented Professionals From the Diaspora:India and China Compared [J]. International Migration,2018,57(3):373-391.

人才引进政策。① 全球人才竞争的政策、措施与环境各有千秋，但是基本上都强调高等教育体制内部的法律法规、规章制度、高校内部治理体系、学术体制与传统、学校声誉等核心条件，以及外部经济社会文化等吸引力。②

与发达国家采用的人才签证、高额薪酬和学术环境等吸引政策不同，发展中国家实施的人才引进政策更多地聚焦于专门引进旅居海外的本土或原本土人才。中国的全球人才竞争政策和引进计划面向的主体是海外华人，原因是多元的。最主要的原因在于中国教育体制和法律法规决定了非本国公民不会成为公办学校教师队伍的主体。外籍人才可以，也的确为中国高等教育和科研事业的发展做出了重要贡献。但是外籍人才的贡献与本土人才的贡献相比只是很小的一部分。中国的高等教育和科研事业主要还是依靠本国的人才，包括海归人才。然而在全球人才竞争中，海归人才的竞争也非常激烈。即使是国际化程度最高的新加坡高校在与西方传统名校竞争时，也不得不依赖现任教师的个人学术网络、族裔关系、国家关系来吸引学术人才。③ 中国在全球人才竞争过程中也一直重视对海外华人的吸引。

中国高等教育发展的速度、幅度和成就举世瞩目在第三章中有充分的阐述，不再赘述。中国普通高等教育高速发展时期，专任教师队伍的规模尽管也实现了跨越式的增长，但是相对于在校生规模的增长而言依然比较小。中国普通高校专任教师队伍中的杰出海归是一个集国家高层次、国际化和年轻化人才政策导向于一体的拔尖人才群体。杰出海归的科研生产力、影响力与合作水平一方面代表着中国海外高层次青年人才的水平，另一方面也检验着中国高层次人才政策的实际效益。本书主要采用科学计量方法，

① Docquier F, Rapoport H. Globalization, Brain Drain, and Development [J]. Journal of Economic Literature, 2012, 50 (3): 681-730.

② Mahroum S. The International Policies of Brain Gain: A Review [J]. Technology Analysis and Strategic Management, 2005, 17(2): 219-230.

③ Ortiga Y Y, Chou M H, Wang J. Competing for Academic Labor: Research and Recruitment Outside the Academic Center [J]. Minerva, 2020, 58(4): 607-624.

通过严谨的 DID 模型和 PSM 模型验证了大部分的研究假设，如表 5.1 所示。

表 5.1　研究假设检验结果

假设	检验结果
假设 3.1 杰出海归的科研论文规模、贡献和影响力均值高于对照组成员	大多数成立
假设 3.2 "杰出海归计划"对杰出海归的科研论文规模、贡献和影响力形成了正向效应	大多数成立
3.2.1 "杰出海归计划"对杰出海归的论文篇数形成了正向效应	成立
3.2.2 "杰出海归计划"对杰出海归的论文均分数形成了正向效应	不成立
3.2.3 "杰出海归计划"对杰出海归的论文差分数形成了正向效应	不成立
3.2.4 "杰出海归计划"对杰出海归的加权论文篇数形成了正向效应	成立
3.2.5 "杰出海归计划"对杰出海归的加权论文均分数形成了正向效应	成立
3.2.6 "杰出海归计划"对杰出海归的加权论文差分数形成了正向效应	成立
假设 3.3 "杰出海归计划"的正向效应受到个体、学术资本和学术环境等协变量的影响	成立
假设 3.4 "杰出海归计划"的正向效应在不同水平的高校、不同地区的高校、不同学科均成立	成立
假设 4.1 杰出海归的科研合作整体水平高于对照组成员	成立
假设 4.2 杰出海归的科研合作整体水平受"杰出海归计划"处理、政策时间和协变量的积极影响	成立
假设 4.3 "杰出海归计划"对科研合作整体水平的正向效应在不同水平的高校、不同地区的高校、不同学科均成立	成立
假设 4.4 杰出海归的科研合作整体水平对科研论文规模和影响力有积极影响	成立

总体上，研究假设检验结果表明以杰出海归为代表的中国高层次青年人才在科研生产力和影响力方面提升迅速，在不同学科、不同水平的高校、不同地区的高校均有程度不一的提升。杰出海归人才计划形成了普遍的积极效应，尤其是杰出海归在科研论文中表现出的首要贡献（第一或通讯作者）以及影响力（被引次数）不仅高于对照组成员，而且其增长速度更快。只

是"杰出海归计划"的影响效应值并不高(见表 3.15)。海外学术资本对于科研生产力和影响力都有积极效应。海外留学和学术研究关系网对于杰出海归回国后发表科研论文的数量具有显著的积极效应。杰出海归回国后发表论文的数量逐步超过其他科研人员。[①] 杰出海归以第一作者和通讯作者发表的论文数量增长更加迅速。在科研影响力方面,杰出海归在回国前就高于对照组成员,回国后度过短暂的适应期后,超越对照组的幅度更胜于回国前。而且控制了科研合作整体水平之后,"杰出海归计划"对科研生产力和影响力的积极效应采用任何一种计量方式都成立,包括简单的均分计量法(见表 5.1)。即使采用均分计量法,杰出海归的科研合作水平也没有降低他们的科研生产力和影响力。所幸,即便采用均分式计量方式,科研合作可能会降低参与者的生产力的不利结果也并未出现在杰出海归群体中。[②]

加权论文差分数是科研论文规模、贡献和影响力综合性最高的衡量指标。以加权论文差分数为因变量的 PSM 模型分样本检验结果显示,"杰出海归计划"在"211 工程"高校、"985 工程"高校、C9 高校这三组中国高水平高校中的影响系数是依次递减的。这一反差值得政策研究者和制定者深思"杰出海归计划"资源分配的恰当性。"985 工程"高校和 C9 高校积聚了中国高等教育重点资助的大部分资源,"杰出海归计划"资助仅仅是其中一项。处于资源顶端的"985 工程"高校和 C9 高校,即便没有"杰出海归计划"的资助,也能吸引到大批与杰出海归学术水平相当的优秀青年学术人才。任职

---

① 陈代还,段异兵,潘紫燕.二元关系网络对海归科学家产出的影响——以中国"青年千人计划"为例[J].中国科技论坛,2015(9):143-147.

孟华."青年千人计划"对入选者学术表现的影响——以 985 高校前五批入选者为例[J].中国人力资源开发,2019,36(10):80-92.

魏立才,黄祎.学术流动对回国青年理工科人才科研生产力的影响研究——基于 Web of Science 论文分析[J].高等工程教育研究,2020(1):67-73.

② Leahey E, Beckman C, Stanko T. Prominent but Less Productive: The Impact of Interdisciplinarity on Scientists' Research [J]. Administrative Science Quarterly, 2017, 62(1): 105-139.

于"985 工程"高校和 C9 高校的其他青年学术人才本身也很优秀,借助学校的平台也有机会获得其他科研项目和经费的资助。因此获得"杰出海归计划"的大力资助,的确可以促进其在科研论文规模和影响力上超过其他青年人才,但是效应量有限。

"211 工程"高校的杰出海归人数比较少,反而能获得校内和校外资源的集中支持,包括研究仪器设备和设施、研究助理和技术人员配备、博士生招生名额的保障等。而在"985 工程"高校和 C9 高校,由于优秀学术人才人数较多,研究仪器设备和设施、研究助理和技术人员配备、博士生招生名额等这些科研最关键条件的竞争也更加激烈,反而不如任职于"211 工程"高校的杰出海归的研究条件。比如,博士生在自然科学学科是科研团队的重要力量,博士生招生名额直接影响杰出海归科研团队的规模和质量。在许多"985 工程"高校和 C9 高校,博士生招生名额的竞争非常激烈,有些杰出海归隔年才能争取到一个博士生招生名额。"211 工程"高校的杰出海归至少在博士生招生名额上竞争很少,一年能招 3~5 名博士生的不在少数。

这一现象也符合高水平高校中第二梯队的追赶效应。[①] 高水平高校中,处于第二梯队的,在第一梯队的标杆和压力的双重影响下,更容易激发追赶的动力、目标和行动。因此从政策影响效应来看,"杰出海归计划"是否应该向高水平高校中相对较低的高校倾斜一些,是政策调整和优化需要重点考虑的。任何人才和科研资助政策的集中还是分散,程度的把握都非常关键。比如,"杰出海归计划"的效应在一般高校中就几乎没有体现(见表3.18),当然这一结果需要考虑一般高校样本数量最少的情况。

经过 PSM 模型优化对照组匹配之后,科研合作综合指数对科研生产力和影响力形成了普遍的积极效应。在"杰出海归计划"影响之下,科研合

[①] Gardner S K, Veliz D. Evincing the Ratchet: A Thematic Analysis of the Promotion and Tenure Guidelines at a Striving University [J]. Review of Higher Education, 2014, 38(1): 105-132.

作综合指数在不同学科的表现与科研生产力类似。只是科研合作综合指数在不同水平的高校的表现与科研生产力有较大区别。杰出海归的科研合作综合指数受"杰出海归计划"处理的系数值在最高水平的 C9 高校中是最低的,在"985 工程"高校和一般高校中比较高,在"211 工程"高校中没有显著影响。这说明任职于"211 工程"高校的杰出海归的科研生产力和影响力远高于其他教师,但是科研合作整体水平并无显著差异。

"杰出海归计划"的效应在国内四大地区的表现在意料之外,也在意料之中。意料之中的是,现任学术单位所在地区不同,"杰出海归计划"的效应存在显著差异。这反映出学术单位所处的外部环境,尤其是经济社会发展水平,对"杰出海归计划"效应的实现有非常显著的干预作用,和之前的许多研究结论一致。意料之外的是,"杰出海归计划"效应在经济社会发展水平最高的东部地区(政策系数 0.31)最低,而在经济社会发展水平相对较低的中部(政策系数 0.86)和西部(政策系数 0.72)地区比较高。这一反差产生的最大原因可能是杰出海归获得的整体政策支持力度在东部和其他地区不同。表 3.7 显示,大部分杰出海归(70%)任职于东部地区,任职于其他地区的仅有 30%。"杰出海归计划"在东部地区的集中资助不仅没能形成最大的政策效应,反而是最低的。这可能是因为东部地区的杰出海归人数较多,杰出海归能够进一步竞争到的其他政策支持相对有限。反观西部和中部地区,杰出海归人数较少,即使高校和当地资源无法与东部地区相比,集中支持也能获得较大的集聚效应。西部和中部地区高校的杰出海归面临的直接竞争相对较小。这也说明并非竞争越激烈越能提高绩效。适度的、规范的竞争才能创造正向的激励效应。过于激烈的竞争反而容易产生"劣币驱逐良币"的消极影响,甚至有催生不当竞争、引发学术失范的风险。

更加引人深思的现象是在东部和中部地区,"杰出海归计划"对杰出海归的科研合作水平均形成正向的积极效应,但是在西部地区,"杰出海归计划"对杰出海归的科研合作水平带来了负向的消极效应。这在一定程度上反映出"杰出海归计划"对西部地区工作的杰出海归的科研合作水平具有显著的抑制效应。西部地区的杰出海归回国之后的科研合作整体水平有所下降。但他们回国之后的科研生产力和影响力并没有落后于其他地区。

本书的科研合作整体水平突出国际合作的重要性，PSM模型也验证了海外学术经历对杰出海归回国后的科研合作整体水平的显著影响。只是真正影响杰出海归回国后科研合作整体水平的是博士毕业高校的科研水平，而不是海外工作单位的科研水平。这在一定程度上表明，博士培养阶段积累的学术资本比工作后积累的学术资本的影响更大、更持久。当然这是对大部分处于学术职业发展初期，并且海外学术经历主要是博士后和初级职称的杰出海归而言。总体上，海外学术资本的积累对杰出海归和其他海外高层次人才的科研表现有显著的助推作用。

第二节　中国普通高校师资队伍建设的挑战与应对

一、学术生态的重构

改革开放40多年以来，中国迅速成为高等教育大国，目前正向高等教育强国迈进。中国高等教育事业的飞速发展离不开制度和政策的变革与创新，尤其是师资队伍建设的制度变革与创新。改革开放"摸着石头过河"敢为人先的实验与创新精神在高等教育人事制度改革中得到充分体现。普通高校专任教师的聘任与管理不断推陈出新。如今，中国高校专任教师国家行政计划聘任、编制直接管理下的岗位聘任、高校自主多元岗位聘任三种形式并存，给高校管理、评价、激励提出不小的挑战。同样，教师的身份认同、组织认同和学术文化认同也必然经历巨变。在常聘、准（预）聘、长聘、专聘、特聘等众多岗位并存和各种头衔汇聚的情况下，中国高校师资队伍建设"传帮带""老中青"、梯队结构等传统面临巨大的挑战。如今许多高校盛行的为新进青年教师提供德高望重的资深导师对接帮扶,更多地着力于提高新人对组织和环境的适应性。

制度创新与政策灵活有其优势,但发展过于快速,导致许多本应在高等教育发展不同阶段出现的问题集中在同一时期出现。中国高校教师逐步推行岗位聘任与全员合同聘用的同时,考核评价也在管理主义和绩效主义的影响之下出现简单化、指标化、数据化的评价模式。全员岗位合同聘任制实施之后,中国高校的专任教师的聘任、晋升、年度考核等日常管理普遍实施了基于外部激励的全程绩效考核。每个聘期、每个不同岗位不断竞争上岗[1],在考核评价过程中,"分数、升学、文凭、论文、帽子"等指标不断强化甚至固化,导致高校走上"重论文轻育人""重数量轻质量"的异化发展道路。2020年10月中共中央、国务院印发了《深化新时代教育评价改革总体方案》,"完善立德树人体制机制,扭转不科学的教育评价导向,坚决克服唯分数、唯升学、唯文凭、唯论文、唯帽子的顽瘴痼疾,提高教育治理能力和水平,加快推进教育现代化、建设教育强国、办好人民满意的教育"。

"世界一流大学都是在服务自己国家发展中成长起来的"[2],中国高等教育和高校发展到今天,到了树立自信,建立符合中国学术发展规律与人才成长规律的评价体系的时候。《深化新时代教育评价改革总体方案》针对高校教师评价指出首先要坚持把师德师风作为第一标准、突出教育教学实绩。针对高校教师的科研评价,总体方案强调"突出质量导向,重点评价学术贡献、社会贡献以及支撑人才培养情况,不得将论文数、项目数、课题经费等科研量化指标与绩效工资分配、奖励挂钩"。根据不同学科、不同岗位特点,高校教师的评价要坚持分类评价。评价方式上,总体方案建议推行代表性成果评价,探索长周期评价,完善同行专家评议机制,注重个人评价与团队评

---

① 阎光才.高校教师聘任制度改革的轨迹、问题与未来去向[J].中国高教研究,2019(10):1-9.

② 许宁生.培养一流人才,建设一流大学[N/OL].光明日报,(2018-05-30)[2023-10-09].
http://theory.people.com.cn/GB/n1/2018/0530/c40531-30022335.html.

价相结合。

　　《深化新时代教育评价改革总体方案》的改革方向、原则和思路恰当地回应了当下中国高校评价改革的需求,然而任务非常艰巨。由于学术人才市场供给和需求的失衡,中国高校学术职业逐渐在管理主义影响之下,形成了一种"末位淘汰"的锦标赛制度。[①] 20 世纪 90 年代之前,中国大学的专任教师,无论职称,都是终身制长期岗位。20 世纪 90 年代开始,中国大学逐步开始推行岗位合同聘任,但是岗位合同的续聘相对稳定,不续聘的情况不常见。[②] 真正的岗位合同聘任制由清华大学于 1994 年率先实施。[③] 2000 年以来,岗位合同聘任制逐步在中国高校当中普遍推行。实施准聘制的高校,大多数教师获得长聘的时间为 6 年。[④] 中国的准聘制和长聘制与北美的终身教职制度有相似之处,但差异更显著。首先,北美的终身教职制度的目的在于保护学者的学术自由,而中国的长期聘任政策主要在于激励初级科研人员的科研产出。其次,北美的终身教职评价相对综合地考察学者的研究、教学和社会服务的表现及成就而中国的长期聘任制考核主要考察学者的科研成果。

　　虽然研究成果在职称评审中越来越重要是全球趋势,40％的北美大学在终身教职评审过程中参考论文指标,研究成果的重要性已经超过教学[⑤],但是中国高校职称评审的特殊之处在于论文发表可以是职称评审的唯一标

---

　　① Musselin C. European Academic Labor Markets in Transition [J]. Higher Education, 2005, 49(1-2): 135-154.

　　阎光才. 学术等级系统与锦标赛制[J]. 北京大学教育评论, 2012, 10(3): 8-23.

　　② 娄宇. 我国高校"非升即走"制度的合法性反思[J]. 高等教育研究, 2015, 36(6): 21-32.

　　③ Shu F, Quan W, Chen B, et al. The Role of Web of Science Publications in China's Tenure System [J]. Scientometrics, 2020, 122(3): 1683-1695.

　　④ Zhang J. Developing Excellence: Chinese University Reform in Three Steps [J]. Nature, 2014, 514(7522): 295-296.

　　⑤ Alperin J P, Nieves C M, Schimanski L A, et al. Meta-Research: How Significant Are the Public Dimensions of Faculty Work in Review, Promotion and Tenure Documents? [J]. ELife, 2019(8): 1-23.

准,并且在大学的职称评审政策中有具体明确的正式规定。[①] 中国高校的长聘制考核主要考察科研成果,教学和社会服务等其他成果是次要条件,而且只要符合基本要求即可。特殊情况之下,仅凭高水平期刊论文,比如《自然》和《科学》论文,即可获得长期聘任。[②] 相反地,教学杰出并受学生欢迎的卓越的讲师,因为论文发表表现不佳,通常很难获得晋升。职称晋升标准形成的激励机制,直接影响专任教师的学术时间、注意力和活动分配。[③] 专任教师的时间分配直接影响高校的学术重心与文化氛围。

尽管我国政府出台了系列政策"破五唯",坚决克服唯分数、唯升学、唯文凭、唯论文、唯帽子的顽瘴痼疾,但合适的可替代高水平论文的简便易行、可比的量化指标和标准难以落实。"末位淘汰"锦标赛制度形成的刚性的高度竞争压力、达标压力和生存压力将加剧个体高校教师的学术选择与行为跟随考核、评价、管理等外部激励导向。不仅仅是高校内部的竞争,不同水平的高校和地区之间的竞争也一样激烈。即使是海外高层次青年人才的科研竞争也反映出适度的竞争能产生正向激励,但是过度竞争很有可能起到反作用。重新塑造新的学术生态的根本在于系统地、整体地改革高等教育领域的绩效管理模式和文化。

二、学术资源分配的集中扶优与普惠

学术资源分配不均衡在追求创新、鼓励竞争的绩效科研体制中是常态。美国的国家自然科学基金与国立卫生研究院、中国的国家自然科学基金都采取项目竞争机制分配国家的财政性科研经费。英国和澳大利亚更是直接

---

① Shu F, Quan W, Chen B, et al. The Role of Web of Science Publications in China's Tenure System [J]. Scientometrics, 2020, 122(3): 1683-1695.

② Shu F, Quan W, Chen B, et al. The Role of Web of Science Publications in China's Tenure System [J]. Scientometrics, 2020, 122(3): 1683-1695.

③ Harley D, Acord S K, Earl-Novell S, Lawrence S, et al. Assessing the Future Landscape of Scholarly Communication: An Exploration of Faculty Values and Needs in Seven Disciplines [M]. Berkeley: Center for Studies in Higher Education, 2010: 7.

根据科研卓越评价分配高校的大部分科研经费。[①] 发展中国家和快速发展的高等教育体制中学术资源分配的倾斜更加明显,中国也不例外。[②]

学术资源分配不均的程度对于高校教师的职业生涯发展的影响是决定性的。高校教师的职业生涯阶段理论之一的累积优势效应假设科研人员在职业生涯阶段早期取得较高的生产力形成的优势将持续整个职业生涯。累积优势效应起源于罗伯特·莫顿关于科学贡献"马太效应"的研究。科研人员发表科研成果之后,对内提升了科研能力及动力的自我信心和效能,对外既获得了科研成绩和声誉的认可,也获得了更多的机会和支持,进而取得更多成就,形成良性循环。成果带来声誉和认可、成就带来机会和资源,成功带来成功的"马太效应"就此形成。累积优势效应假设,科研人员在职业生涯中越早期取得成绩,越有助于他们日后申请课题和经费,取得更多、更高质量的科研成果。

"杰出海归计划"的积极效应虽然证实了海外高层次青年人才支持政策的成功,但是也在一定程度上形成了"马太效应",不利于其他青年教师的公平发展以及师资队伍的整体发展和活力的激发。"杰出海归计划"不仅仅为杰出海归提供经费、设备和设施等物质条件,更加重要的是给予杰出海归PI头衔和博士招生名额,使其名正言顺地组建自己的科研团队和实验室。任何资源集聚形成的先发优势在绩效管理和"末位淘汰"的锦标赛制度之下,都会引发公平的质疑与示范效应。杰出海归以及先发成功的教师成为其他教师的模仿对象。成功的定义和模式越来越单一。因为学术资本累积在教师聘任和科研合作形成的"马太效应",使得近亲繁殖的负面效应逐渐被忽略,近亲繁殖又开始抬头。"厚积薄发"型教师的生存空间被挤压,学术生态的多样性慢慢消失,最终影响整体的学术活力。

---

① 王莉华.中英高等教育绩效拨款研究[M].杭州:浙江大学出版社,2008.
王莉华.澳大利亚高校科研绩效拨款改革及其影响[J].外国教育研究,2013,40(7):122-128.
② Tie Y, Wang Z. Publish or Perish? A Tale of Academic Publications in Chinese Universities [J]. China Economic Review, 2022,73:101769.

学术领域的集中扶优政策和措施在国内外高等教育和科研体制中都是常态,但是程度的把握非常重要。集中扶优与普惠支持之间应该形成一定的平衡。集中扶优政策和措施形成"马太效应"严重到影响基本的公平竞争和学术活力之时就应该考虑普惠支持政策与措施了。2016年中共中央颁布的《关于深化人才发展体制机制改革的意见》已经明确提出政府部门和高校都要建立健全对青年人才的普惠性支持措施。

三、学术规范的重塑

科研行为规范在研究范式变革以及成果导向、量化指标导向的科研评价与绩效管理的指挥棒下越来越多、越来越频繁地被挑战。科研行为失范最直观的表现之一就是科研成果署名的失范,即科研成果发表行为与贡献、价值分配的失范。

研究范式的变革对于研究成果的作者身份与贡献分配方式都提出了挑战。比如高能物理和生物医学领域因为对大型实验设施的依赖和多个机构临床试验的参与,经常需要数量大、范围广的团队合作,导致"超多作者"论文越来越常见。[①] 印第安纳大学信息科学家布莱斯·克罗宁将署名作者超过100个的论文界定为"超多作者"(hyperauthorship)。极端的"超多作者"论文作者数超过5000个,甚至8000个。"超多作者"论文的作者贡献度如何界定,其中一个署名作者和独立发文作者,在职称评审中应该被同等对待吗?"超多作者"论文的质量如果出现问题,问责对象是谁?科学交流体制中的信任体制是否应该重构?

成果导向和量化指标导向的科研评价和绩效管理模式也是科研失范行为增加的重要推手之一。诸多研究表明,无论是研究型高校还是非研究型

---

① Horton R. The Unmasked Carnival of Science [J]. The Lancet,1998,351(9104): 688-689.

的高校科研在聘任、晋升等厉害评价中的重要性远远超过教学和社会服务。① "不发表就出局"这一不成文的规则显示科研成果发表对学术职业生涯的重要性。基于发表成果的科研绩效评价体制,彻底改变了科研经费和项目的竞争规则,更是加剧了科研成果发表的外部动力。科研成果发表的重要性及其对职称晋升和学术声誉的影响,催生了多种不当的科研成果署名行为。② 除了科研贡献之外,还有多种社会因素影响科研成果的署名。③

　　并非所有的科研活动参与者都能获得论文署名的权利,有些人对科研活动的贡献,但仅在论文的鸣谢(acknowledgment)中获得认可,或者没有任何形式的正式认可。④ 相反地,有一些对科研活动无实际贡献和参与的人员,也能享受署名权,比如有的通讯作者仅仅是项目总负责人,或实验室主任,没有直接参与某篇论文的研究和撰写,仅凭身份就能获得署名权。⑤虽然科研成果署名的失范行为缺乏一致定义和共识,但是有研究总结出四种主要形式:馈赠署名(gift authorship)、名誉署名(honorary authorship)、客

① Khezr P, Mohan V. The Vexing but Persistent Problem of Authorship Misconduct in Research [J]. Research Policy, 2022, 51(3): 104466.

Green R G. Tenure and Promotion Decisions: The Relative Importance of Teaching, Scholarship and Research [J]. Journal of Social Work Education, 2008, 44(2): 117-127.

② Bouter L M. Commentary: Perverse Incentives or Rotten Apples? [J]. Accountability in Reaearch-Policies & Quanlity Assurance, 2015, 22(3): 148-161.

Moore S, Neylon C, Eve M P, et al. "Excellence R Us": University Research and the Fetishisation of Excellence [J]. Palgrave Communications, 2017, 3(1): 16105.

Khezr P, Mohan V. The Vexing but Persistent Problem of Authorship Misconduct in Research [J]. Research Policy, 2022, 51(3): 104466.

③ Haeusslera C, Sauermann H. Credit Where Credit Is Due? The Impact of Project Contributions and Social Factors on Authorship and Inventorship [J]. Research Policy, 2013, 42 (3): 688-703.

④ Laudel G. What Do We Measure by Co-authorships? [J]. Research Evaluation, 2022, 11 (1): 3-15.

⑤ Chawla D S. The Gift of Paper Authorship: Researchers Seek Clearer Rules on Crediting Co-authors [N/OL]. Nature Index, (2020-07-31)[2022-08-30]. https://www.natureindex.com/news-blog/gift-ghost-authorship-what-researchers-need-to-know.

座署名(guest authorship)和幽灵作者(ghost authorship)。①

(1)馈赠署名(gift authorship):向他人馈赠署名,以获得受赠者的某种回报。回报的形式可以是实质性的,比如回馈性的馈赠署名,也可以是无形的,比如社会关系和更好的绩效评价等。有时馈赠署名是害怕不这么做而导致的负面影响。

(2)名誉署名(honorary authorship):仅仅因为他人的资历、权威等特权,而赋予其署名。

(3)客座署名(guest authorship):为了提高科研成果发表的可能性或者是科研成果的影响力,而将没有实质参与科研的资深科研人员列为作者。②

(4)幽灵作者(ghost authorship):为科研成果作出贡献,但是因为各种原因没有列入成果署名名单中。常见的有参与科研活动的学生,参与写作的职业作者等。

此外,署名顺序也是署名失范行为的一类。第一作者、最后一名作者和通讯作者这三类署名常常被赋予重要贡献的意义,但是学科之间、国别之间的差异和争议都非常显著。③ 研究发现署名顺序未必反映真实的贡献,即使有些初级的、年轻的研究人员或者学生在科研成果中起到主要作用,但第一作者或通讯作者通常是资深科研人员、项目负责人或导师。④ "白公牛效

---

① Harvey L A. Gift, Honorary or Guest Authorship [J]. Spinal Cord, 2018, 56(2): 91.

Hall J, Martin B. Towards a Taxonomy of Research Misconduct: The Case of Business School Research [J]. Research Policy, 2018, 48(2): 414-427.

Resnik D B, Rasmussen L M, Kissling G E. An International Study of Research Misconduct Policies [J]. Accountability in Research, 2015, 22(5): 249-266.

② Council of Science Editors. White Paper on Promoting Integrity in Scientific Journal Publications [EB/OL]. (2018) [2022-08-24]. https://www. councilscienceeditors. org/resource-library/editorial-policies/white-paper-on-publication-ethics/.

③ Bhandari M, Einhorn T A, Swiontkowski M F, et al. Who Did What? [J]. The Journal of Bone and Joint Surgery, 2003, 85(8): 1605-1609.

④ Kwok L S. The White Bull Effect: Abuse in Coauthorship and Publication Parasitism [J]. Journal of Medical Ethics, 2005, 31(9): 554-556.

应"专指"有影响力的资深研究人员利用经验和科研规范中不确定、模糊的迂回曲折的安排，在灰色的、规范不良的领域获利"①。

科研成果署名的失范行为相当常见，而且呈上升趋势。② 一项问卷调查结果显示 362 名通讯作者中一半以上承认有不当的署名行为。③ 有研究发现荣誉署名行为存在显著的地域差别，具体表现为亚洲和欧洲远高于北美。④ 从纵向时间上看，每篇论文的作者数存在"通货膨胀"现象。⑤ 科研成果的署名并非小事，因为它在成就与其创作者之间建立起联系。⑥ 即使科研成果署名失范行为参与者是自愿的，而且是共赢的，其行为也会对科学事业发展造成各种各样的损害，尤其是对科研诚信和科研成果负责制有消极影响。⑦ 鉴于科研成果署名的收益和学术职业的竞争压力，科研成果署名的失范行为动机明显，单一的政策措施很难有效遏制。科研成果署名等学术规范的重塑需要依靠系统的、整体的师资绩效管理模式的改革和学术资源分配政策的调整。

---

① Kwok L S. The White-Bull Effect: Abuse in Coauthorship and Publication Parasitism [J]. Journal of Medical Ethics, 2005, 31(9): 554-556.

② Rajasekaran S, Shan R L P, Finnoff J T. Honorary Authorship: Frequency and Associated Factors in Physical Medicine and Rehabilitation Research Articles [J]. Archives of Physical Medicine and Rehabilitation, 2014, 95(3): 418-428.

③ Gureev V N, Lakizo I G, Mazov N A. Unethical Authorship in Scientific Publications (A Review of the Problem) [J]. Scientific and Technical Information Processing, 2019, 46(4): 219-232.

④ Eisenberg R L, Ngo L H, Bankier A A. Honorary Authorship in Radiologic Research Articles: Do Geographic Factors Influence the Frequency? [J]. Radiology, 2014, 271(2): 472-478.

⑤ Rennie D, Yank V, Emanuel L. When Authorship Fails: A Proposal to Make Contributors Accountable [J]. Journal of American Medical Association, 1997, 278(7): 579-585.
Epstein R J. Six Authors in Search of a Citation: Villains or Victims of the Vancouver Convention? [J]. British Medical Journal, 1993, 306(6880): 765-767.

⑥ Bavdekar S B. Authorship Issues [J]. Lung India, 2012, 29(1): 76-80.

⑦ Mohan V. On the Use of Blockchain-Based Mechanisms to Tackle Academic Misconduct [J]. Research Policy, 2019, 48(9): 103805.
Butler D. Iranian Paper Sparks Sense of Deja Vu [J]. Nature, 2008, 455(7216): 1019.
Jones A H. Can Authorship Policies Help Prevent Scientific Misconduct? What Role for Scientific Societies? [J]. Science and Engineering Ethics, 2003, 9(2): 243-256.

参考文献

英文文献

Aad G et al. Combined Measurement of the Higgs Boson Mass in pp Collisions at $\sqrt{s}=7$ and 8 TeV with the ATLAS and CMS experiments [J]. Physical Review Letters, 2015, 114(19): 1803.

Abramo G, D'Angelo C A, Caprasecca A. Gender Differences in Research Productivity: A Bibliometric Analysis of the Italian Academic System [J]. Scientometrics, 2009, 79(3): 517-539.

Abramo G, D'Angelo C A, Caprasecca A. The Contribution of Star Scientists to Overall Sex Differences in Research Productivity [J]. Scientometrics, 2009, 81(1): 137-156.

Abramo G, D'Angelo C A, Di Costa F. Research Productivity: Are Higher Academic Ranks More Productive than Lower Ones? [J]. Scientometrics, 2011, 88(3): 915-928.

Abramo G, D'Angelo C A. How Do You Define and Measure Research Productivity? [J] Scientometrics, 2014, 101(2): 1129-1144.

Abt H A. The Future of Single-Authored Papers [J]. Scientometrics, 2007, 73(3): 353-358.

Acedo F J, Barroso C, Casanueva C, et al. Co-Authorship in Management and Organizational Studies: An Empirical and Network Analysis [J]. Journal of Management Studies, 2006, 43(5): 957-983.

Alperin J P, Nieves C M, Schimanski L A, et al. Meta-Research: How Significant Are the Public Dimensions of Faculty Work in Review, Promotion and Tenure Documents? [J]. Elife, 2019(8): 1-23.

Altbach P G, Knight J. The Internationalization of Higher Education: Motivations and Realities [J]. Journal of Studies in International Education, 2007, 11(3/4): 290-305.

American Psychological Association. Publication Manual of the American Psychological Association (7th ed) [M]. Washington, D. C.: American Psychological Association, 2020.

Araújo E B, Moreira A A, Furtado V, et al. Collaboration Networks from a Large CV Database: Dynamics, Topology and Bonus Impact [J]. PLOS ONE, 2014, 9(3): e90537.

Archambault É, Larivière V. History of the Journal Impact Factor: Contingencies and Consequences [J]. Scientometrics, 2009, 79 (3): 635-649.

Atkin D J, Lagoe C, Stephen T D, et al. The Evolution of Research in Journalism and Communication: An Analysis of Scholarly CIOS-Indexed Journals from 1915 to Present [J]. Journalism & Mass Communication Editor, 2020, 75(4): 453-469.

Barjak F. Research Productivity in the Internet Era [J]. Scientometrics, 2006(68): 343-360.

Barner J R, Holosko M J, Thyer B A, et al. Research Productivity in Top-Ranked Schools in Psychology and Social Work: Does Having a

Research Culture Matter? [J] Journal of Social Work Education, 2015, 51(1): 5-18.

Basu A, Foland P, Holdridge G, et al. China's Rising Leadership in Science and Technology: Quantitative and Qualitative Indicators [J]. Scientometrics, 2018, 117(1): 249-269.

Bavdekar S B. Authorship Issues [J]. Lung India, 2012, 29(1): 76-80.

Beaver D D, Rosen R. Studies in Scientific Collaboration: Part I—The Professional Origins of Scientific Co-authorship [J]. Scientometrics, 1978, (1): 65-84.

Beaver D D, Rosen R. Studies in Scientific Collaboration: Part Ⅱ—Scientific Co-authorship, Research Productivity and Visibility in the French Scientific Elite, 1799-1830 [J]. Scientometrics, 1979, (2): 133-149.

Beaver D D, Rosen R. Studies in Scientific Collaboration: Part Ⅲ—Professionalization and the Natural History of Modern Scientific Co-authorship [J]. Scientometrics, 1979, 1(3): 231-245.

Bedeian A G, Cavazos D E, Hunt J G, et al. Doctoral Degree Prestige and the Academic Marketplace: A Study of Career Mobility Within the Management Discipline [J]. Academy of Management Learning & Education, 2010, 9(1): 11-25.

Beerkens M. Facts and Fads in Academic Research Management: The Effect of Management Practices on Research Productivity in Australia [J]. Research Policy, 2013, 42(9): 1679-1693.

Bertin M, Lariviere V, Sugimoto C R. The Linguistic Patterns and Rhetorical Structure of Citation Context: An Approach Using N-Grams [J]. Scientometrics, 2016, 109(3): 1417-1434.

Bertsimas D, Brynjolfsson E, Reichman S, et al. OR Forum—Tenure Analytics: Models for Predicting Research Impact [J]. Operations Research, 2015, 63(6): 1246-1261.

Bhandari M, Einhorn T A, Swiontkowski M F, et al. Who Did What? [J]. The Journal of Bone and Joint Surgery, 2003, 85 (8): 1605-1609.

Biagioli M. Watch out for Cheats in Citation Game [J]. Nature, 2016, 535(7611): 201.

Biancani S, McFarland D A, Dahlander L. The Semiformal Organization [J]. Organization Science, 2014, 25(5): 1306-1324.

Blair B J, Shawler L, Debacher E, et al. Ranking Graduate Programs Based on Research Productivity of Faculty: A Replication and Extension [J]. Education and Treatment of Children, 2018, 41 (3): 299-318.

Bland C J, Center B A, Finstad D, et al. A Theoretical, Practical, Predictive Model of Faculty and Department Research Productivity [J]. Academic Medicine, 2005, 80(3): 225-237.

Boncourt T. What "Internationalization" Means in the Social Sciences: A Comparison of the International Political Science and Sociology Associations [M]. Cham: Palgrave Macmillan, 2018: 95-123.

Bordons M, Gomez I. Collaboration Networks in Science [M]. Medford, N J: Information Today Inc. , 2000.

Bornmann L, Daniel H D. Selecting Scientific Excellence Through Committee Peer Review—A Citation Analysis of Publications Previously Published to Approval or Rejection of Post-Doctoral Research Fellowship Applicants [J]. Scientometrics, 2006, 68(3): 427-440.

Bornmann L, Tekles A. Productivity Does Not Equal Usefulness

[J]. Scientometrics, 2019, 118(2): 705-707.

Bouter L M. Commentary: Perverse Incentives or Rotten Apples? [J]. Accountability in Reasearch-policies & Quanlity Assurance, 2015, 22(3): 148-161.

Bozeman B, Boardman C. Research Collaboration and Team Science: A State-of-the-Art Review and Agenda [M]. New York: Springer, 2014.

Bozeman B, Corley E. Scientists' Collaboration Strategies: Implications for Scientific and Human Capital [J]. Research Policy, 2004, 33(4): 599-616.

Bruce A, Lyall C, Tait J, et al. Interdisciplinary Integration in Europe: The Case of the Fifth Framework Program [J]. Futures, 2004, 36(4): 457-470.

Butler D. Iranian Paper Sparks Sense of Dej'a Vu [J]. Nature, 2008, 455(7216): 1019.

Cadez S, Dimovski S V, Groff M Z. Research, Teaching and Performance Evaluation in Academia: The Salience of Quality [J]. Studies in Higher Education, 2017, 42(8): 1455-1473.

Carayol N, Matt M. Does Research Organization Influence Academic Production? Laboratory Level Evidence from a Large European University [J]. Research Policy, 2004, 33(8): 1081-1102.

Carli G, Tagliaventi M R, Cutolo D. One Size Does Not Fit All: The Influence of Individual and Contextual Factors on Research Excellence in Academia [J]. Studies in Higher Education, 2019, 44(11): 1912-1930.

Carnabuci G, Bruggerman J. Knowledge Specialization, Knowledge Brokerage, and the Uneven Growth of Knowledge Domains [J]. Social Forces, 2009, 88(2): 607-641.

Chawla D S. The Gift of Paper Authorship: Researchers Seek Clearer Rules on Crediting Co-authors [N/OL]. Nature Index, (2020-07-31) [2022-08-30]. https://www. natureindex. com/news-blog/gift-ghost-anthorship-what-researchers-need-to-know.

Checchi D, Malgarini M, Sarlo S. Do Performance-Based Research Funding Systems Affect Research Production and Impact? [J]. Higher Education Quarterly, 2019, 73(1): 45-69.

Clauset A, Arbesman S, Larremore D B. Systematic Inequality and Hierarchy in Faculty Hiring Networks [J]. Science Advances, 2015, 1 (1): 1-6.

Clauset A, Larremore D B, Sinatra R. Data-Driven Predictions in the Science of Science [J]. Science, 2017, 355(6324): 477-480.

Coccia M, Bozeman B. Allometric Models to Measure and Analyze the Evolution of International Research Collaboration [J]. Scientometrics, 2016, 108(3): 1065-1084.

Cole J R, Cole S. Social Stratification in Science [M]. Chicago: University of Chicago Press, 1974.

Conley J P, Onder A S. The Research Productivity of New PhDs in Economics: The Surprisingly High Non-Success of the Successful [J]. Journal of Economic Perspectives, 2014, 28(3): 205-216.

Costas R, Van Leeuwen T N, Bordons M. A Bibliometric Classificatory Approach for the Study and Assessment of Research Performance at the Individual Level: The Effects of Age on Productivity and Impact [J]. Journal of the American Society for Information Science and Technology, 2010, 61(8): 1564-1581.

Council of Science Editors. White Paper on Promoting Integrity in

Scientific Journal Publications [EB/OL]. [2022-08-24]. https://www.councilscienceeditors. org/resource-library/editorial-policies/white-paper-on-publication-ethics/.

Crane D. Invisible Colleges: Diffusion of Knowledge in Scientific Communities [M]. Chicago: University of Chicago Press, 1972.

Creswell J H. Faculty Research Performance: Lessons from the Sciences and Social Sciences [M]. Washington, D. C. : Association for the Study of Higher Education, 1985.

Cronin B, Shaw D, La Barre K. A Cast of Thousands: Co-authorship and Subauthorship Collaboration in the Twentieth Century as Manifested in the Scholarly Literature of Psychology and Philosophy[J]. Journal of the American Society for Information Science and Technology, 2003, 54 (9): 855-871.

Cronin B, Shaw D, La Barre K. Visible, Less Visible, and Invisible Work: Patterns of Collaboration in 20th Century Chemistry [J]. Journal of the American Society for Information Science and Technology, 2004, 55(2): 160-168.

Cronin B. The Scholar's Courtesy: The Role of Acknowledgement in the Primary Communication Process [M]. London: Taylor Graham, 1995.

D'Ippolito B, Rüling C C. Research Collaboration in Large Scale Research Infrastructures: Collaboration Types and Policy Implications [J]. Research Policy, 2019, 48(5): 1282-1296.

Dahlander L, McFarland D A. Ties That Last: Tie Formation and Persistence in Research Collaborations Over Time [J]. Administrative Science Quarterly, 2013, 58(1): 69-110.

Daud A, Abbasi R, Muhammad F. Finding Rising Stars in Bibliometric Networks [J]. Scientometrics, 2020, 124(1): 633-661.

Davis J C, Patterson D M. Determinants of Variations in Journal Publication Rates of Economists [J]. The American Economist, 2001, 45 (1): 86-91.

De Rijcke S, Wouters P E Rushforth A D, et al. Evaluation Practices and Effects of Indicator Use: A Literature Review [J]. Research Evaluation, 2016, 25(2): 161-169.

de Solla Price D. Multiple authorship [J]. Science, 1981, 212 (4498): 986-986.

Diamond A M. The Life-cycle Research Productivity of Mathematicians and Scientists [J]. Journal of Gerontology, 1986, 41(4): 520-525.

Dirks K T, Ferrin D L. The Role of Trust in Organizational Settings [J]. Organization Science, 2001, 12(4): 450-467.

Docquier F, Rapoport H. Globalization, Brain Drain, and Development [J]. Journal of Economic Literature, 2012, 50 (3): 681-730.

Donner P. A Validation of Coauthorship Credit Models with Empirical Data from the Contributions of PhD Candidates [J]. Quantitative Science Studies, 2020, 1(2): 551-564.

Du J, Tang X. Perceptions of Author Order Versus Contribution Among Researchers with Different Professional Ranks and the Potential of Harmonic Counts for Encouraging Ethical Co-authorship practices [J]. Scientometrics, 2013, 96(1): 277-295.

Dundar H, Lewis D R. Determinants of Research Productivity in

Higher Education [J]. Research in Higher Education, 1998, 39(6): 607-631.

Egghe L, Rousseau R, Van Hooydonk G. Methods for Accrediting Publications to Authors or Countries: Consequences for Evaluation Studies [J]. Journal of the American Society for Information Science, 2000, 51(2): 145-157.

Eisenberg R L, Ngo L H, Bankier A A. Honorary Authorship in Radiologic Research Articles: Do Geographic Factors Influence the Frequency? [J]. Radiology, 2014, 271(2): 472-478.

Epstein R J. Six Authors in Search of a Citation: Villains or Victims of the Vancouver Convention? [J]. British Medical Journal, 1993, 306 (6880): 765-767.

European Commission. Third European Report on Science & Technology Indicators 2003: Towards a Knowledge-Based Economy [R]. Brussels: European Commission, 2003.

Evans H K, Bucy E P. The Representation of Women in Publication: An Analysis of Political Communication and the International Journal of Press/ Politics [J]. Political Science and Politics, 2010, 43(2): 295-301.

Fairweather J S. The Mythologies of Faculty Productivity [J]. Journal of Higher Education, 2002, 73(1): 26-48.

Farber M. Single-Authored Publications in the Sciences at Israeli universities [J]. Journal of Information Science, 2005, 31(1): 62-66.

Feldman K A. Research Productivity and Scholarly Accomplishment of College Teachers as Related to Their Instructional Effectiveness: A Review and Exploration[J]. Research in Higher Education, 1987, 26(3): 227-297.

Flanagin A, Carey L A. Fontanarosa P B, et al. Prevalence of Articles with Honorary Authors and Ghost Authors in Peer-Reviewed Medical Journals [J]. Journal of the American Medical Association, 1998, 280(3): 222-224.

Foland P. The Race for World Leadership of Science and Technology: Status and Forecasts [J]. Science Focus, 2010, 5(1): 1-9.

Fong E A, Wilhite A W. Authorship and Citation Manipulation in Academic Research [J]. PLOS One, 2017, 12(12): e0187394.

Fortunato S, Bergstrom C T, Boerner K, et al. Science of Science [J]. Science, 2018, 359(6379): eaao0185.

Foster J G, Rzhetsky A, Evans J A. Tradition and Innovation in Scientists' Research Strategies [J]. American Sociological Review, 2015, 80(5): 875-908.

Freeman R B. Immigration, International Collaboration, and Innovation: Science and Technology Policy in the Global Economy [M]. Cambridge, MA: National Bureau of Economic Research, 2014.

Freeman RB, Ganguli I, Murciano-Goroff R. Why and Wherefore of Increased Scientific Collaboration [M]. Chicago: University of Chicago Press, 2015.

Gándara D, Rutherford A. Completion at the Expense of Access? The Relationship Between Performance-Funding Policies and Access to Public 4-Year Universities [J]. Educational Researcher, 2020, 49(5): 321-334.

Gardner S K, Veliz D. Evincing the Ratchet: A Thematic Analysis of the Promotion and Tenure Guidelines at a Striving University[J]. Review of Higher Education, 2014, 38(1): 105-132.

Garfield E. Citation Indexes for Science [J]. Science, 1955, 122 (3159): 108-111.

Garfield E. The History and Meaning of the Journal Impact Factor [J]. Journal of the American Medical Association, 2006, 295 (1): 90-93.

Gauffriau M, Larsen P, Maye I, et al. Comparisons of Results of Publication Counting Using Different Methods [J]. Scientometrics, 2008, 77(1): 147-176.

Gauffriau M, Larsen P O. Counting Methods Are Decisive for Rankings Based on Publication and Citation Studies [J]. Scientometrics, 2005, 64(1): 85-93.

Gazni A, Sugimoto C R, Didegah F. Mapping World Scientific Collaboration: Authors, Institutions, and Countries [J]. Journal of the American Society for Information Science and Technology, 2012, 63 (2): 323-335.

Geuna A. Global Mobility of Research Scientists: The Economics of Who Goes Where and Why [M]. London: Academic Press, 2015.

Gibbons M, Limoges C, Nowotny H, et al. The New Production of Knowledge: The Dynamics of Science and Research in Contemporary Societies [M]. London: Sage Publications, 1994.

Gieryn T F. Problem Retention and Problem Change in Science [J]. Sociological Inqury, 1978, 48(314): 96-115.

Glänzel W, Moed H. Journal Impact Measures in Bibliometric Research [J]. Scientometrics, 2002, 53(2): 171-193.

Glänzel W, THIJS B. Does Co-authorship Inflate the Share of Self-Citations? [J]. Scientometrics, 2004, 61(3): 395-404.

Goertz G. Social Science Concepts: A User's Guide [M]. Princeton:

Princeton University Press, 2006.

Goldfinch S, Dale T, DeRouen Jr. K. Science from the Periphery: Collaboration, Networks and 'Periphery Effects' in the Citation of New Zealand Crown Research Institutes Articles, 1995—2000 [J]. Scientometrics, 2003, 57(3): 321-337.

Gong K, Cheng Y. Patterns and Impact of Collaboration in China's Social Sciences: Cross-Database Comparisons Between CSSCI and SSCI [J]. Scientometrics, 2022, 127(10): 5947-5964.

Gonzalez-Brambila C, Veloso F. The Determinants of Research Productivity: A Study of Mexican Researchers [J]. Research Policy, 2007, 36(7): 1035-1051.

Graham Bertolini A, Weber C D, Strand M J, et al. "Unpacking" Cross-Disciplinary Research Collaboration in the Social Sciences and Humanities [J]. Qualitative Inquiry, 2018, 25(9-10): 1148-1156.

Green R G. Tenure and Promotion Decisions: The Relative Importance of Teaching, Scholarship and Research [J]. Journal of Social Work Education, 2008, 44(2): 117-127.

Greene M. The Demise of the Lone Author [J]. Nature, 2007, 450 (7173): 1165.

Griffin D J, Arth Z W, Hakim S, et al. Collaborations in Communication: Authorship Credit Allocation via a Weighted Fractional Count Procedure [J]. Scientometrics, 2021,126(5): 4355-4372.

Griffin D, Bolkan S, Dahlbach B J. Scholarly Productivity in Communication Studies: Five-Year Review 2012-2016[J]. Communication Education, 2018, 67(1): 88-101.

Grossman J W. The Evolution of the Mathematical Research

Collaboration Graph [J]. Congressus Numeratium, 2002(158): 202-212.

Guetzkow J, Lamont M, Mallard G. What Is Originality in the Humanities and the Social Sciences? [J]. American Sociological Review, 2004, 69(2): 190-212.

Gureev V N, Lakizo I G, Mazov N A. Unethical Authorship in Scientific Publications (A Review of the Problem) [J]. Scientific and Technical Information Processing, 2019, 46(4): 219-232.

Haeusslera C, Sauermann H. Credit Where Credit Is Due? The Impact of Project Contributions and Social Factors on Authorship and Inventorship [J]. Research Policy, 2013, 42(3): 688-703.

Hagen N T. Harmonic Allocation of Authorship Credit: Source-Level Correction of Bibliometric Bias Assures Accurate Publication and Citation Analysis [J]. PLOS ONE, 2008, 3(12): e4021.

Hagood L P. The Financial Benefits and Burdens of Performance Funding in Higher Education [J]. Educational Evaluation and Policy Analysis, 2019, 41(2): 189-213.

Hall J, Martin B. Towards a Taxonomy of Research Misconduct: The Case of Business School Research [J]. Research Policy, 2018, 48(2): 414-427.

Hamermesh D S. Six Decades of Top Economics Publishing: Who and How? [J]. Journal of Economic Literature, 2013, 51(1): 162-172.

Hara N, Solomon P, Kim S L, et al. An Emerging View of Scientific Collaboration: Scientists' Perspectives on Collaboration and Factors that Impact Collaboration [J]. Journal of the American Society for Information Science and Technology, 2003, 54(10): 952-965.

Harley D, Acord S K, Earl-Novell S, et al. Assessing the Future

Landscape of Scholarly Communication: An Exploration of Faculty Values and Needs in Seven Disciplines [M]. Berkeley: Center for Studies in Higher Education, 2010.

Harris G T. Research Output in Australian University Economics Departments: An Update for 1984-88[J]. Australian Economic Papers, 1990, 29(55): 249-259.

Harsanyi M A. Multiple Authors, Multiple Problems——Bibliometrics and the Study of Scholarly Collaboration: a literature review [J]. Library & Information Science Research, 1993, 15(4): 325-354.

Harvey L A. Gift, Honorary or Guest Authorship [J]. Spinal Cord, 2018, 56(2): 91.

Hedjazi Y, Behravan J. Study of Factors Influencing Research Productivity of Agriculture Faculty Members in Iran [J]. Higher Education, 2011, 62 (5): 635-647.

Hesli V L, Lee J. Faculty Research Productivity: Why Do Some of Our Colleagues Publish More than Others? [J]. Political Science & Politics, 2011, 44(2): 393-408.

Hicks D, Wouters P, Waltman L, et al. Bibliometrics: The Leiden Manifesto for Research Metrics [J]. Nature, 2015, 520(7548): 429-431.

Hirsch J E. An Index to Quantify an Individual's Scientific Research Output [J]. Proceedings of the National Academy of Sciences, 2005, 102 (46): 16569-16572.

Holder M E, Langrehr F W, Schroeder D M. Finance Journal Coauthorship: How Do Coauthors in Very Select Journals Evaluate the Experience? [J]. Financial Practice and Education, 2000, 10 (1): 142-152.

Hornbostel S, Böhmer S, Klingsporn B, et al. Funding of Young Scientist and Scientific Excellence [J]. Scientometrics, 2009, 79 (1): 171-190.

Horton R. The Unmasked Carnival of Science [J]. The Lancet, 1998, 351(9104): 688-689.

Hsiehchen D, Espinoza M, Hsieh A. Multinational Teams and Diseconomies of Scale in Collaborative Research [J]. Science Advances, 2015, 1(8): e1500211.

Hu Q, Gill T G. IS Faculty Research Productivity: Influential Factors and Implications [J]. Information Resources Management Journal, 2000, 13(2): 15-25.

Hudson J. Trends in Multi-authored Papers in Economics [J]. Journal of Economics Perspectives, 1996, 10(3): 153-158.

Hunter L, Leahey E. Collaborative Research in Sociology: Trends and Contributing Factors [J]. American Sociology, 2008, 39 (4): 290-306.

Hanna-Mari P, Muhonen R, Leino Y. International and Domestic Co-publishing and Their Citation Impact in Different Disciplines [J]. Scientometrics, 2014, 98(2): 823-839.

Jeffrey P. Smoothing the Waters: Observations on the Process of Cross-Disciplinary Research Collaboration [J]. Social Studies of Science, 2003, 33(4): 539-562.

Jin B, Rousseau R. China's Quantititative Expansion Phase: Exponential Growth but Low Mpact [M]. Stockholm: Karolinska University Press, 2005.

Jones A H. Can Authorship Policies Help Prevent Scientific

Misconduct? What Role for Scientific Societies? [J]. Science and Engineering Ethics, 2003, 9(2): 243-256.

Jones B F, Wuchty S, Uzzi B. Multi-university Rresearch Teams: Shifting Impact, Geography, and Stratification in Science [J]. Science, 2008, 322(5905):1259-1262.

Kabo F W, Cotton-Nessler N, Hwang Y, et al. Proximity Effects on the Dynamics and Outcomes of Scientific Collaborations [J]. Research Policy, 2014, 43(9): 1469-1485.

Kagan S L. United We Stand: Collaboration for Child Care and Early Education Service [M]. New York: Teachers College Press, 1991.

Kalyane V, Vidyasagar Rao K. Quantification of Credit for Authorship [J]. ILA Bulletin, 1995, 30(3-4): 94-96.

Katz J S. Geographical Proximity and Scientific Collaboration [J]. Scientometrics, 1994, 31(1): 31-43.

Katz J S, Martin B R. What Is Research Collaboration? [J]. Research Policy, 1997, 26(1): 1-18.

Kaur J, Ferrara E, Menczer F, et al. Quality Versus Quantity in Scientific Impact [J]. Journal of Informetrics, 2015, 9(4): 800-808.

Ke Q, Ferrara E, Radicchi F, et al. Defining and Identifying Sleeping Beauties in Science [J]. Proceedings of the National Academy of Sciences, 2015, 112(24): 7426-7431.

Kelly C, Jennions M. The H Index and Career Assessment by Numbers [J]. Trends in Ecology & Evolution, 2006, 21(4): 167-170.

Khezr P, Mohan V. The Vexing but Persistent Problem of Authorship Misconduct in Research [J]. Research Policy, 2022, 51 (3): 104466.

Khor K A, Yu L G. Influence of International Co-authorship on the Research Citation Impact of Young Universities [J]. Scientometrics, 2016, 107(3): 1095-1110.

Klein J T. Prospects for Transdisciplinarity [J]. Futures, 2004, 36 (4): 515-526.

Knorr-Cetina K. The Scientist as an Analogical Reasoner [M]. Boston, MA: Kluwer Academic Publisher, 1980.

Kuhn T S. The Structure of Scientific Revolutions (2nd ed.) [M]. Chicago: University of Chicago Press, 1970.

Kwok L S. The White-Bull Effect: Abuse in Coauthorship and Publication Parasitism [J]. Journal of Medical Ethics, 2005, 31(9): 554-556.

Kyvik S. Age and Scientific Productivity. Differences Between Fields of Learning [J]. Higher Education, 1990, 19(1): 37-55.

Laband D N, Tollison R D. Intellectual Collaboration [J]. Journal of Political Economy, 2000, 108(3): 632-661.

Larivière V, Gingras Y, Sugimoto C R, et al. Team Size Matters: Collaboration and Scientific Impact Since 1900 [J]. Journal of the Association for Information Science and Technology, 2015, 66 (7): 1323-1332.

Lariviere V, Gong K, Sugimoto C R. Citations Strength Begins at Home [J]. Nature, 2018, 564(7735): S70-S71.

Latour B. Science in Action [M]. Cambridge, MA: Harvard University Press, 1987.

Laudel G. What Do We Measure by Co-authorships? [J]. Research Evaluation, 2022, 11(1): 3-15.

Leahey E, Beckman C, Stanko T. Prominent but Less Productive: The Impact of Interdisciplinarity on Scientists' Research [J]. Administrative Science Quarterly, 2017, 62(1): 105-139.

Leahey E, Moody J. Sociological Innovation Through Subfield Integration [J]. Social Currents, 2014, 1(3): 228-256.

Leahey E, Reikowsky R C. Research Specialization and Collaboration Patterns in Sociology [J]. Social Studies of Science, 2008, 38 (3): 425-440.

Leahey E. From Sole Investigator to Team Scientist: Trends in the Practice and Study of Research Collaboration [J]. Annual Review of Sociology, 2016(42): 81-100.

Lee S, Bozeman B. The Impact of Research Collaboration on Scientific Productivity [J]. Social Studies of Science, 2005, 35 (5): 673-702.

Lehmann S, Jackson A D, Lautrup B E. Measures for Measures [J]. Nature, 2006, 444 (7122): 1003-1004.

Leporia B, Seeberb M, Bonaccorsic A. Competition for Talent. Country and Organizational-Level Effects in the Internationalization of European Higher Education Institutions [J]. Research Policy, 2015, 44 (3): 789-802.

Levin S, Stephan P. Research Productivity over the Life Cycle: Evidence for Academic Scientists [J]. American Economic Review, 1991, 81(1): 114-132.

Lewis J M, Ross S, Holden T. The How and Why of Academic Collaboration: Disciplinary Differences and Policy Implications [J]. Higher Education, 2012, 64(5): 693-708.

Leydesdorff L, Bornmann L, Wagner C S. The Relative Influences of Government Funding and International Collaboration on Citation Impact [J]. Journal of the Association for Information Science and Technology, 2019, 70(2): 198-201.

Li J, Li Y. Patterns and Evolution of Coauthorship in China's Humanities and Social Sciences [J]. Scientometrics, 2015, 102(3): 1997-2010.

Li W H, Aste T, Caccioli F, et al. Early Coauthorship with Top Scientists Predicts Success in Academic Careers [J]. Nature Communications, 2019, 10(5170): 1-9.

Li W H, Zhang S, Zheng Z M, et al. Untangling the Network Effects of Productivity and Prominence Among Scientists [J]. Nature Communications, 2022, 13(4907): 1-11.

Li W, Bakshi K, Tan Y N, et al. Policies for Recruiting Talented Professionals from the Diaspora: India and China Compared [J]. International Migration, 2018, 57(3): 373-391.

Lin C S, Huang M H, Chen D Z. The Influences of Counting Methods on University Rankings Based on Paper Count and Citation Count [J]. Journal of Informetrics, 2013, 7(3): 611-621.

Lin N. Social Capital: A Theory of Social Structure and Action [M]. New York: Cambridge University Press, 2001.

Lindsey D. Production and Citation Measures in the Sociology of Science: The Problem of Multiple Authorship [J]. Social Studies of Science, 1980, 10(2): 145-162.

Lissoni F, Mairesse J, Montobbio F, et al. Scientific Productivity and Academic Promotion: A Study on French and Italian Physicists [J].

Industrial and Corporate Change, 2011, 20(1): 253-294.

Liu C, Olivola C Y, Kovács B. Coauthorship Trends in the Field of Management: Facts and Perceptions [J]. Academy of Management Learning & Education, 2017, 16(4): 509-530.

Lozano G A, Larivière V, Gingras Y. The Weakening Relationship Between the Impact Factor and Papers' Citations in the Digital Age [J]. Journal of the American Society for Information Science and Technology, 2012, 63(11): 2140-2145.

Ma Y, Mukherjee S, Uzzi B. Mentorship and Protégé Success in STEM Fields [J]. Proceedings of the National Academy of Sciences, 2020, 117(25): 14077-14083.

Mahroum S. The International Policies of Brain Gain: A Review [J]. Technology Analysis and Strategic Management, 2005, 17(2): 219-230.

Malesios C C, Psarakis S. Comparison of the H-Index for Different Fields of Research Using Bootstrap Methodology [J]. Quality & Quantity, 2014, 48(1): 521-545.

Massy W, Wilger A. Improving Productivity: What Faculty Think About It and Its Effect on Quality [J]. Change, 1995, 27(4): 10-21.

Mathiasson L. Collaborative Practice Research [J]. Information Technology & People, 2002, 15(4): 321445.

Mattessich P, Monsey B. Collaboration: What Makes It Work [M]. St. Paul, Minnesota: Amherst H. Wilder Foundation, 1992.

Matthiessen C W, Schwarz A W, Find S. The Top-Level Global Research System, 1997-99: Centres, Networks and Nodality. An Analysis Based on Bibliometric Indicators [J]. Urban Studies, 2002, 39 (5/6): 903-927.

McCulloch S. Hobson's Choice: The Effects of Research Evaluation on Academics' Writing Practices in England [J]. Aslib Journal of Information Management，2017，69(5)：503-515.

McKiernan E C，Schimanski L A，Muñoz Nieves C，et al. Meta Research: Use of the Journal Impact Factor in Academic Review，Promotion，and Tenure Evaluations[J]. Elife. 2019(8)：47338.

McNutt M. The Measure of Research Merit [J]. Science，2014，346 (6214)：1155.

Meyer K A. Faculty Workload Studies: Perspectives，Needs，and Future Directions [M]. Washington，D C：George Washington University，1998.

Milojevic S. Principles of Scientific Research Team Formation and Evolution [J]. Proceedings of the National Academy of Science，2014，111(1)：3984-3989.

Mohan V. On the Use of Blockchain-Based Mechanisms to Tackle Academic Misconduct [J]. Research Policy，2019，48(9)：103805.

Moher D，Naudet F，Cristea I A，et al. Assessing Scientists for Hiring，Promotion，and Tenure [J]. PLOS Biology，2018，16(3)：1-20.

Moody J. The Structure of a Social Science Collaboration Network: Disciplinary Cohesion from 1963 to 1999 [J]. American Sociological Review，2004，69(2)：213-238.

Moore S，Neylon C，Eve M P，et al. "Excellence R Us"：University Research and the Fetishisation of Excellence [J]. Palgrave Communications，2017，3(1)：16105.

Musselin C. European Academic Labor Markets in Transition [J]. Higher Education，2005，49(1-2)：135-154.

Nature Index. A Brief Guide to the Nature Index [EB/OL]. [2022-10-16]. https://www.nature.com/nature-index/brief-guide.

Nakamura, Karsch-Mizrachi I, Cochrane G. The International Nucleotide Sequence Database Collaboration [J]. Nucleic Acids Research, 2021, 39(Di): D15-D18.

National Science Board. Science and Engineering Indicators 2018 [M]. Alexandria, VA: National Science Foundation, 2019.

Ni P, An X. Relationship Between International Collaboration Papers and Their Citations from an Economic Perspective [J]. Scientometrics, 2018, 116(2): 863-877.

O'Brien T L. Change in Academic Coauthorship, 1953-2003 [J]. Science, Technology, & Human Values, 2012, 37(3): 210-234.

OECD. Education at a Glance 2022: OECD Indicators [EB/OL]. (2022-10-03)[2022-12-20]. https://doi.org/10.1787/bb6ee273-en.

Ortiga Y Y, Chou M H, Wang J. Competing for Academic Labor: Research and Recruitment Outside the Academic Center [J]. Minerva, 2020, 58(14): 607-624.

Palmer C L. Work at the Boundaries of Science: Information and the Interdisciplinary Research Process [M]. Dordrecht, NL: Kluwer, Academic Publisher, 2001.

Perianes-Rodriguez A, Waltman L, Van Eck N J. Constructing Bibliometric Networks: A Comparison Between Full and Fractional Counting [J]. Journal of Informetrics, 2016, 10(4): 1178-1195.

Persson O, Glänzel W, Danell R. Inflationary Bibliometric Values: The Role of Scientific Collaboration and the Need for Relative Indicators in Evaluative Studies [J]. Scientometrics, 2004, 60(3): 421-432.

Piro F N, Aksnes D W, Rørstad K. A Macro Analysis of Productivity Differences Across Fields: Challenges in the Measurement of Scientific Publishing [J]. Journal of the American Society for Information Science and Technology, 2013, 64(2): 307-320.

Ponomariov B, Toivanen H. Knowledge Flows and Bases in Emerging Economy Innovation Systems: Brazilian Research 2005-2009 [J]. Research Policy, 2014, 43(3): 588-596.

Price D J. Little Science, Big Science, and Beyond [M]. New York: Columbia University Press, 1986.

Price D J. Little Science, Big Science [M]. New York: Columbia University Press, 1963.

Price D J. Networks of scientific papers [J]. Science, 1965, 149 (3683): 510-515.

Pritchard A. Statistical Bibliography or Bibliometrics [J]. Journal of Documentation, 1969, 25(4): 348-349.

Quan W, Mongeon P, Sainte-Marie M, et al. On the Development of China's Leadership in International Collaborations [J]. Scientometrics, 2019, 120(2): 707-721.

Quan W, Chen B, Shu F. Publish or Impoverish: An Investigation of the Monetary Reward System of Science in China (1999-2016) [J]. Aslib Journal of Information Management, 2017, 69(5): 486-502.

Radicchi F, Weissman A, Bollen J. Quantifying Perceived Impact of Scientific Publications [J]. Journal of Informetrics, 2017, 11 (3): 704-712.

Rajasekaran S, Shan R L P, Finnoff J T. Honorary Authorship: Frequency and Associated Factors in Physical Medicine and Rehabilitation

Research Articles [J]. Archives of Physical Medicine and Rehabilitation, 2014, 95(3): 418-428.

Ramsden P. Describing and Explaining Research Productivity [J]. Higher Education, 1994, 28(2): 207-226.

Rawlings C M, McFarland D A, Dahlander L, et al. Streams of Thought: Knowledge Flows and Intellectual Cohesion in a Multidisciplinary Era [J]. Social Forces, 2015, 93(4): 1687-722.

Rawlings C M, Mcfarland D A. Influence Flows in the Academy: Using Affiliation Networks to Assess Peer Effects Among Researchers [J]. Social Science Research, 2011, 40(3): 1001-1017.

Rennie D, Yank V, Emanuel L. When Authorship Fails: A Proposal to Make Contributors Accountable [J]. Journal of American Medical Association, 1997, 278(7): 579-585.

Resnik D B, Rasmussen L M, Kissling G E. An International Study of Research Misconduct Policies [J]. Accountability in Research, 2015, 22(5): 249-266.

Rey-Rocha J, Martín-Sempere M J, Garzón B. Research Productivity of Scientists in Consolidated VS. Non-consolidated Teams: The Case of Spanish University Geologists [J]. Scientometrics, 2002, 35(1):137-156.

Ribeiro L C, Rapini M S, Silva L A, et al. Growth Patterns of the Network of International Collaboration in Science [J]. Scientometrics, 2018, 114(1): 159-179.

Rice E, Sorcinelli M D. Can the Tenure Process Be Improved? [M]. Cambridge: Harvard University Press, 2022.

Rodgers J R, Neri F. Research Productivity of Australian Academic Economists: Human-Capital and Fixed Effect [J]. Australian Economic

Papers, 2007, 46(1): 67-87.

Rosenbaum P R, Rubin D B. The Central Role of the Propensity Score in Observational Studies for Causal Effects [J]. Biometrika, 1983, 70(1): 41-55.

Rothausen-Vange T J, Marler J H, Wright P M. Research Productivity, Gender, Family and Tenure in Organization Science Careers [J]. Sex Roles, 2005, 53(9/10): 727-738.

Sabharwal M. Comparing Research Productivity Across Disciplines and Career Stages [J]. Journal of Comparative Policy Analysis: Research and Practice, 2013, 15(2): 141-163.

Sarigöl E, Pfitzner R, Scholtes I, et al. Predicting Scientific Success Based on Coauthorship Networks [J]. EPJ Data Science, 2014, (3): 1-16.

Sauermann H, Haeussler C. Authorship and Contribution Disclosures [J]. Science Advances, 2017, 3(11): 1-13.

Sax L J, Hagedorn L S, Arredondo M, et al. Faculty Research Productivity: Exploring the Role of Gender and Family-Related Factors [J]. Research in Higher Education, 2002, 43 (4): 423-446.

Schrage M. No More Teams: Mastering the Dynamics of Creative Collaboration [M]. New York: Currency and Doubleday, 1995.

Seeber M, Cattaneo M, Meoli M, et al. Self-Citations as Strategic Response to the Use of Metrics for Career Decisions [J]. Research Policy, 2019, 48(2): 478-491.

Shin J C, Cummings W K. Multilevel Analysis of Academic Publishing Across Disciplines: Research Preference, Collaboration, and Time on Research [J]. Scientometrics, 2010, 85(2): 581-594.

Shrum W, Genuth J, Chompalov I. Structures of Scientific

Collaboration [M]. Cambridge, MA: MIT Press, 2007: 7.

Shu F, Liu S, Larivière V. China's Research Evaluation Reform: What Are the Consequences for Global Science? [J] Minerva, 2022, 60 (3): 329-347.

Shu F, Quan W, Chen B, et al. The Role of Web of Science Publications in China's Tenure System [J]. Scientometrics, 2020, 122 (3): 1683-1695.

Sinatra R, Wang D, Deville P, et al. Quantifying the Evolution of Individual Scientific Impact [J]. Science, 2016, 354(6312): 596-604.

Sivertsen G, Rousseau R, Zhang L. Measuring Scientific Contributions with Modified Fractional Counting [J]. Journal of Informetrics, 2019, 13(2): 679-694.

Sivertsen G. Patterns of Internationalization and Criteria for Research Assessment in the Social Sciences and Humanities [J]. Scientometrics, 2016, 107(2): 357-368.

Smeby J, Try S. Departmental Contexts and Faculty Research Activity in Norway [J]. Research in Higher Education, 2005, 46(6): 593-619.

Sonnenwald D H. Scientific Collaboration [J]. Annual Review of Information Science and Technology, 2007, 41(1): 643-681.

Strathern M. Improving Ratings: Audit in the British University System [J]. European Review, 1997, 5(3): 305-321.

Subramanyam K. Bibliometric Studies of Research Collaboration: A Review [J]. Journal of Information Science, 1983, 6(1): 33-38.

Teixeira da Silva J A. The Journal Impact Factor (JIF): Science Publishing's Miscalculating Metric [J]. Academic Question, 2017, 30

(4)：433-441.

Thelwall M, Maflahi N. Research Coauthorship 1900-2020：Continuous, Universal, and Ongoing Expansion [J]. Quantitative Science Studies, 2022, 3(2)：331-344.

Thorsteinsdóttir O H. External Research Collaboration in Two Small Science Systems [J]. Scientometrics, 2000, 49(1)：145-160.

Tie Y, Wang Z. Publish or Perish? A Tale of Academic Publications in Chinese Universities [J]. China Economic Review, 2022, 73：101769.

Tollefson J. China Declared Largest Source of Research Articles [J]. Nature, 2018, 553(7689)：390.

Traweek S. Beamtimes and Lifetimes：The World of High Energy Physicists [M]. Cambridge, MA：Harvard University Press, 1988.

Trower C. What is Current Policy? [M]. Cambridge：Harvard University Press, 2002.

Uddin S, Hossain L, Abbasi A, et al. Trend and Efficiency Analysis of Co-authorship Network [J]. Scientometrics, 2012, 90(2)：687-699.

Uzzi B, Mukherjee S, Stringer M, et al. Atypical Combinations and Scientific Impact [J]. Science, 2013, 342(6157)：468-472.

Van Hooydonk G. Fractional Counting of Multiauthored Publications：Consequences for the Impact of Authors [J]. Journal of the American Society for Information Science, 1997, 48(10)：944-945.

Vanclay J K. Impact Factor：Outdated Artefact or Stepping-Stone to Journal Certification? [J]. Scientometrics, 2012, 92(2)：211-238.

Wagner C S, Park H W, Leydesdorff L. The Continuing Growth of Global Cooperation Networks in Research：A Conundrum for National Governments [J]. PLOS ONE, 2015, 10(7)：e0131816.

Wagner-Döbler R. Continuity and Discontinuity of Collaboration Bbehaviour Since 1800—From A Bibliometric Point of View [J]. Scientometrics, 2001, 52(3): 503-517.

Waltman L. A Review of the Literature on Citation Impact Indicators [J]. Journal of Informetrics, 2016, 10(2): 365-391.

Waltman L. An Empirical Analysis of the Use of Alphabetical Authorship in Scientific Publishing [J]. Journal of Informetrics, 2012, 6 (4): 700-711.

Wang D, Song C, Barabási A L. Quantifying Long-Term Scientific Impact [J]. Science, 2013, 342(6154): 127-132.

Wang J. Citation Time Window Choice for Research Impact Evaluation [J]. Scientometrics, 2013, 94(3): 851-872.

Wang L. The Structure and Comparative Advantages of China's Scientific Research: Quantitative and Qualitative Perspectives [J]. Scientometrics, 2016, 106(1): 435-452.

Wang X F, Huang M, Wang H Y, et al. International Collaboration Activity Index: Case Study of Dye-Sensitized Solar Cells [J]. Journal of Informetrics, 2014, 8(4): 854-862.

Wang Y, Wu Y S, Pan Y T, et al. Scientific Collaboration in China As Reflected in Co-authorship [J]. Scientometrics, 2005, 62 (2): 183-198.

Wang L H. Newbie or Experienced: An Empirical Study on Faculty Recruitment Preferences at Top National HEIs in China [J]. Studies in Higher Education, 2022, 47(4): 783-798.

Way S F, Morgan A C, Larremore D B, et al. Productivity, Prominence, and the Effects of Academic Environment [J]. Proceedings of the National Academy of Sciences, 2019,116 (22): 10729-10733.

Weingart P. Impact of Bibliometrics upon the Science System: Inadvertent Consequences? [J]. Scientometrics, 2005, 62(1): 117-131.

West J D, Jacquet J, King M M, et al. The Role of Gender in Scholarly Authorship [J]. PLOS ONE, 2013, 8(7): e66212.

White C S, James K, Burke L A, et al. What Makes a "Research Star"? Factors Influencing the Research Productivity of Business Faculty [J]. International Journal of Productivity and Performance Management, 2012, 61(6): 584-602.

Whitley R. The Intellectual and Social Organization of the Sciences [M]. Oxford, UK: Oxford University Press, 2000.

Wilhite A W, Fong E A. Coercive Citation in Academic Publishing [J]. Science, 2012, 335(6068): 542-543.

Winston G K. The Decline of Undergraduate Teaching: Moral Failure or Market Pressures? [J]. Change, 1994, 24(5): 8-15.

Wren J D, Kozak K Z, Johnson K R, et al. The Write Position [J]. EMBO Reports, 2007, 8(11): 988-991.

Wuchty S, Jones B F, Uzzi B. The Increasing Dominance of Teams in Production of Knowledge [J]. Science, 2007,316(5827): 1036-1039.

Xie Y, Killewald A. Is American Science in Decline? [M]. Cambridge, MA: Harvard University Press, 2012.

Xie Y. "Undemocracy": Inequalities in Science [J]. Science, 2014, 344(6186): 809-810.

Xu J, Ding Y, Song M, et al. Author Credit-Assignment Schemas: A Comparison and Analysis [J]. Journal of the Association for Information Science and Technology, 2016, 67(8): 1973-1989.

Zeng A, Shen Z, Zhou J L, et al. The Science of Science: From the Perspective of Complex Systems [J]. Physics Reports, 2017, 714: 1-73.

Zhang J. Developing Excellence: Chinese University Reform in Three Steps [J]. Nature, 2014, 514(7522): 295-296.

Zhang L, Bao W, Sun L. Resources and Research Production in Higher Education: A Longitudinal Analysis of Chinese Universities, 2000-2010 [J]. Research in Higher Education, 2016, 57(7): 869-891.

Zhang L, Ehrenberg R G. Faculty Employment and R&D Expenditures at Research Universities [J]. Economics of Education Review, 2010, 29(3): 329-337.

Zhang L, Shang Y, Huang Y, et al. Toward Internationalization: A Bibliometric Analysis of the Social Sciences in Mainland China from 1979 to 2018 [J]. Quantitative Science Studies, 2020, 2(1): 376-408.

Zhang Z, Rollins J, Lipitakis E. China's Emerging Centrality in the Contemporary International Scientific Collaboration Network [J]. Scientometrics, 2018, 116(2): 1075-1091.

Ziman J M. Prometheus Bound [M]. Cambridge, UK: Cambridge University Press, 1994.

Ziman J. Real Science: What It Is and What It Means [M]. Cambridge, UK: Cambridge University Press, 2000.

Zitt M, Bassecoulard E, Okubo Y. Shadows of the Past in International Cooperation: Collaboration Profiles of the Top Five Producers of Science [J]. Scientometrics, 2000, 47(3): 627-657.

Zong X H, Zhang W. Establishing World-Class Universities in China: Deploying a Quasi-Experimental Design to Evaluate the Net Effects of Project 985 [J]. Studies in Higher Education, 2019, 44(3):

417-431.

Zuo Z, Qian H, Zhao K. Understanding the Field of Public Affairs Through the Lens of Ranked Ph. D. Programs in the United States [J]. Policy Studies Journal, 2019, 47(S1): S159-S180.

Zuo Z, Zhao K, Eichmann D. The State and Evolution of U. S. Ischools: From Talent Acquisitions to Research Outcome [J]. Journal of the Association for Information Science and Technology, 2017, 68(5): 1266-1277.

Zuo Z, Zhao K, Ni C. Standing on the Shoulders of Giants? —— Faculty Hiring in Information Schools [J]. Journal of Informetrics, 2019, 13(1): 341-353.

中文文献

陈代还, 段异兵, 潘紫燕. 二元关系网络对海归科学家产出的影响——以中国"青年千人计划"为例 [J]. 中国科技论坛, 2015(9): 143-147.

陈强. 高级计量经济学及 Stata 应用(第二版)[M]. 北京: 高等教育出版社, 2014.

"211 工程"部际协调小组办公室. "211 工程"中期报告[M]. 南京: 南京大学出版社, 2000.

范跃进. 改革开放以来高等学校人事政策的演变趋势[J]. 国家教育行政学院学报, 2017(9): 16-22.

郭婷婷, 李刚. 通信作者标注制度研究 [J]. 图书馆论坛, 2019, 39(2): 1-10.

国家教委, 人事部. 关于高等学校继续做好教师职务评聘工作的意见 [EB/OL]. (1991-04-10) [2022-07-25]. https://www.pkulaw.com/chl/

7809012a9fe14e58bdfb. html.

国家教委，人事部. 关于进一步做好授予高等学校教授、副教授任职资格评审权工作的通知［EB/OL］.（1994-03-01）［2022-07-25］. http://www. moe. gov. cn/s78/A04/s7051/201001/t20100129_180683. html.

国务院. 关于实行专业技术职务聘任制度的规定［EB/OL］.（1986-08-27）［2022-07-25］. http://www. gov. cn/zhengce/content/2012-09/21/content_7398. htm.

国务院. 关于印发统筹推进世界一流大学和一流学科建设总体方案的通知［EB/OL］.（2015-11-05）［2022-11-30］. http://www. moe. gov. cn/jyb_xxgk/moe_1777/moe_1778/201511/t20151105_217823. html.

国家计委，国家教委，财政部，关于印发《"211 工程"总体建设规划》的通知［EB/OL］.（1995-11-18）［2022-07-25］. https://law. lawtime. cn/d630702635796. html.

国家教委. 关于重点建设一批高等学校和重点学科点的若干意见.［EB/OL］.（1993-07-15）［2022-07-25］. https://dllx. pkulaul. com/chl/cb1682ab4ebd9b95bdfb. html.

哈巍，于佳鑫. 辅助人员对科研生产力的影响——以中国科学院为例［J］. 华东师范大学学报(教育科学版)，2019，37（1）：83-94.

黄海刚，连洁. 职业流动提升了科学家的科研生产力吗？［J］清华大学教育研究，2020，41（5）：127-135.

教育部，中央编办，发展改革委，财政部，人力资源社会保障部. 关于深化高等教育领域简政放权放管结合优化服务改革的若干意见［EB/OL］.（2017-03-31）［2022-07-26］. http://www. moe. gov. cn/srcsite/A02/s7049/201704/t20170405_301912. html.

教育部. 关于当前深化高等学校人事分配制度改革的若干意见［EB/OL］.（1999-09-15）［2022-07-25］. http://www. gov. cn/gongbao/content/

2000/content_60558. htm.

　　教育部.关于高等学校教师职责及考核的暂行规定[EB/OL].（1979-11-27）[2022-0725]. https://www. pkulaw. com/chl/3e0349f30d67d47abdfb. html.

　　教育部.关于恢复和办好全国重点高等学校的报告的通知[EB/OL].（1978-02-17）[2022-07-25]. https://www. pkulaw. com/chl/7904bf946352c460bdfb. html.

　　教育部.关于全国重点高等学校暂行管理办法[EB/OL].（1960-10-22）[2022-07-25]. https://www. pkulaw. com/chl/f59e4772a07947d9bdfb. html.

　　教育部.关于试行高等学校教师工作量制度的通知[EB/OL].（1981-04-20）[2022-07-25]. https://www. pkulaw. com/chl/146187. html?isFromV5＝1.

　　教育部.关于新时期加强高等学校教师队伍建设的意见[EB/OL].（1999-08-16）[2022-07-25]. http://www. gov. cn/govweb/gongbao/content/2000/content_60597. htm.

　　教育部.教育部直属高等学校岗位设置管理暂行办法[EB/OL].（2007-05-22）[2022-07-25]. http://pkulaw. cn/fulltext_form. aspx? Gid＝297571.

　　教育部.面向 21 世纪教育振兴行动计划[EB/OL].（1998-12-24）[2022-07-26]. http://www. gd. gov. cn/zwgk/gongbao/1999/13/content/post_3359580. html.

　　教育部.关于当前执行国务院关于高等学校教师职务名称及其确定与提升办法的暂行规定的实施意见的通知[EB/OL].（1982-02-18）[2022-07-25]. http://gdlawyer. chinalawinfo. com/fulltext _ form. aspx? Db＝chl&Gid＝45b6948f2af35490bdfb.

教育部职称改革工作办公室. 关于报送高等学校教师职务聘任制改革有关材料的通知[EB/OL]. (2003-03-13)[2022-07-25]. http://www. moe. gov. cn/srcsite/A04/s7051/200303/t20030313_180712. html.

李兰, 哈巍. "百人计划"对中科院科研生产力的影响(1993-2004)[J]. 清华大学教育研究, 2017, 38 (5): 27-34.

娄宇. 我国高校"非升即走"制度的合法性反思[J]. 高等教育研究, 2015, 36(6): 21-32.

孟华. "青年千人计划"对入选者学术表现的影响——以 985 高校前五批入选者为例 [J]. 中国人力资源开发, 2019, 36 (10): 80-92.

邱均平, 缪雯婷. h 指数在人才评价中的应用——以图书情报学领域中国学者为例 [J]. 科学观察, 2007, 2(3): 17-22.

人力资源社会保障部, 教育部. 关于深化高等学校教师职称制度改革的指导意见[EB/OL]. (2020-12-31)[2022-07-26]. http://www. gov. cn/zhengce/zhengceku/2021-01/27/content_5583094. htm.

人事部, 教育部. 关于印发高等学校、义务教育学校、中等职业学校等教育事业单位岗位设置管理的三个指导意见的通知[EB/OL]. (2007-05-07)[2022-07-25]. http://www. moe. gov. cn/jyb_xxgk/gk_gbgg/moe_0/moe_1443/moe_1497/tnull_23287. html.

人事部. 企事业单位评聘专业技术职务若干问题暂行规定[EB/OL]. (1990-11-10)[2022-07-25]. http://www. mohrss. gov. cn/xxgk2020/gzk/gz/202112/t20211228_431505. html.

人事部. 事业单位岗位设置管理试行办法[EB/OL]. (2006-07-04)[2022-07-25]. http://www. gov. cn/zwgk/2006-11/17/content_445937. htm.

人事部.《事业单位岗位设置管理试行办法》实施意见(2006-08-31)[2022-07-25]. http://www. gov. cn/zwgk/2006-11/17/content_445979. htm.

宋振世, 周健, 吴士蓉. h 指数科研评价实践中的应用研究[J]. 图书情报工作，2013，57(1)：117-121，135.

孙伟，任之光，张彦通.海外高层次青年人才引进现状分析：以青年千人计划为例[J].中国科学基金，2016(1)：80-84.

王莉华.澳大利亚高校科研绩效拨款改革及其影响[J].外国教育研究，2013，40(7)：122-128.

王莉华.中英高等教育绩效拨款研究[M].杭州：浙江大学出版社，2008.

王凌峰.美式终身教职：战后变革与中国实践[J].高校教育管理，2013，7(3)：83-89.

魏立才，黄祎.学术流动对回国青年理工科人才科研生产力的影响研究——基于Web of Science论文分析[J].高等工程教育研究，2020(1)：67-73.

魏立才，赵炬明."青年千人计划"政策考察与建议——基于对第一至五批"青年千人计划"入选者信息的分析[J].清华大学教育研究，2014，35(5)：81-87.

阎光才.高校教师聘任制度改革的轨迹、问题与未来去向[J].中国高教研究，2019(10)：1-9.

阎光才.学术等级系统与锦标赛制[J].北京大学教育评论，2012，10(3)：8-23.

杨芳娟，刘云.青年高层次人才引进特征与质量分析[J].科研管理，2016，37(S1)：238-246.

杨海怡.高校"非升即走"人事制度改革探析[J].教育发展研究，2014，34(11)：81-84.

叶伟萍，梁文艳，胡咏梅.C9大学基础科研生产力的国内外比较研究——基于20世纪80年代以来Web of Science论文收录信息的计量分析[J].华中师范大学学报(人文社会科学版)，2015，54(3)：161-169.

赵俊芳，叶甜甜."千人计划"入选者学术发展力的计量学研究——基于"985 工程"高校前五批入选者[J]．中国高教研究，2014，30（11）：43-48.

中共中央，国务院.关于分类推进事业单位改革的指导意见[EB/OL]．(2011-03-23)[2022-07-26]．http://www．gov．cn/gongbao/oontent/2012/content_2121699．htm.

中共中央，国务院.中国教育改革和发展纲要[EB/OL]．(1993-02-13)[2022-07-25]．https://www．pkulaw．com/chl/884c300f0f82016abdfb．html.

中共中央办公厅，国务院办公厅.关于进一步深化事业单位人事制度改革的意见[EB/OL]．（2011-08-02）[2022-07-25]．https://www．pkulaw．com/chl/b85e091406e0c429bdfb．html.

中共中央办公厅，国务院办公厅.关于深化职称制度改革的意见[EB/OL]．(2017-01-08)[2022-07-26]．http://www．gov．cn/zhengce/2017-01/08/content_5157911．htm♯1.

中共中央关于教育体制改革的决定[EB/OL]．(1985-05-27)[2022-07-25]．https://www．pkulaw．com/chl/5082e7f34044f922bdfb．html.

中共中央组织部，人事部，教育部.关于深化高等学校人事制度改革的实施意见[EB/OL]．(2000-06-02)[2022-07-25]．http://www．gov．cn/gongbao/content/2001/content_61330．htm.

中国博士后科学基金会.中国博士后制度:发展历程[EB/OL]．[2022-11-30]．https://www．chinapostdoctor．org．cn/website/showtop_zgbshzd．html？categoryid＝da0c85e1-07ab-4a6b-be8f-08ee3fc125a4.

中国博士后科学基金会.中国博士后制度:历史背景[EB/OL]．[2022-11-30]．https://www．chinapostdoctor．org．cn/website/showtop_zgbshzd．html？categoryid＝3c926c31-8c3f-42ad-aaf8-a1e8060f2ed1.

中国博士后科学基金会.中国博士后制度:制度成效[EB/OL]．[2022-

11-30]. https://www. chinapostdoctor. org. cn/website/showtop _ zgbshzd. html? categoryid＝47b71e2a-004e-4d2f-8603-227e8361b10b.

中华人民共和国国家统计局. 中国统计年鉴1980 [M]. 北京：中国统计出版社，1980.

中华人民共和国国家统计局. 中国统计年鉴1986 [M]. 北京：中国统计出版社，1986.

中华人民共和国国家统计局. 中国统计年鉴2001 [M]. 北京：中国统计出版社，2001.

中华人民共和国国家统计局. 中国统计年鉴2021 [M]. 北京：中国统计出版社，2021.

中央组织部人才工作局."千人计划"项目介绍 [J]. 中国人才，2011 (10)：30-32.

周光礼，彭静雯. 从身份授予到契约管理——我国公立高校教师劳动制度变迁的法律透视[J]. 高等教育研究，2007，28(10)：37-42.